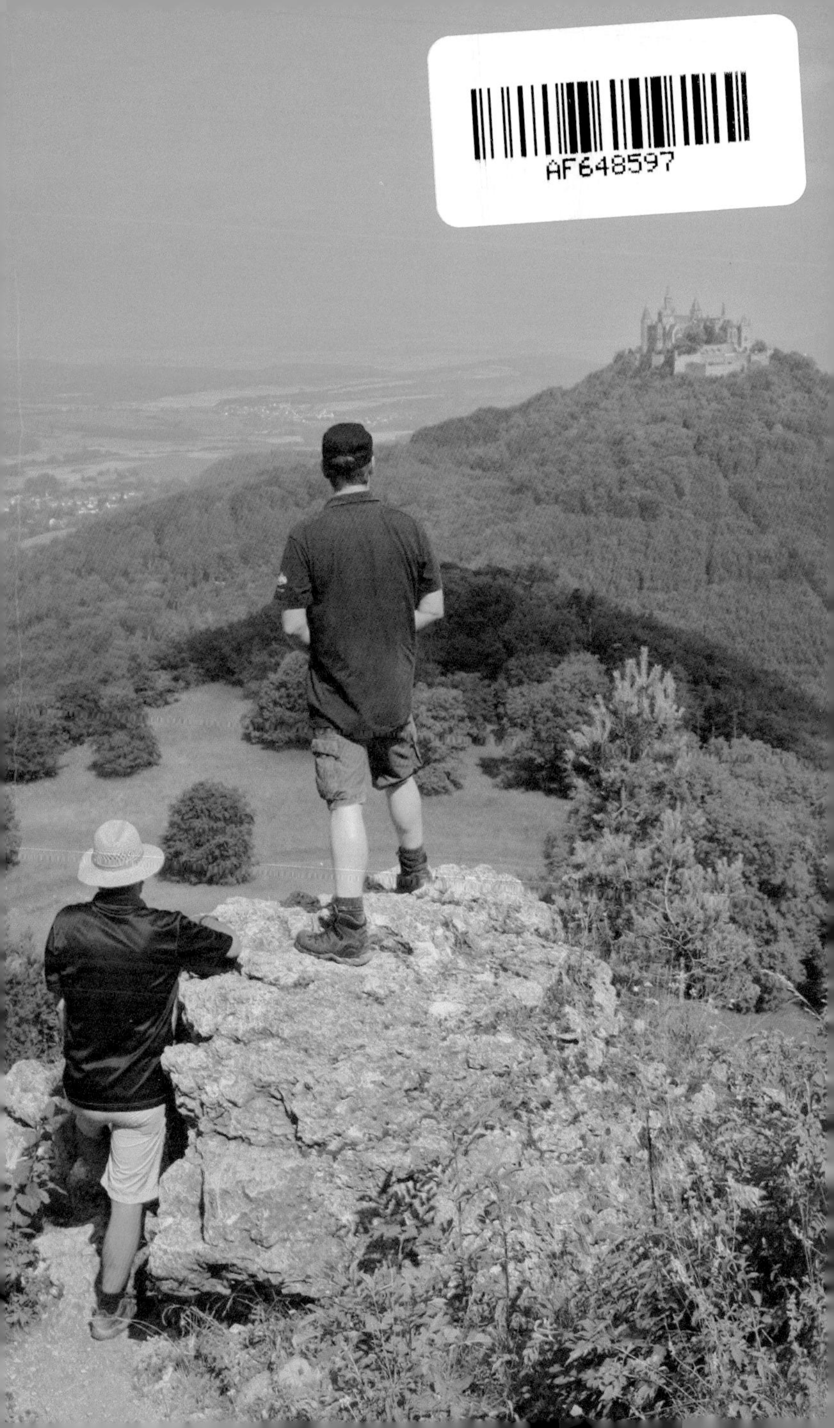

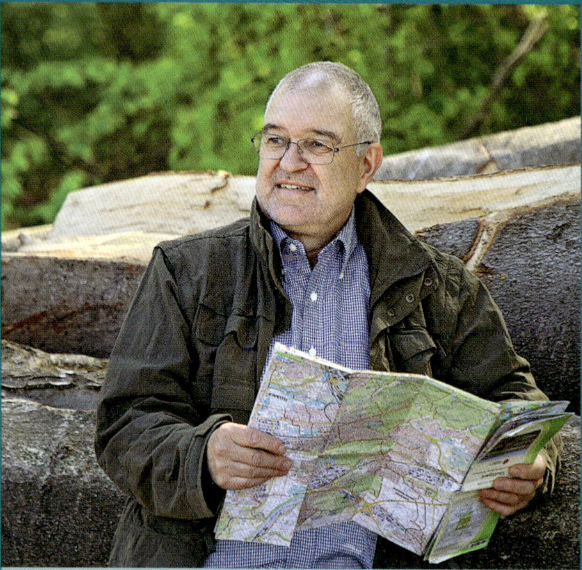

DIETER BUCK, geb. 1953, ist als Journalist, Fotograf und Buchautor tätig. Er beschreibt und fotografiert von seiner baden-württembergischen Heimat über das Allgäu bis hin zum österreichischen Alpenraum und Südtirol alles, was ihm unter den Stift oder die Linse kommt. So hat er bis jetzt rund 170 Reise-, Wander- und Radtourenführer, Bildbände bzw. Landschaftsmonografien und Fotokalender veröffentlicht und schreibt für die regionale und überregionale Presse. Außerdem war er Herausgeber des Schwaben-Kalenders, ist Leitender Redakteur eines alpinen Magazins und durch Funk und Fernsehen als »Wanderspezialist« bekannt. 2019 hat Dieter Buck die Verdienstmedaille des Tourismus-Verbandes Baden-Württemberg e.V. verliehen bekommen.

www.dieterbuck.de

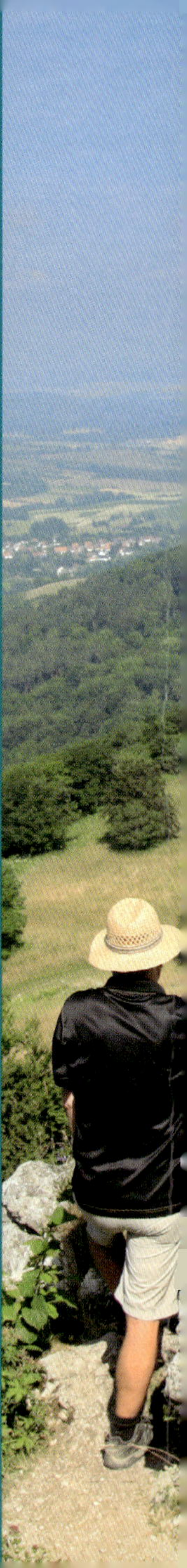

Dieter Buck

Wandern auf der Zollernalb

25 abwechslungsreiche Touren
im Albvorland, am Trauf
und auf der Hochfläche

verlag regionalkultur

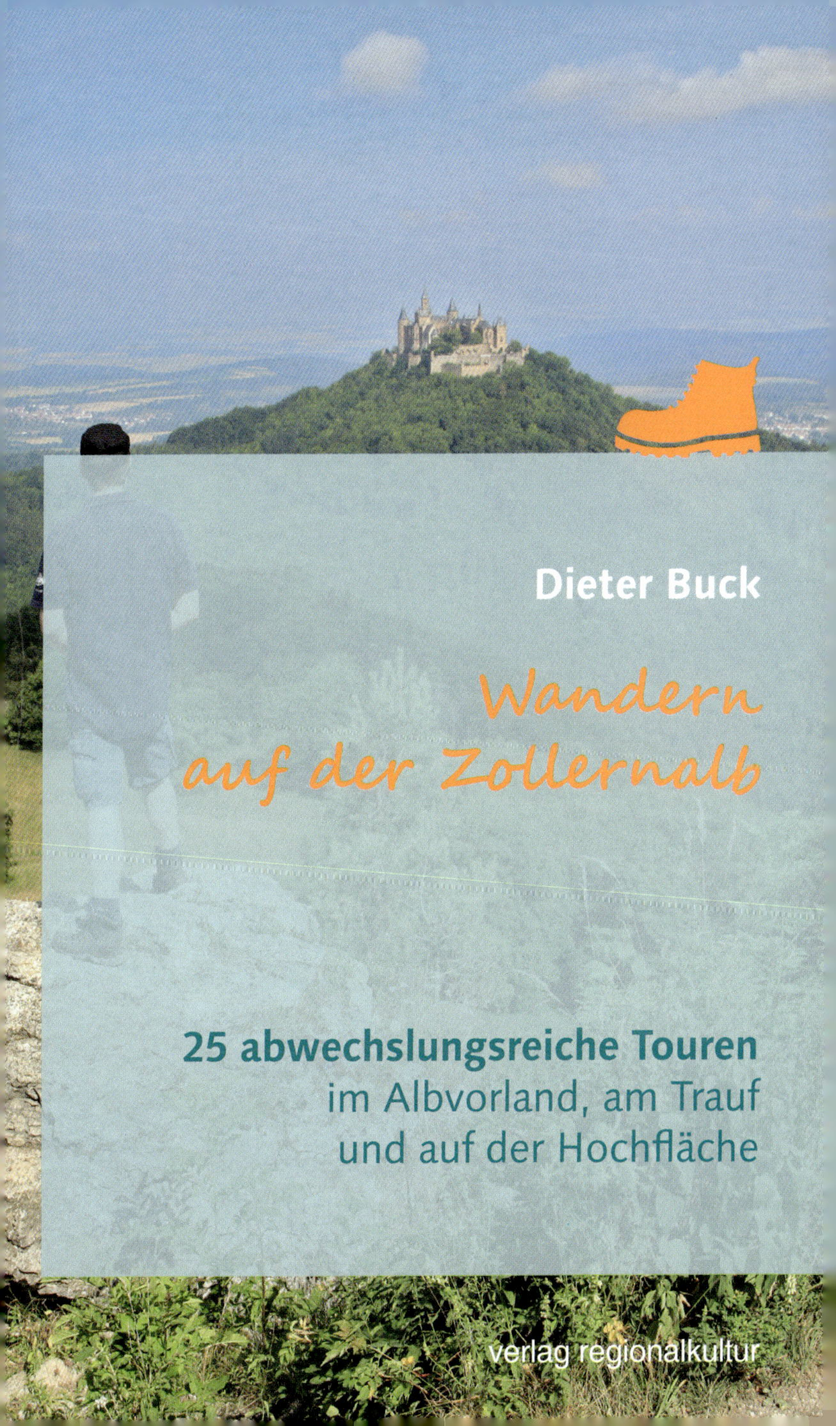

Vorwort

Liebe Leserin, lieber Leser,

mit diesem Wanderführer begeben Sie sich auf die höchsten Berge der Schwäbischen Alb, kratzen doch einige, die man mit diesem Buch besucht, an der Tausendergrenze. Dies ist natürlich ein gutes Argument, im Zollernalbkreis wandern zu gehen. Zumal dort an drückend heißen Sommertagen fast immer ein kühlendes Windlein weht.

Aber der Zollernalbkreis hat noch viel mehr zu bieten. Sie sehen es, wenn Sie sich die Hauptkapitel ansehen. Das Albvorland besticht durch eine liebliche Landschaft, in der im Frühjahr die Streuobstwiesen, die über und über mit weißen Blüten bedeckt sind, Erinnerungen an den vergangenen Winter hervorrufen. Das Tüpfelchen auf dem i sind dort im Voralbgebiet aber die Blicke auf die Kette der Albberge, die sich über den ganzen östlichen Horizont erhebt. Wer denkt da nicht an die „Blaue Mauer", den Albtrauf, den Eduard Mörike in seiner Erzählung vom „Stuttgarter Hutzelmännlein" so treffend als Erlebnis des Schustergesellen Seppe beschreibt: *„Mit großen Freuden sah er bald von der Bempflinger Höhe die Alb als eine wundersame blaue Mauer ausgestreckt. Nicht anders hatte er sich immer die schönen blauen Glasberge*

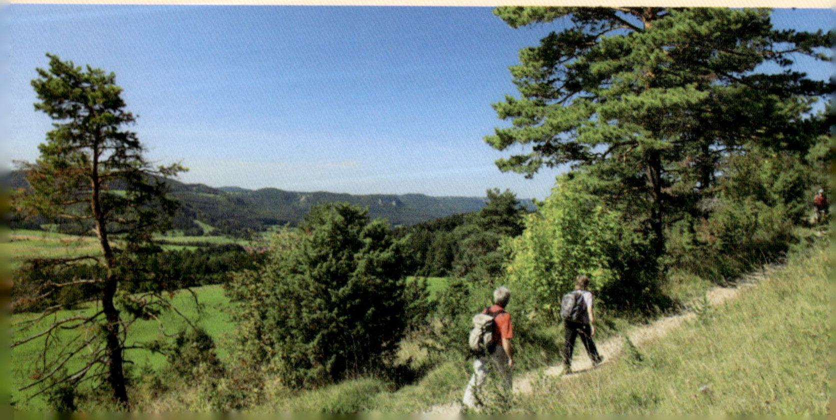

gedacht, dahinter, wie man ihm als Kind gesagt, der Königin von Saba Schneckengärten liegen…"

Das dritte Landschaftselement, das wir mit diesem Buch erwandern, ist der Anstieg der Albberge aus der Ebene und der Albtrauf, also die Abbruchkante vor der Hochfläche. Während eine Wanderung aus der Ebene hinauf schweißtreibend ist, geht es als Belohnung am Trauf eher eben voran. Dazu bietet sich eine herrliche Aussicht. Am Trauf entlang, tief hinab ins Vorland oder auf die umliegenden Albberge, die in etwa dieselbe Höhe haben. Andere Touren beginnen gleich oben auf der Höhe, was eine einfache Tour verspricht. Dabei wandert man durch prächtige Wälder, durch Wacholderheiden oder besucht Höhlen.

Sie sehen also, Wandern im Zollernalbkreis ist überaus abwechslungsreich, und an wunderschönen Landschaften gibt es keinen Mangel.

In diesem Sinne wünsche ich Ihnen viele schöne Wandertage, viele angenehme Begegnungen und allzeit gutes Wanderwetter.

Dieter Buck

Informationen

Zollernalb-Touristinfo
WFG für den Zollernalbkreis mbH

Alte Hechinger Straße 6
72336 Balingen
Tel.: +49 (0) 74 33 - 92 11 39
info@zollernalb.com
www.zollernalb.com

Die Touren

Im Albvorland

Den Trauf hinauf

Auf der Hochfläche

blau = leicht, rot = mittelschwer, **schwarz** = schwer

ANLEITUNG

Die **GPX-Dateien** zu den Touren dieses Führers können Sie hier herunterladen und auf verlag-regionalkultur.de.

GPX-TRACKS

Einleitendes

Willkommen im Wanderparadies Zollernalb

„Südlich von Stuttgart". So lautet eine gängige Erklärung, wo genau die Zollernalb zu finden ist. Rund 70 Kilometer von der Landeshauptstadt entfernt, empfängt einen schon von Weitem gut sichtbar das beeindruckende Wahrzeichen der Region, die Burg Hohenzollern. Majestätisch thront diese auf einem Vorberg der Schwäbischen Alb. Sie ist Stammsitz des preußischen Königshauses und der Fürsten von Hohenzollern und zieht jährlich über 350 000 Besucher in ihren Bann.

„Die Landschaft erobert man mit den Schuhsohlen, nicht mit den Autoreifen", brachte es einst Georges Duhamel, Schriftsteller und begeisterter Wanderer, auf den Punkt. Und was gibt es da auf der Zollernalb nicht alles zu erobern. Während die Römer noch eher gezwungenermaßen „per pedes" auf den Wegen der Zollernalb unterwegs waren (empfehlenswert dazu: Römisches Freilichtmuseum Hechingen-Stein!), folgten hier bereits im Mittelalter Pilger den verschiedenen Pilgerrouten, um „mit ihren Füßen zu beten". Eine Art von Spiritualität, die man auch heute dem Wandern nicht absprechen kann. Macht es doch Kopf und Geist frei und stellt eine bessere Verbindung zum eigenen Körper her. Vielleicht auch einer der Gründe, warum das Wandern gerade wieder so viel Zuspruch erfährt. Ein bemerkenswerter Trend, der nicht zufällig auch die Zollernalb in den Mittelpunkt des Interesses gerückt hat.

Landrat Pauli ist ein begeisterter Wanderer und am liebsten auf der Zollernalb unterwegs.

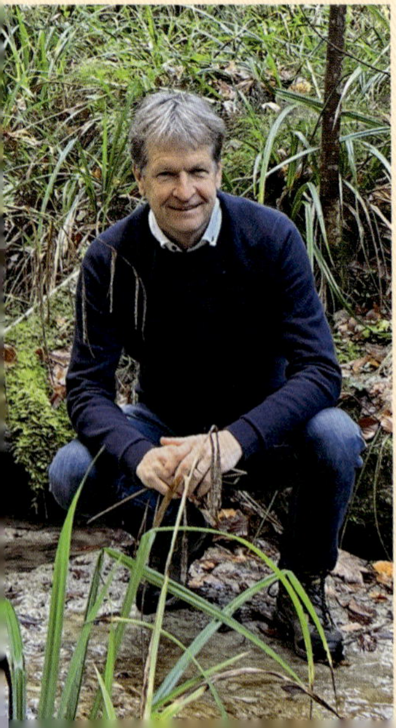

Denn Wandern auf der Zollernalb, welche sich aus 25 Städten und Gemeinden zusammensetzt und die höchsten Berge der Schwäbischen Alb vorzuweisen hat, könnte nicht abwechslungsreicher sein. Der charakteristische Albtrauf mit seinen schroffen Felsen und den atemberaubenden Ausblicken teilt diese in ein liebliches Albvorland mit blühenden Streuobstwiesen auf der einen, und einer eher rauen Albhochfläche mit den typischen, die Landschaft prägenden Wacholderheiden auf der anderen Seite.

Man könnte die weite Palette an Wandermöglichkeiten auf der Zollernalb auch mit einer überdimensionalen, bunten Lostrommel vergleichen, in der es nur Gewinner und keine Nieten gibt.

Dabei würde man dann beispielsweise einen der beiden zertifizierten Qualitätswanderwege Donau-Zollernalb-Weg oder Albsteig ziehen, die sich vergnügt durch die Region schlängeln.

Ein echter Hauptgewinn sind die dreizehn Premiumwanderwege, also die drei aussichtsreichen HochAlbPfade in Meßstetten und die zehn abwechslungsreichen Traufgänge in Albstadt, wovon zwei als Premium-Winterwanderwege ausgezeichnet sind.

„Jedes Los ein Gewinn" heißt es auch bei den über 100 ausgeschilderten Rundwanderwegen mit ganz unterschiedlichen Längen und Schwierigkeitsgraden. Elf berollbare Spazierwege wurden speziell für und von Rollstuhlfahrern getestet und für gut befunden. Sie eignen sich zudem wunderbar für Familien mit Kinderwagen, Laufrad & Co. Zahlreiche liebevoll gestaltete Themen- und Erlebniswege informieren und unterhalten im Vorbeilaufen.

Wer eine sportliche Herausforderung sucht, wird auf den anspruchsvolleren Streckenwanderwegen Hohenzollern-, Schlichemwander- und Jakobusweg fündig.

Der renommierte Wanderexperte Dieter Buck hat für dieses Buch tief in die Lostrommel der Zollernalb gegriffen und sich 25 besondere Highlights herausgefischt, die er auf den folgenden Seiten fachkundig, ausführlich und anschaulich präsentiert. Unterstützt wird er dabei von einer Reihe ganz unterschiedlicher Persönlichkeiten aus der Gegend, die ergänzend in kurzen, knappen Infokästen Hintergrundinfos und Tipps zu den Touren beisteuern.

Alle Informationen rund um das Thema „Wandern auf der Zollernalb" sind auch auf der Internetseite der Zollernalb-Touristinfo unter www.zollernalb.com zu finden.

Günther-Martin Pauli
Landrat des Zollernalbkreis

Sicher wandern

Wichtig ist, dass man seine eigene Leistungsfähigkeit realistisch einschätzt: Bewältigt man die Strecke und die Höhenmeter? Unterwegs schlappmachen oder total erschöpft ankommen möchte man ja nicht, das hinterlässt auch keine guten Erinnerungen an die Tour. Auch sollte man berücksichtigen, dass man an heißen Sommertagen schneller an seine Grenzen kommt als an kühleren Tagen. Gerade dann ist es wichtig, immer genügend zu trinken dabei zu haben, und auch bei kürzeren Touren ist ein kleiner Vorrat an Essbarem zu empfehlen. Auf den Karten kann man auch ersehen, ob die Wanderungen eher im schattigen Wald oder durch Freiflächen mit voller Sonneneinstrahlung verlaufen, und sich danach richten.

Besser als alleine zu wandern ist es, wenn man mindestens zu zweit unterwegs ist. So kann im Fall des Falles immer einer Hilfe holen. Ein Fuß ist schnell verknackst und dann kommt man oft nicht mehr weiter. Für Alleinwanderer ist es empfehlenswert, Freunde oder Bekannte darüber zu informieren, wo und wie lange sie unterwegs sein wollen.

Um Hilfe herbeirufen zu können, ist ein Handy sehr nützlich. Das hat heute wohl jeder dabei. Allerdings kann der Empfang in bestimmten Bereichen, sowohl in den Tälern wie auf den Höhen, schlecht sein. Kann man die Notrufnummer 112 nicht wählen, sollte man zunächst ein wenig umhergehen, vielleicht ist in kurzer Entfernung doch ein Empfang möglich. Ansonsten sollte man das Handy ausschalten und beim Wiedereinschalten – anstatt sich in sein eigenes Netz einzuwählen – gleich 112 eintippen. Wenn man Glück hat, sucht sich das Gerät das nächste verfügbare Netz.

Die richtige Ausrüstung

Was braucht man zum Wandern? Eigentlich nichts Besonderes. Man zieht sich eine wandergeeignete Kleidung an: Gut waschbar, bequem und je nach Wetter auch wind- und regendicht (oder zumindest -abweisend) sollte sie sein, aber auch atmungsaktiv. Dies gilt auch für den Anorak. Jeans als Hosen sind eher ungeeignet: Sind sie einmal nass, dauert es lange, bis sie wieder trocken sind. Da eignet sich ein Kunststoffgewebe, das schnell trocknet, besser. Da man im Wald auch manchmal auf engen Wegen geht, in die vielleicht dornige und stachelige Zweige ragen, sollte der Stoff fest sein und nicht gleich kaputtgehen, wenn man mal von einer Brombeere „angegriffen" wird. Der Fachhandel hat ein großes Angebot an wandergeeigneter Kleidung auf Lager, sogar nach Geschlechtern getrennt. Dort erhält man auch eine fachkundige Beratung.

Am allerwichtigsten sind jedoch die Schuhe. Wer hier sparen will, macht es an der falschen Stelle. Man sollte sich, optimalerweise im Fachgeschäft mit guter Beratung, geeignete Wanderschuhe kaufen. Diese sollten zum einen wasserdicht sein, sodass man auch einfach mal durch eine Pfütze gehen kann, ohne sie mühselig umgehen zu müssen, und zum anderen bis zum Knöchel reichen sowie mit einer Sohle ausgestattet sein, mit der man problemlos über Wurzeln und Steine steigen kann. Am besten verlegt man den Schuhkauf in den Nachmittag oder Abend, wenn die Füße ohnehin etwas dicker sind. Zusätzlich zu den perfekten Wanderschuhen benötigt man allerdings auch noch geeignete Socken. Besser geeignet als Socken aus Wolle oder Baumwolle sind spezielle Wandersocken, die entweder zu einem hohen Anteil oder ausschließlich aus Kunstfasern bestehen. Dadurch ist gewährleistet, dass die Feuchtigkeit nach außen transportiert wird und der Fuß trocken bleibt. Somit wird die Gefahr der Blasenbildung verringert. Einige Wanderer tragen auch zwei Paar Socken, da dann die Socke nicht an der Haut reibt, sondern Socke an Socke. Dies ist dann allerdings beim Schuhkauf bzw. der Wahl der richtigen Schuhgröße zu

Auch rasten gehört zum Wandern, hier mit Blick auf den Plettenberg.

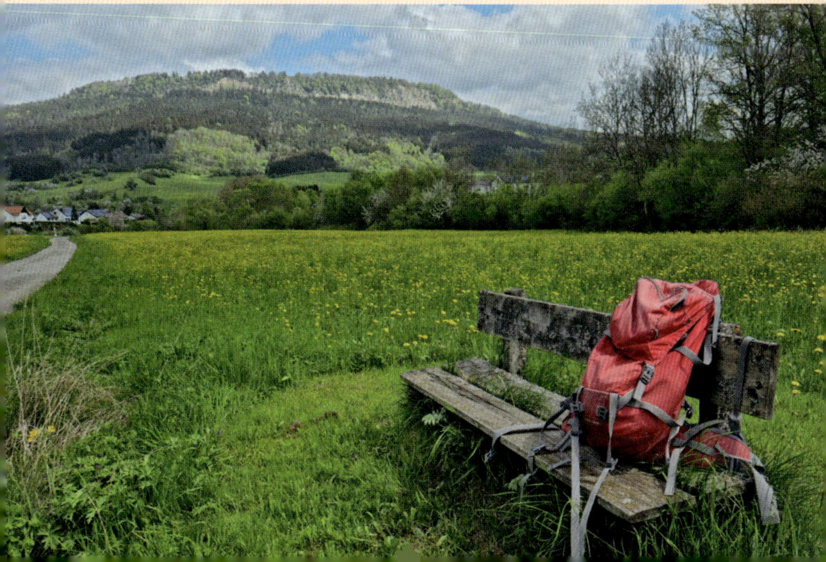

berücksichtigen. Auch hier sollte wieder eine fachkundige Beratung in Anspruch genommen werden.

Als Ergänzung zu dieser Grundausrüstung empfiehlt es sich außerdem, weitere nützliche Gegenstände bei den Wanderungen mit sich zu führen. Ganz brauchbar sind beispielsweise immer wieder ein Taschenmesser, eine Schnur und eine Tüte (für den Abfall, aber auch zum Sammeln irgendwelcher Fundstücke – vor allem wenn man Kinder dabei hat). Auch wenn man nicht gerne daran denken möchte, sollte man stets auf mögliche Verletzungen vorbereitet sein, denn gerade auf Pfaden hat man sich schnell mal den Fuß übertreten. Eine elastische Binde kann hier wahre Wunder bewirken und zumindest den Weg zurück zum Ausgangspunkt ermöglichen. Einen Schnitt, einen Riss oder eine aufgeschürfte Stelle hat man sich ebenfalls schnell zugezogen. Hierbei sind Pflaster, Verbandsmaterial und Desinfektionsmittel im Rucksack äußerst hilfreich. Selbst gegen Stiche von Insekten gibt es Hilfsmittel: Geräte, mit denen man einen Stachel oder das Gift in der Stichstelle entfernen kann, sowie Geräte oder Salben zur Milderung des Juckreizes erhält man in der Apotheke.

Gibt es unterwegs Gefahren?

Löwen, Tiger und giftige Spinnen treffen wir in unseren Wäldern zwar nicht an, aber es gibt ein paar Dinge, die in

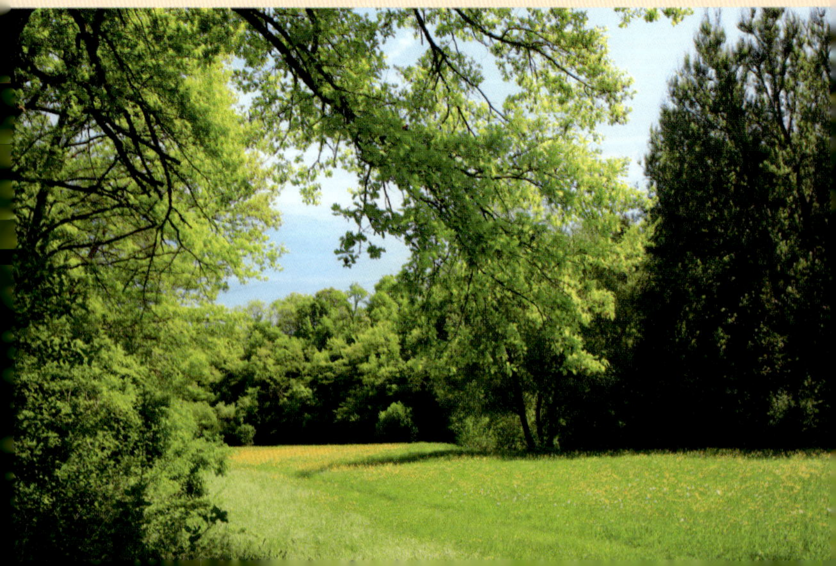

den letzten Jahren an Bedeutung gewonnen haben und über die man sich Gedanken machen sollte:

Waldgebiete sind immer auch Zeckengebiete. Ein Zeckenbiss kann Krankheiten von der Hirnhautentzündung bis hin zur Borreliose verursachen. Man kann z.B. vorsorgen, indem man seine Hosenbeine in die Schuhe stopft, sodass die Beißer Schwierigkeiten haben, zur Haut vorzudringen. Nach einer Wanderung sollte man in den nächsten Tagen auf Rötungen um die Bissstelle achten. Dann ist ein Arztbesuch angesagt.

Gefahr besteht auf der Schwäbischen Alb jedoch eher durch den Fuchsbandwurm. Vorsorgen kann man, indem man zum Beispiel keine Beeren o.ä. im Wald isst, zumindest keine aus Bodennähe.

Besonders schön: mit Kindern unterwegs

Kinder sind normalerweise begeisterte Wanderer, gibt es hier doch immer viel zu sehen, zu beobachten und zu spielen. Geht man mit Kindern zum Wandern, ist es immer sinnvoll, etwas zum Transport von Fundstücken (Tannenzapfen, Samen, Versteinerungen etc.) dabei zu haben. Pflanzen mitzunehmen ist zwar auch beliebt, aber wenig sinnvoll, denn bis man daheim ist, sind sie oft vertrocknet. In Naturschutzgebieten ist es sogar verboten, von dort darf überhaupt nichts mitgenommen werden! Schnur, Taschen-

Die Wanderungen führen auch durch dichte Wälder.

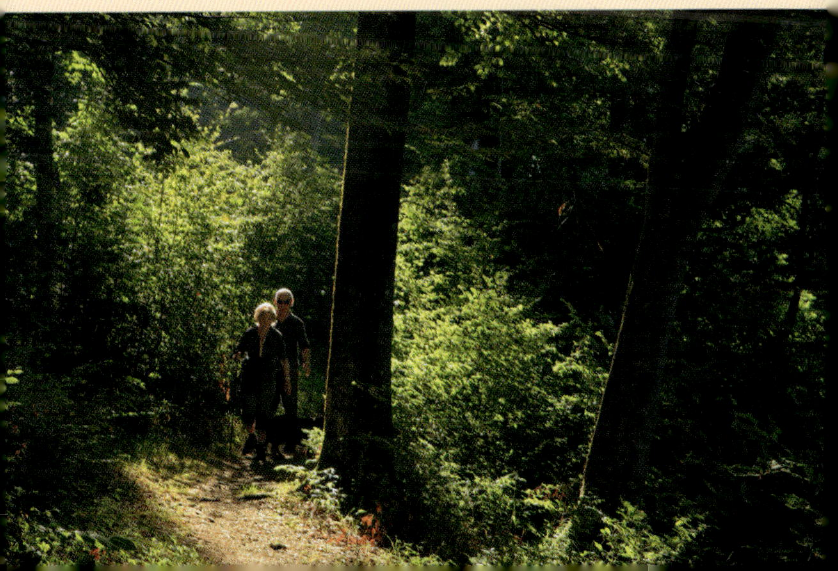

messer, Malsachen etc., bei kleineren Kindern auch Spielfiguren, machen eine Wanderung für den Nachwuchs interessant, sodass man zu einer Wiederholung vermutlich keine großen Überredungskünste braucht.

Orientierung ist wichtig

Die bei den Wanderungen empfohlenen Karten sind teilweise im Buchhandel, teilweise bei den Gemeinden erhältlich. Durch den manchmal komplizierten Wegverlauf bzw. weil nicht immer alle Wege auf den Karten verzeichnet sind, empfiehlt sich die Installation von Apps für Smartphones. Hier sollte man aber darauf achten, dass man sich aus den jeweiligen Stores solche herunterlädt, die kein Internet benötigen – das ist vor allem im Wald, insbesondere weit weg von Siedlungen oder in Schluchten, sehr oft nicht vorhanden. Zu empfehlen sind vor allem die kostenlosen Apps MAPS.ME und PhoneMaps, die einem recht zuverlässig anzeigen, wo man sich gerade befindet, wenn man mal die Orientierung verloren hat. Auch mit Komoot habe ich gute Erfahrungen gemacht. Wer sich die angebotenen Tracks zu den Wanderungen herunterlädt, hat eh keine Probleme mit der Orientierung.

Anfahrt

Bei jeder Tour wird neben dem passenden Parkplatz auch aufgeführt, wie man umweltfreundlich mit öffentlichen

Ein Barfußpfad ist zwar nicht zum Wandern geeignet, aber doch eine nette Abwechslung unterwegs. Hier bei Tieringen.

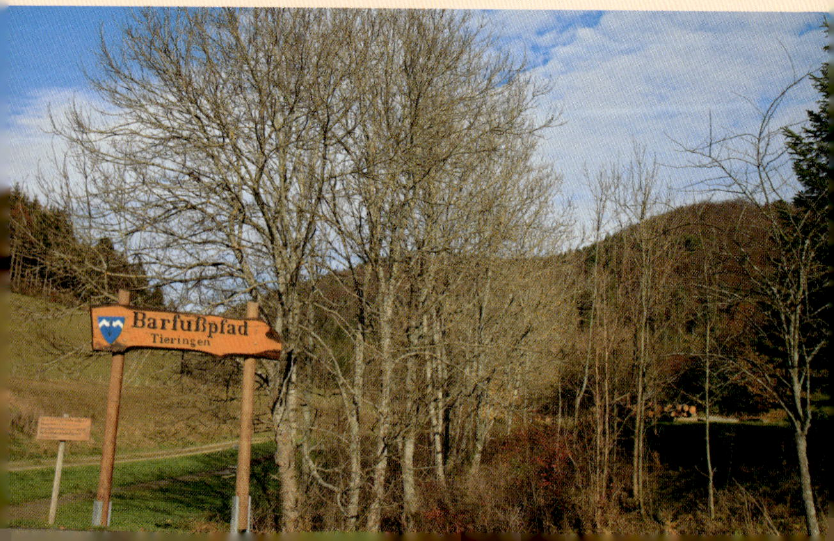

Verkehrsmitteln, mit Bus und Bahn, zum Ausgangspunkt kommt. Meist verlängert sich die Wanderung durch die Strecke vom Bahnhof oder der Bushaltestelle jedoch ein wenig. Auskunft über die Verbindungen und Fahrpläne erhält man hier: efa-bw.de.

Bestimmen von Bäumen, Blumen und Tieren

Nach dem Motto „Man sieht nur, was man weiß" ist es auch ganz nützlich, wenn man das, was man um sich herum sieht, auch erkennen und bestimmen kann: Bäume, Blumen, Tiere. Neben vielen Büchern – fragen Sie hierzu am besten Ihren Buchhändler – gibt es auch hierzu zahlreiche Apps. Zur Bestimmung von Vögeln werden auch Bücher angeboten, bei denen man mittels einer App Vogelstimmen hören kann.

Besonderheiten in den Wäldern

Die ganz großen Sensationen der Natur findet man in unseren Wäldern eher selten, dafür aber kleine Kostbarkeiten. Hier eine junge Pflanze, die aus einem abgestorbenen Baum, dem sogenannten Totholz, wächst. Dazwischen vielleicht sogar die eine oder andere Orchidee. Auch lustig vor sich hin plätschernde und strudelnde Bäche erfreuen den Wanderer, ebenso ein Wasserfall, ein Felsmassiv oder eine wilde Schlucht.

Im Albvorland

Das Albvorland, das Land vor der Schwäbischen Alb, die sich in einem steilen Aufschwung aus den tieferen Bereichen des Zollernalbkreises erhebt, ist im Gegensatz zur oft sogenannten „rauen Alb" ein eher lieblicher Landstrich.

Der Wanderer, der gerne „gemäßigt" unterwegs ist, findet hier keine schroffen Felsen, keine steilen Abbrüche, auch keine steilen Anstiege und auch keine Aussichtsfelsen, sondern eine eher sanft gewellte Landschaft, mit Feldern, Wiesen, Streuobstwiesen und plätschernden Bächen. Aussicht hat man aber auch hier, halt von den nicht ganz so hohen Höhen der Hügel. Aber auch sie reicht teilweise weit, und im Hintergrund sieht man oft die „Blaue Mauer", wie Eduard Mörike das ferne Band der Schwäbischen Alb genannt hat. Ebenso hat man oft den Hohenzollern mit seiner romantisch wirkenden riesigen Burg vor der eigentlichen Alb im Blick.

Ein gutes Beispiel für eine solche Wanderung ist beispielsweise die Hutzeltour, die all das bietet: eine liebliche und abwechslungsreich strukturierte Landschaft sowie Aussicht zum Hohenzollern und zum Albtrauf.

Aber auch Wanderungen durch die Täler wie das der Starzel oder der Eyach mit dem herrlichen Städtchen Haigerloch, durch das Bubenhofer Tal oder auf dem Zwei-Täler-Weg bei Rosenfeld gehören zu den Höhepunkten im Albvorland. Aussicht findet man insbesondere auf dem nicht umsonst so genannten Panoramarundweg um Grosselfingen oder auf dem Hohenzollernrundweg, der hinauf zu dieser Burg führt, die ja nicht auf, sondern vor der Alb liegt. Auch der Wochenberg-Pfad führt auf einen Berg, sogar mit einem recht steilen Anstieg.

Den Trauf hinauf

Ganz andere Erlebnisse als im Albvorland hat man bei den Touren, die vom Vorland oder einem Tal hinauf auf die Schwäbische Alb führen. Oben ist man in der Region der „10 Tausender", in der die Berge um die tausend Meter hoch sind. Im Sommer ist man nach dem steilen Anstieg oft froh, dass hier ein etwas kühleres Lüftchen weht als im Tal, dafür gibt es hier manchmal noch Schnee, wenn man unten den Frühling bereits zu riechen meint.

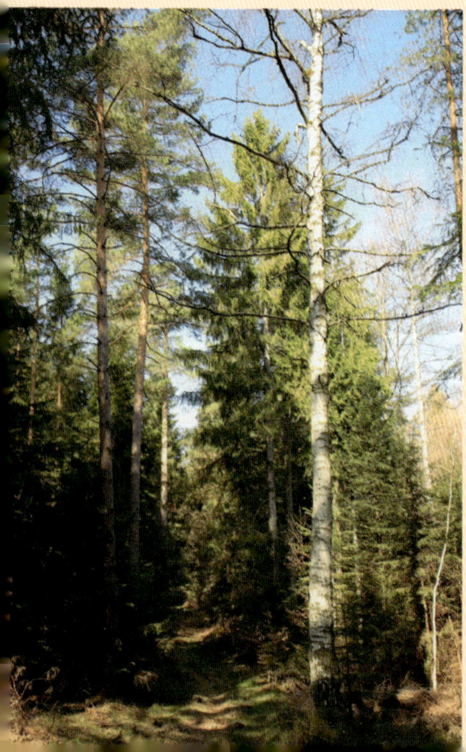

Von den beschriebenen Wanderungen wäre zuerst einmal die Tour auf den Raichberg zu nennen, bei der man an der Wallfahrtskirche Maria Zell vorbei kommt und später am Aussichtsturm fast an der Tausend-Meter-Marke kratzt. Unterwegs kann man den vielleicht berühmtesten Blick zur Burg Hohenzollern vom Zeller Horn aus genießen.

Der nach einer Sage benannte Hirschguldenweg führt uns auf den aussichtsreichen Böllat, und der Berg & See Weg beginnt bei einem Badesee und findet seinen Höhepunkt auf dem Plettenberg. Eine weitere Sage gehört zur Ortenberg-Tour, die einen ebenfalls mit einem etwas fordernden Anstieg aus dem Schlichemtal hinauf zum Ortenberg bringt und die im Gebiet der Sage vom „Geschenk des frommen Fräuleins" verläuft.

So anstrengend diese Wanderungen mit ihren Anstiegen auch sein mögen, die herrliche Aussicht, die sich einem von oben hinab ins Albvorland oder über die Albhochfläche bietet, lohnt die Mühe und den Schweiß des Aufstiegs allemal.

Auf der Hochfläche

Eine große Zahl der Wanderungen dieses Kapitels verläuft „oben" auf der Schwäbischen Alb. Wer vom Tal heraufkommt, merkt oft, dass es hier einen „Kittel kälter" ist als unten im Albvorland. Einen Anorak oder Pullover im Rucksack zu haben, ist für den Wanderer hier auch im Sommer sicher nicht die schlechteste Empfehlung.

Aussichtsreich ist die Tour hinauf zur Salmendinger Kapelle auf dem Kornbühl allemal. Zum einen bietet sie gleich am Anfang einen herrlichen Blick von der Wallfahrtskapelle über die Albhochfläche, zum anderen hat man von den Aussichtsfelsen am Trauf herrliche Blicke hinab ins Albvorland. Der Kreuzfelsenweg führt uns nicht nur zu einem prächtigen Aussichtsfelsen mit Blick auf Burladingen, sondern auch an drei Burgruinen vorbei.

Gleich drei der beliebten Premiumwanderwege sind in diesem Kapitel enthalten. Und man darf sich gewiss sein, wo Premium draufsteht, ist Premium drin. So bieten die Traufgänge Wiesenrunde und Ochsenbergtour und die Hochalbpfade Tieringer Hörnle und Hossinger Hochalb schönste Erlebnisse für Wanderer: abwechslungsreiche Strecken, Besonderheiten am Wegrand, beste Beschilderung, Rastplätze mit Bänken und Himmelsliegen, alles vorgegeben vom Deutschen Wanderinstitut e.V., das diese Wege zertifiziert hat.

Nicht minder schön sind aber auch die anderen beschriebenen Wanderungen, so zum Beispiel die Tour über den Lochenstein zum Schafberg, die herrliche Aussichten und eine albtypische Landschaft, Wacholderheiden und Flora vom Schönsten bietet. Eher für stille Genießer und Liebhaber nicht überlaufener Wanderwege bieten sich der Hummelbühl-Rundweg oder die Touren zu den Kühstellenhöhlen und zum Aussichtspunkt Heimbuch an.

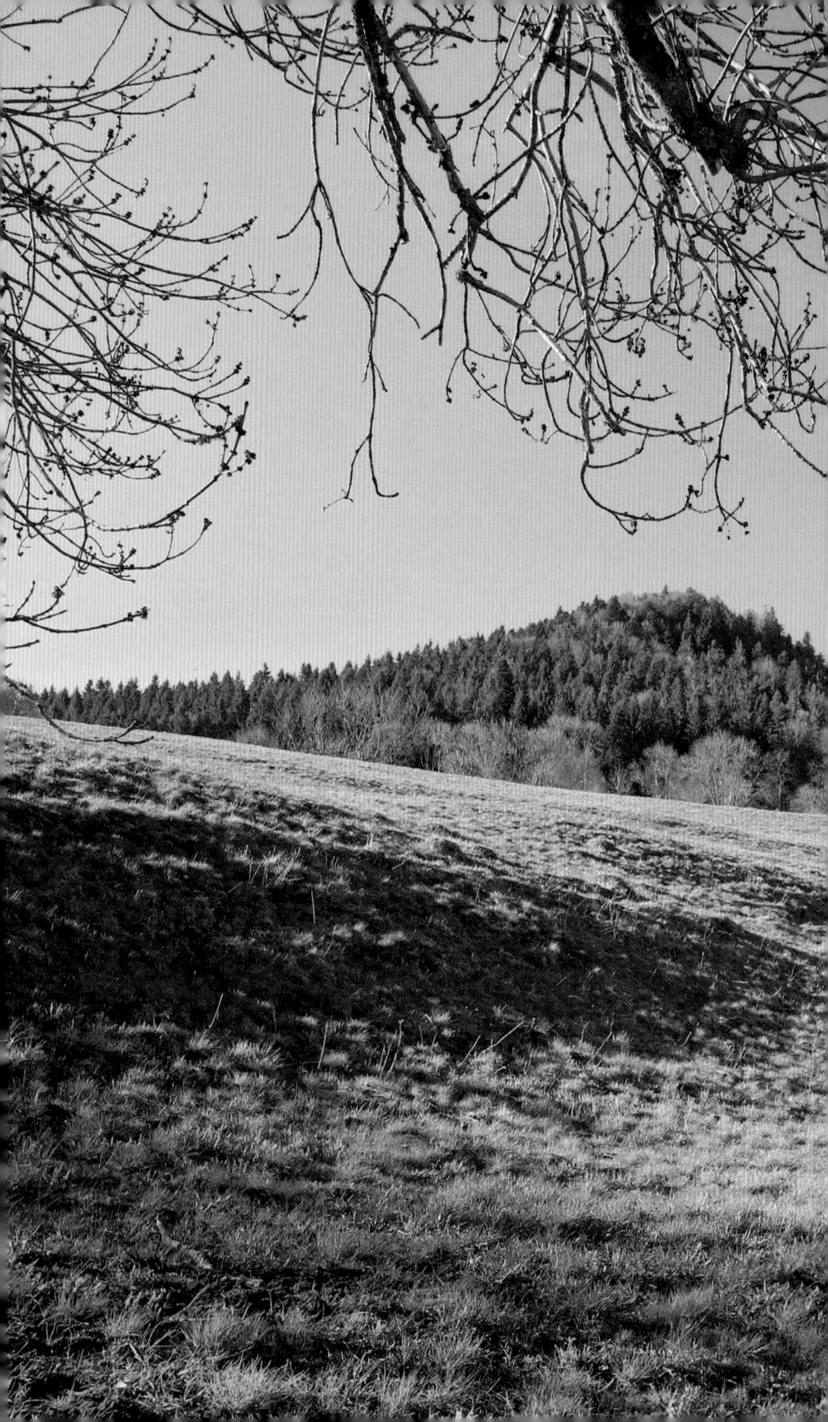

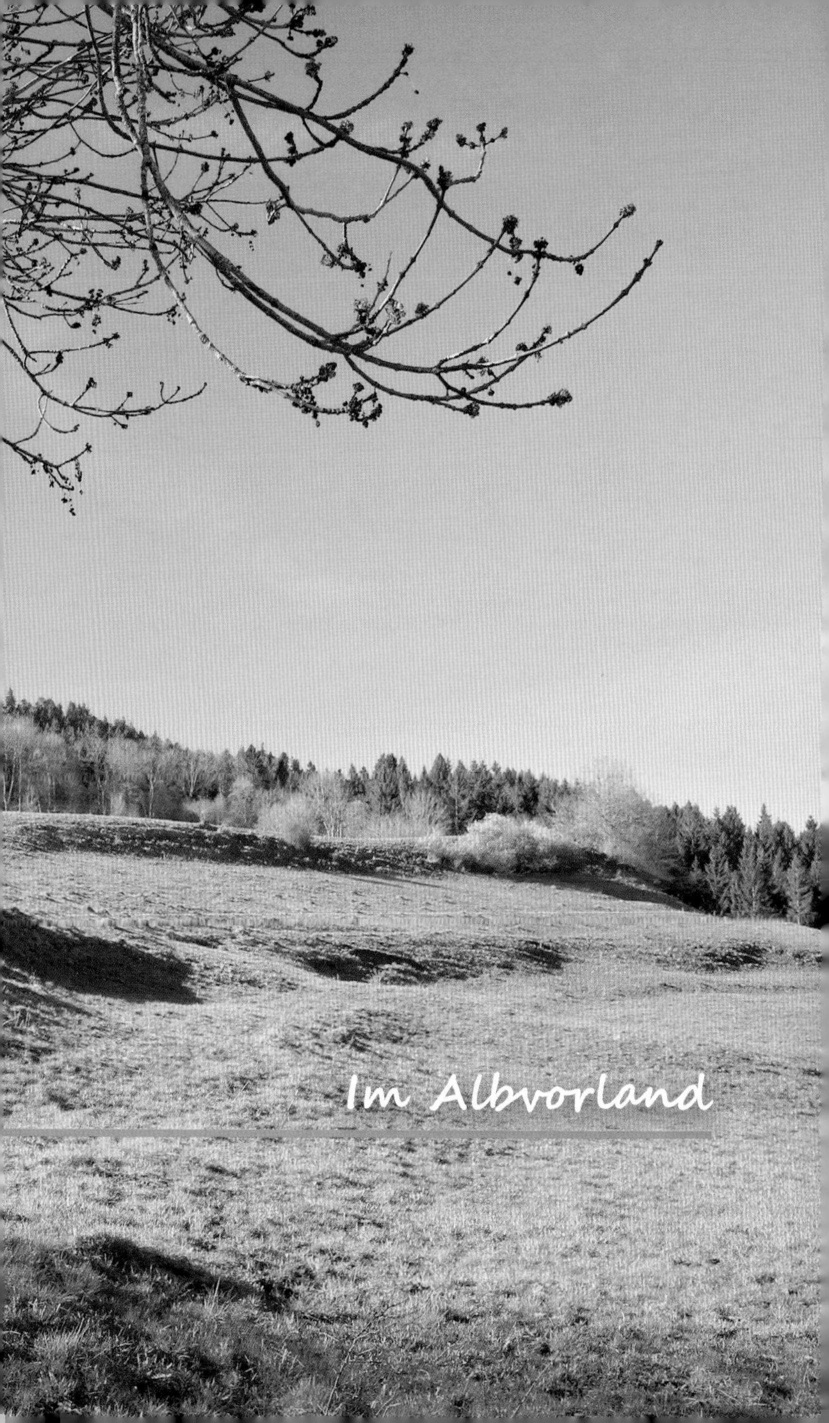

Im Albvorland

Rundweg Starzeltal

1

Entlang des Flüsschens

3 Std
11 km
180 Hm

Rangendingen – Starzeltal – Bietenhausen – Höfendorf – Rangendingen

Die Wanderung verläuft auf festen Wegen und Naturwegen.

Starzeltal, Tobelgraben

Höfendorf

Eine Wanderung entlang eines Flüsschens ist immer verlockend. So auch diese leichte Tour, die durch das idyllische Starzeltal führt und uns einige landschaftliche Abwechslung bietet. Am schönsten ist es sicherlich im Starzeltal selbst, aber auch der eher wilde Tobelgraben sorgt für bleibende Erinnerungen. Historisch interessierte Wanderer erfreuen sich an der Gruppe von historischen Grenzsteinen, die auf einer Tafel ausführlich erklärt werden.

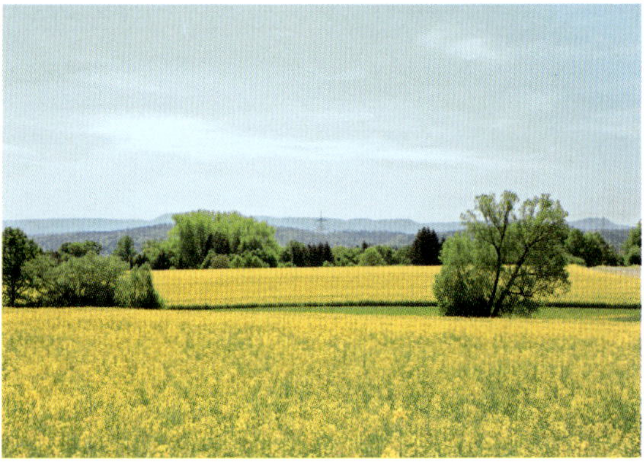

Herrlich weiter Blick vom Vorland zum Albtrauf.

Wir folgen vom **Parkplatz** 1 beim Sportplatz aus dem Zufahrtssträßchen bis zu einer Verzweigung. Dort halten wir uns am Schild „Starzelbrücke Kläranlage" (409 m) rechts. Kurz darauf sind wir im **Starzeltal**, das uns gleich recht idyllisch empfängt. Nach einem Rast- und Grillplatz überqueren wir die Starzel auf einer Brücke. Danach können wir im Flussbett an der munter mäandernden Starzel gut den Unterschied zwischen einem Prall- und einem Gleithang beobachten. Nun wandern wir ein Stück unbefestigt weiter. Später kommen wir wieder in den Wald. Am Schild **„Omengraben"** (406 m) 2 halten

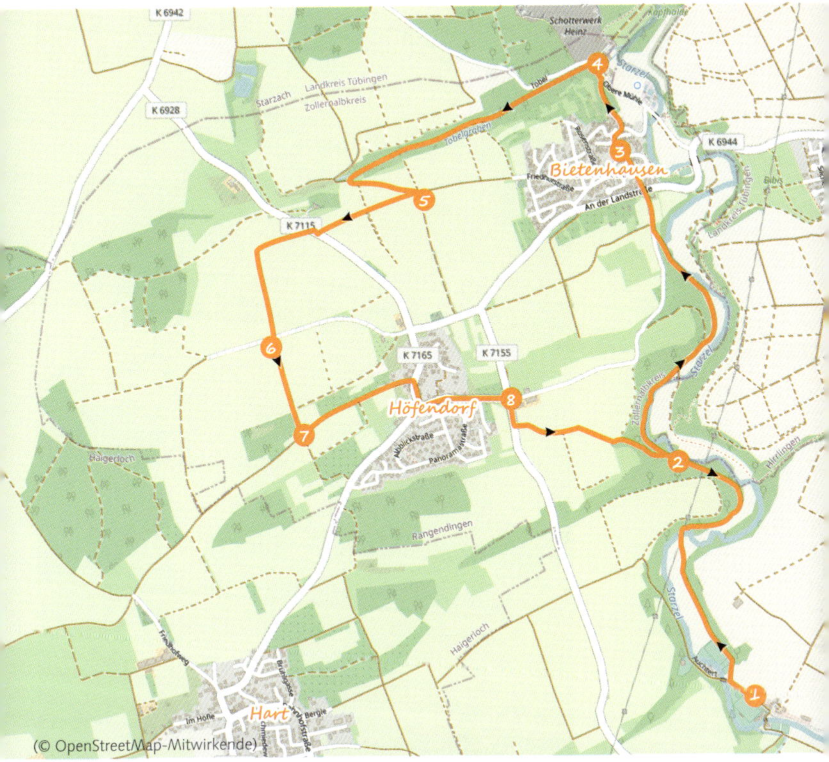

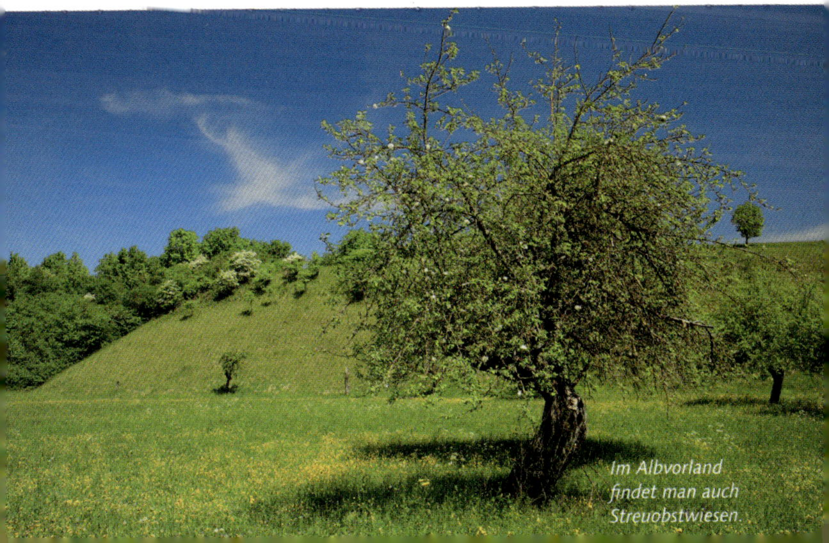

Im Albvorland findet man auch Streuobstwiesen.

INFOS

Wanderkarte W241 Rottenburg am Neckar, 1:25 000, Landesamt für Geoinformation und Landentwicklung Baden-Württemberg (LGL) in Zusammenarbeit mit dem Schwäbischen Albverein e. V.

rangendingen.eu

Bus bis Haltestelle Bietenhausen Schule

Rangendingen, Mühlesträßle 7, GPS 48.387703, 8.877047

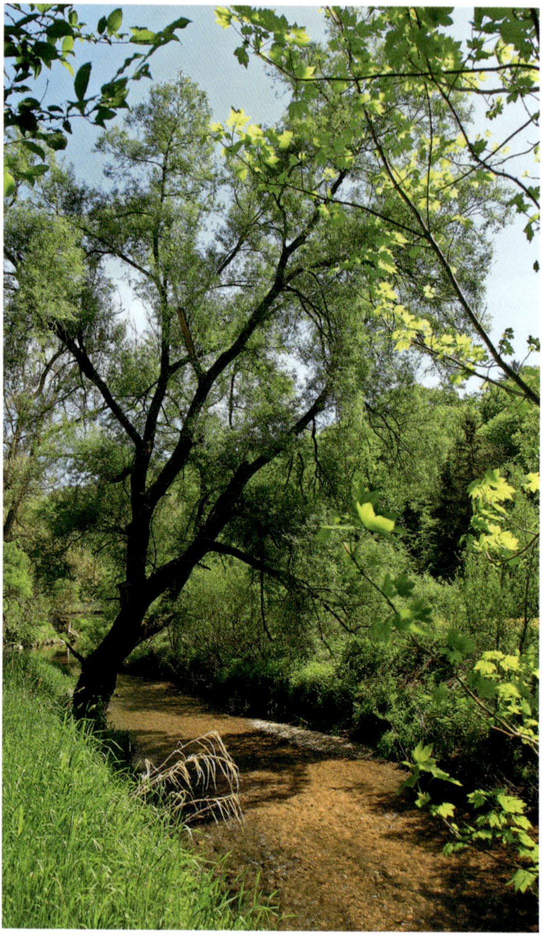

Idylle an der Starzel.

wir uns rechts; auf dem linken Weg kommen wir später wieder zurück.

Jetzt wandern wir eine Weile auch oberhalb des Flüsschens. An der Verzweigung beim Schild „Starzeltal Abzweig Höfendorf" (399 m) gehen wir unbefestigt auf dem rechten Weg weiter. Danach steigt es durch den Wald ein wenig an. Oben verlassen wir bei einem Flurkreuz den Wald und gehen nach rechts auf **Bietenhausen** zu.

Wir überqueren vor den Häusern eine Straße, dann wandern wir in der Rottenburger Straße in den Ort hinein. Am ehemaligen Rathaus geht es rechts vorbei, dann folgen wir nach einer Rechtskurve kurz der Neuen Straße, danach geht es in der Talstraße bergab. Gleich danach biegen wir aber am Schild **„Bietenhausen Talstraße“** (413 m) 3 links ab in den Holunderweg.

Wir gehen direkt an Haus Nr. 4 weiter und kommen in den Wald, wo wir einem Pfad folgen. Wir passieren das Schild „Obere Mühle“ (391 m); hier strebt links des Pfads eine steile Felswand senkrecht empor. Kurz darauf, vor dem Steinbruch, biegen wir am Schild **„Steinbruch Rangendingen“** (391 m) 4 links ab. Nun wandern wir eine Weile im Tobelgraben. Er weist einen recht urigen Charakter auf, wir sehen jede Menge moosüberzogene Bäume, Büsche und Totholz und bei feuchtem Wetter tropft es aus einem kleinen Felsmassiv wie aus einem Schleierwasserfall.

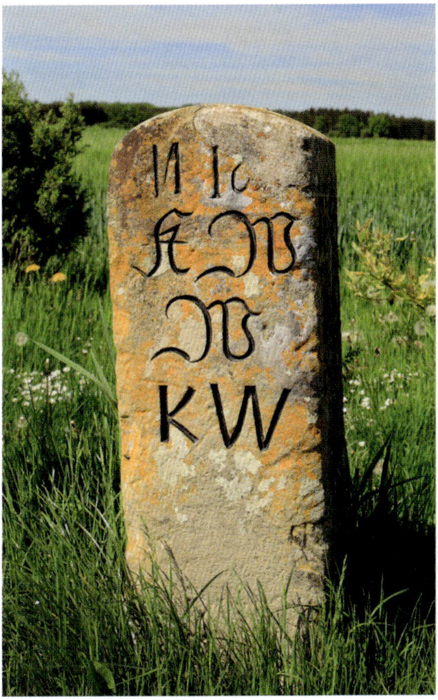

Immer interessant sind alte Grenzsteine, wenn die Beschriftung noch gut erhalten ist.

Es steigt immer sanft an, bis wir oben vor den Fischteichen den Wald verlassen. Wir folgen dem Asphaltweg nach links,

Gabriel Werner, Revierleiter Forstrevier Rangendingen, empfiehlt zum Starzeltal-Rundweg:

„Wer auf dem Starzeltal-Rundweg unterwegs gerne eine Pause einlegen und sich stärken möchte, kann dies in Bietenhausen tun. Dort gibt es in der Bußstraße 9 ‚Unser Lädle', wo man sich während der Öffnungszeiten ein Vesper oder einen Kaffee kaufen kann. Der Dorfladen ist ein Projekt des Diasporahauses Bietenhausen und wird von den dort betreuten Kindern und Jugendlichen mitgestaltet. Ein paar Schritte weiter kann die Kirche Sankt Agatha besichtigt werden. Neben der Kirche bietet der Kräutergarten eine gute Möglichkeit, eine Pause einzulegen. Zwischen den Beeten mit den duftenden Kräutern gibt es schöne Sitzgelegenheiten.“

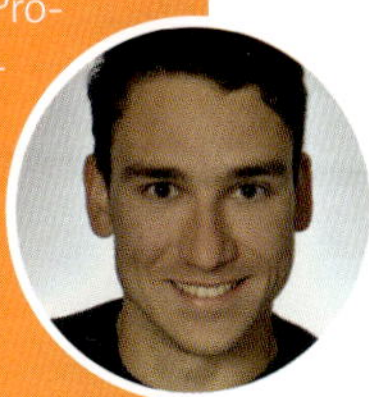

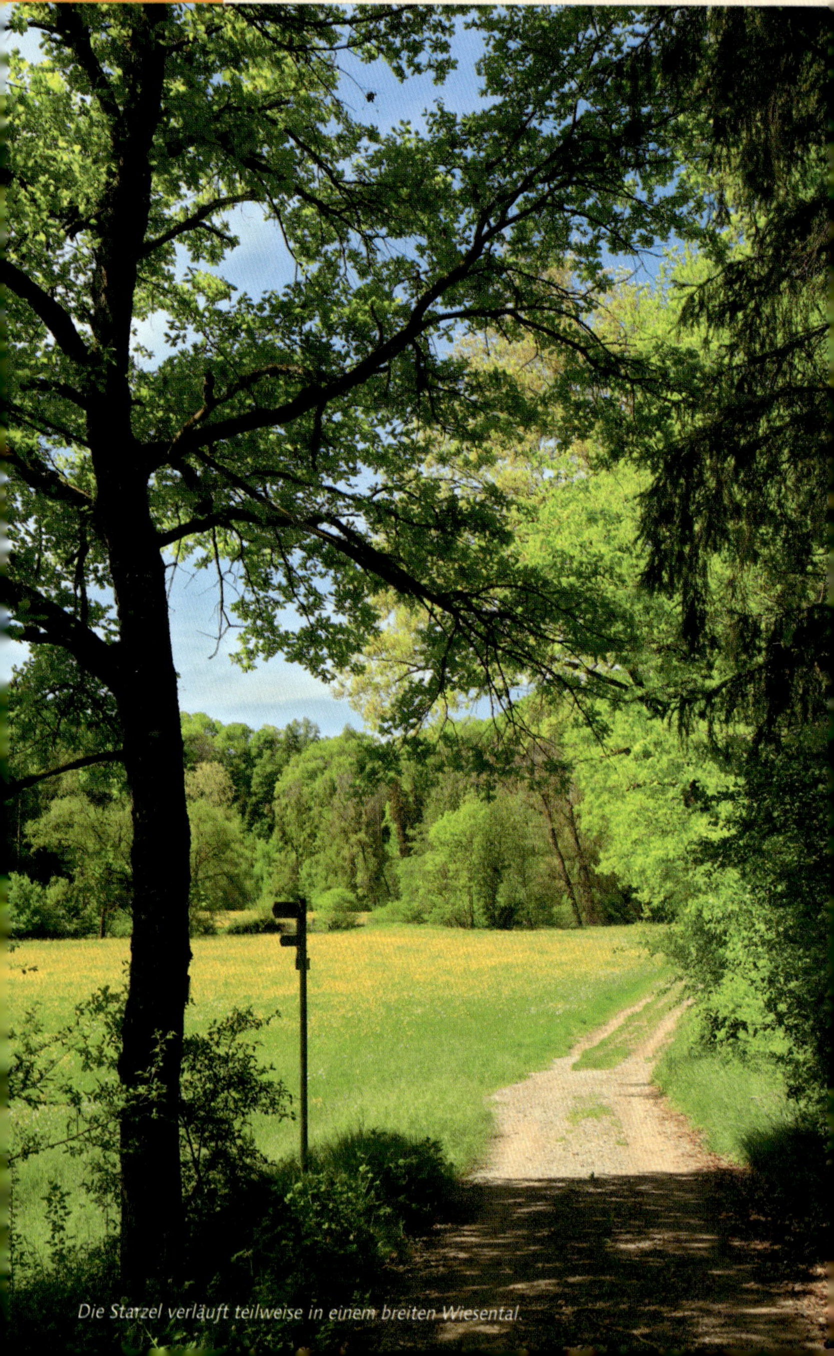

Die Starzel verläuft teilweise in einem breiten Wiesental.

zweigen aber nach 300 Metern am Schild „Feldkreuz am Tobelweg" (462 m) und einem **Gedenkstein zur Flurneuordnung 2010** scharf rechts ab 5.

Danach überqueren wir bei einem Flurkreuz die Straße und folgen dem nach rechts ziehenden Weg dahinter. Er biegt gleich links ab und knickt etwas später noch einmal links ab. Bald erreichen wir einen **Rastplatz**, bei dem auch einige alte Grenzsteine aufgebaut sind 6. Eine Tafel informiert über die Bedeutung der Inschriften.

Wir gehen weiter geradeaus bis zum Schild „Trillfinger Weg" (474 m) und einem großen **Steinkruzifix** 7. Hier biegen wir links ab und kommen bald nach Höfendorf. Dort orientieren wir uns am Schild „Hauptstraße" (457 m) rechts. Gleich darauf halten wir uns links in die Rangendinger Straße. Vor den Gewerbeanwesen biegen wir an der Querstraße und dem Schild **„Obere Kreine"** (458 m) rechts ab 8. Am Ende der links der Straße verlaufenden Stützmauer orientieren wir uns im rechten Winkel links.

Nun folgen wir einem Feldweg bis zum Wald, dann geht es auf einem Pfad durch den Wald hinab zum Schild **„Omengraben"** 2, das wir noch vom Anfang der Tour kennen. Dort biegen wir rechts ab und wandern auf bekanntem Weg zurück zum Ausgangspunkt.

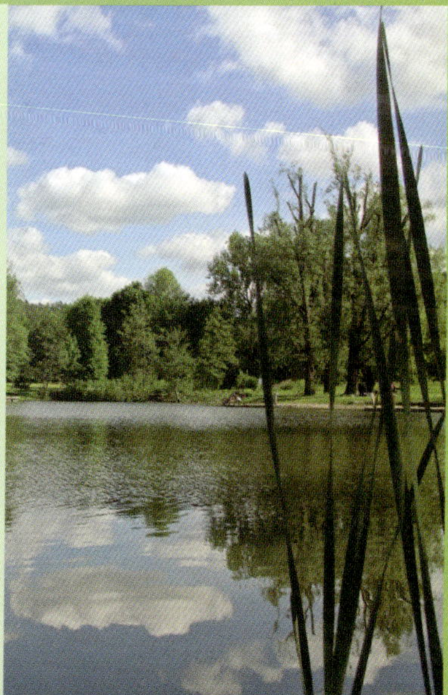

Eyachtal-Rundweg

2

Links und rechts des Tals

4 ¼ Std

15 km

300 Hm

Haigerloch – Schloss – Trillfingen – Sitz der Weisheit – Bad Imnau – Eyachtal – Karlstal – Haigerloch

Die Tour verläuft meist auf asphaltierten Wegen oder festen Forstwegen. Allerdings wandert man nach dem Schützenhaus Trillfingen auf einem schmalen Pfad am Steilabfall entlang. Hier sollte man trittsicher und schwindelfrei sein. Dieses Stück ist auch bei Eis und Schnee nicht zu empfehlen.

Haigerloch mit Schloss, Landschaft, Aussicht, Bad Imnau, Eyachtal

Haigerloch, Bad Imnau

Großartig bei dieser Wanderung ist natürlich das Städtchen Haigerloch mitsamt seinem Schloss, den Kirchen und den Museen; hier allein könnte man einen Tag verbringen. Ebenso hat man bei der Wanderung viel zu wenig Zeit für den Kurpark von Bad Imnau. Dazwischen wandern wir aber durch eine abwechslungsreich gegliederte Landschaft mit Feldern, Wiesen und Waldstücken, mit Aussicht und am Ende auch einem Stück durch das idyllische Eyachtal.

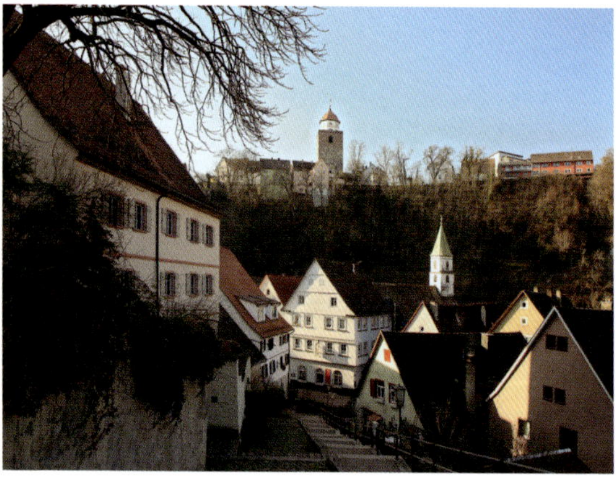

Die beiden genannten Parkplätze liegen links und rechts des Beginns der Schlosstreppe; hierher zum Wanderschild **„Aufgang Schlosstreppe"** (425 m) ① gehen wir jeweils vom Ausgangspunkt. Dann steigen wir hinauf und betreten den **Schlosshof** (466 m). Wir gehen an der linken Gebäudefront entlang und verlassen durch den Torturm das Areal.

Kurz darauf werden wir am Schild „Beim Schlossparkplatz" (483 m) nach links auf einen Pfad und in den Wald verwiesen. Nach dem Wald zieht der Weg nach rechts zum Schild **„Beim Trillfinger Kopf"** (501 m) ②, kurz davor kön-

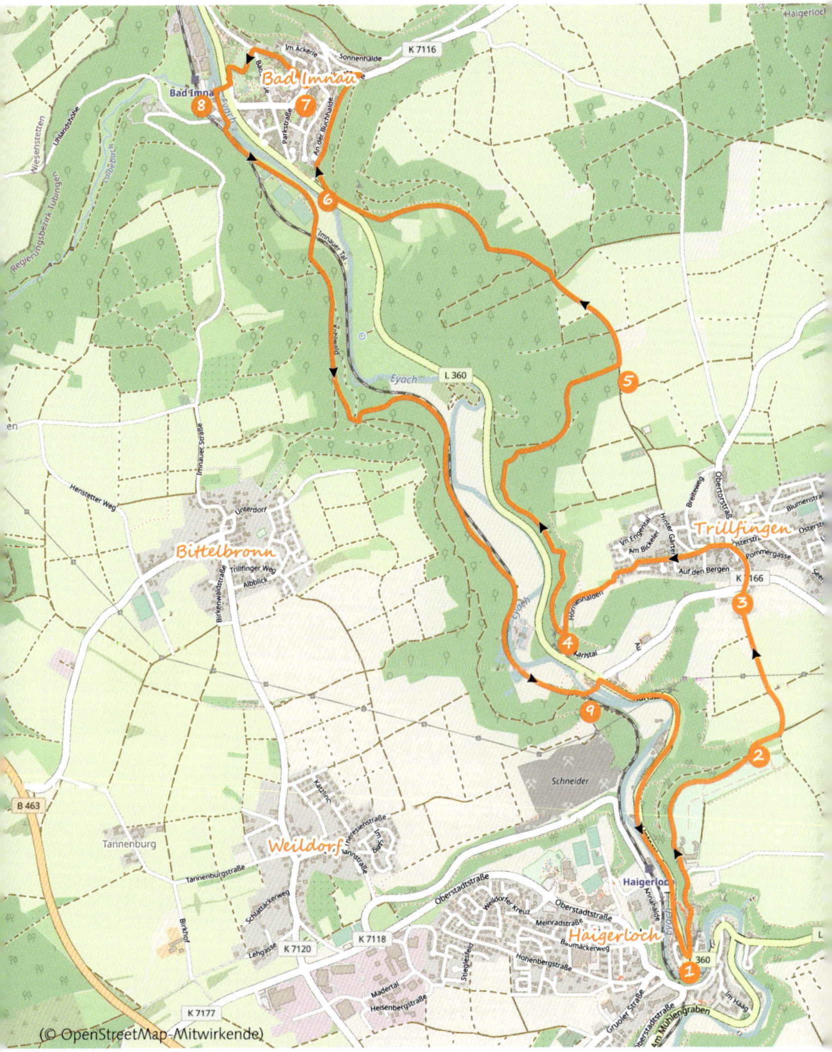

nen wir nach links einen kurzen Abstecher zu diesem kreuzgekrönten Aussichtspunkt hoch über dem Eyachtal machen – auf dem Rückweg wandern wir unten an ihm vorbei.

Ansonsten biegen wir kurz darauf am Schild „Weilen“ (503 m) links ab und wandern zwischen Feldern und Wiesen auf Trillfingen zu. Nach den ersten Häusern

INFOS

Wanderkarte W241 Rottenburg am Neckar; 1:25 000, Landesamt für Geoinformation und Landentwicklung Baden-Württemberg (LGL) in Zusammenarbeit mit dem Schwäbischen Albverein e. V.

haigerloch.de

Bus bis Haltestelle Haigerloch Bahnhofsbrücke oder Marktplatz

Haigerloch, Parkplatz Spitalgasse, GPS 48.367092, 8.802781
Ausweichparkplatz: Parkplatz Pfluggasse, GPS 48.366766, 8.804077

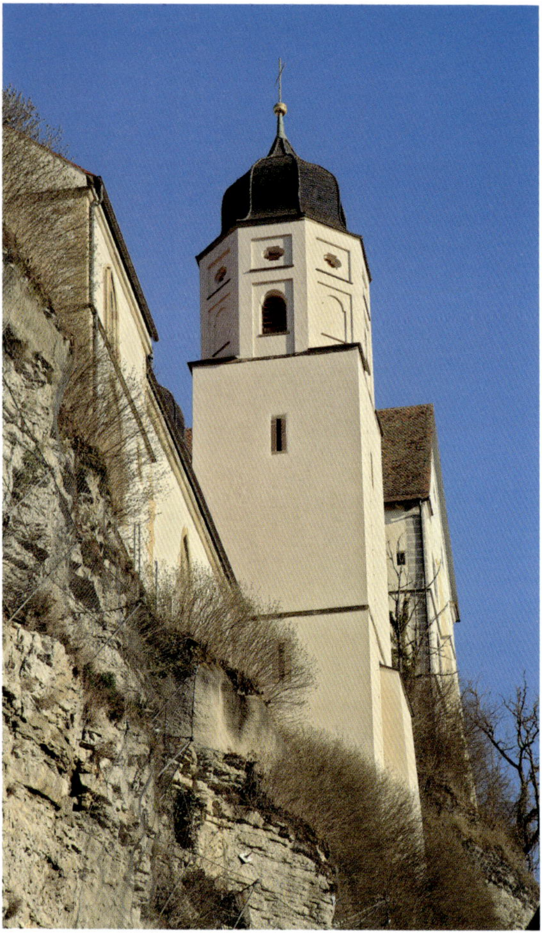

Blick von der Unterstadt hinauf zur Schlosskirche.

geht es abwärts zum Schild **„Trillfingen Brunnen Bruckstraße“** (482 m) 3. Wir biegen rechts ab, überqueren die Straße und folgen dahinter weiter der Bruckstraße. Nach dem Schild „Auf den Bergen“ (488 m) kommen wir zum **Dorfplatz** (501 m). Hier orientieren wir uns vor der Kirche links. An der nächsten Verzweigung halten wir uns links in die Oberdorfstraße. Nach dem Schild „Hornäckerweg“ (509 m) nennt sie sich auch so. An der nächsten Verzweigung umgehen wir Haus Nr. 16 links und verlassen den Ort.

Trillfinger Kapf

Der **Trillfinger Kapf** ist ein schmaler Felskopf, der aus der Hochfläche ins Eyachtal hinausragt. Er trägt ein weißes Metallkreuz, von ihm aus hat man einen schönen Blick hinab ins Tal. Links liegt der Steinbruch an der K7118 und rechts unten steht die Talmühle.

Die kath. Wendelinskirche in **Trillfingen** wurde 1764 vermutlich nach Plänen des Baumeisters Christian Großbayer erbaut. Die Inneneinrichtung zeigt sich im Stil der Bauzeit. Unter anderem besitzt sie eine doppelte Empore.

An dem **Sitz der Weisheit** genannten Platz lässt sich an Tischen und Bänken schön rasten, auch eine Grillstelle gibt es. Man sieht einen Bildstock aus Sandstein mit einer Marienstatue, außerdem einen Mammutbaum. Vom Waldrand aus bietet sich ein prächtiger Blick auf die Kette der Albberge mit dem Hohenzollern.

Hat man nach der Tour noch Zeit und Lust, sollte man einen Bummel durch das sehenswerte **Haigerloch** unternehmen. Schon durch die Enge der Lage im Tal und die großen Höhenunterschiede ist das Städtchen etwas Besonderes. Nach mehreren Zwischenbesitzern kam es 1497 an die Grafen von Zollern. 1576 bis 1634 war er Residenz der Linie Hohenzollern-Haigerloch und ab 1737 als Residenz des Fürsten Joseph Friedrich von Hohenzollern-Sigmaringen. Die Pfarrkirche St. Nikolaus in der Unterstadt geht auf das 12. Jahrhundert zurück. Das prächtige Schloss haben wir ja schon gesehen. Zusammen mit der Schlosskirche bildet es ein eindrucksvolles Ensemble. Es geht auf eine um 1200 gegründete Burg zurück. Beim Umbau im 17. Jahrhundert war auch der Baumeister Michael Beer beteiligt. Die barocke Schlosskirche ist mit reichen Stuckaturen, Fresken (u. a. von Meinrad von Ow) geschmückt. Der prächtige Hochaltar besitzt über sechzig Figuren. Auf der gegenüberliegenden Bergseite steht die 1753 bis 1757 erbaute Wallfahrtskirche St. Anna. In unmittelbarer Nähe findet man auch den Römerturm. Er bietet einen herrlichen Blick auf den Ort, die Kirche und das Schloss, am schönsten sicherlich zur Zeit der Fliederblüte. Bei einem Stadtrundgang kommt man noch am Großbayerhaus, Brunnen und an der ehemaligen Synagoge, heute Museum, vorbei. Eine historische Besonderheit ist, dass in Haigerloch Ende des Zweiten Weltkrieges an einer atomaren Kettenreaktion gearbeitet wurde. Dies ist im Atomkellermuseum dokumentiert.

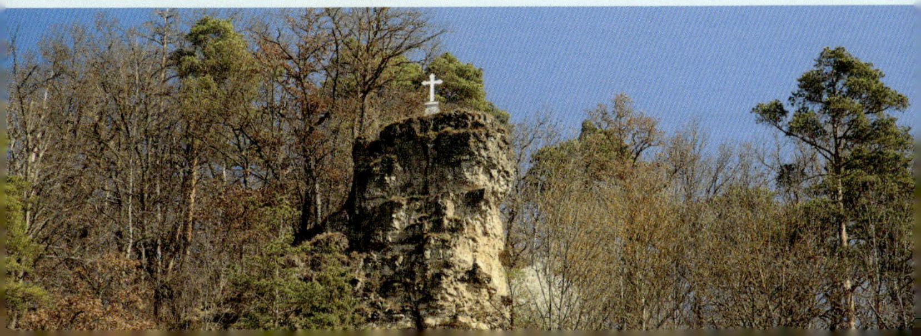

Nach den Häusern halten wir uns an einem Querweg rechts und erreichen bald das **Schützenhaus** 4. Hier finden wir den überdachten Rastplatz Hörnleshalde, dazu können wir am Schild „Aussicht Schützenhaus" (483 m) hinab ins Eyachtal sehen. Wir biegen rechts ab, hier beginnt der schmale Pfad, der einige Zeit am Steilabhang entlangführt. Nach einiger Zeit zieht er nach rechts und aus dem Wald hinaus. Dort biegen wir am Schild **„Engental"** (489 m) 5 links ab und wandern zwischen Wiesen und Feldern zum Waldrand mit dem **„Sitz der Weisheit"**, der sich als eine Marienfigur entpuppt. Dazu gibt es einen Rastplatz mit Grillstellen, außerdem hat man von hier einen prächtigen Blick zur Schwäbischen Alb mit dem Hohenzollern.

Wir folgen geradeaus gehend den Wanderzeichen, bald steil bergab, hinunter ins Eyachtal. Vor der Straße werden wir am Schild **„Bad Imnau Panoramaweg"** (424 m) 6 nach rechts verwiesen. Es steigt erst steil an, dann wandern wir oberhalb der Häuser am Ortsrand entlang bis zur querenden Kurstraße. Hier halten wir uns am Schild „Eyachperle" (428 m) links. Nach etwas bergab biegen wir am Schild **„Rathaus"** (407 m) 7 rechts ab in die Brunnen-

Das Eyachtal ist teilweise von mächtigen Felsen begrenzt.

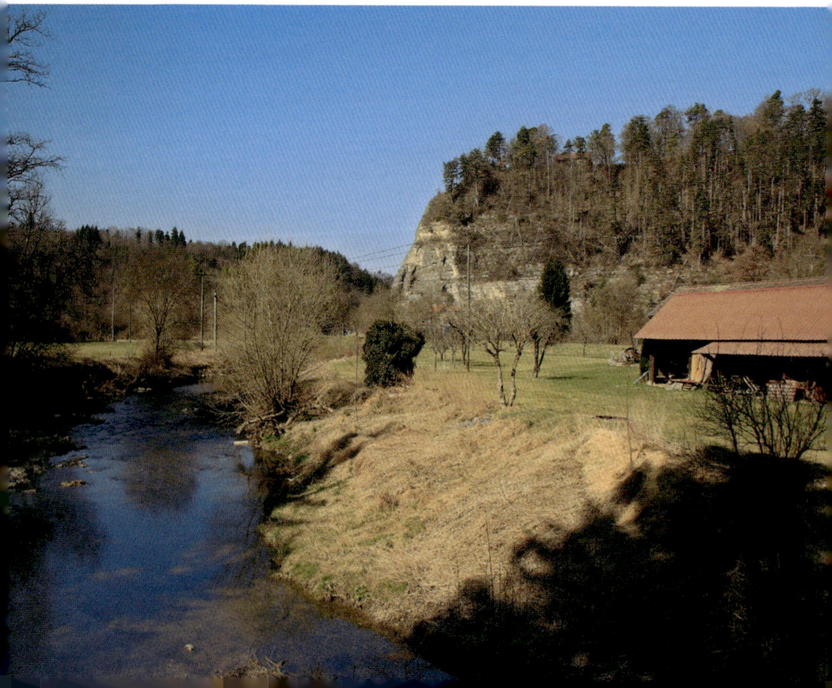

straße. Ihr folgen wir bis zum Beginn des Kurparks. Dort werden wir vor dem Hotel Fürstenhof am Schild „Kursaal" (396 m) nach links in den Park verwiesen (nicht der links abgehenden Badstraße folgen).

Wir gehen kurz geradeaus, dann biegen wir rechts ab und spazieren an dem überlebensgroßen steinernen Kruzifix vorbei. Danach halten wir uns erst links, dann rechts zum Schild „Quellenstraße" (395 m). Hier überqueren wir die Straße, dann die Eyach. Nach ihr biegen wir am Schild **„Quellenstraße"** (395 m) 8 links ab in die Mühlenstraße.

Vor der Bahnlinie biegen wir links ab. Nach dem Sportplatz überqueren wir die Gleise und kommen in den Wald. Der Weg zieht nach links und steigt eine Weile an, wobei wir nach links zeitweise einen schönen Blick ins Tal haben. Nach dem Schild „Kohlwald Eyachtalweg" (451 m) beschreibt der Weg eine ausgeprägte Linkskurve, wobei wir einen tief eingeschnittenen Bachlauf queren. Bald sind wir wieder im Tal, wo wir den Gleisen nach rechts folgen. Wir müssen sie zuerst nach links, dann vor der Kläranlage noch einmal überqueren. Anschließend wandern wir an drei **Weihern** vorbei.

Etwas später führt uns der Weg nach links über die **Eyach** 9 und wir kommen zur Straße. Wir biegen rechts ab und wandern auf dem Gehweg neben ihr. Später passieren wir das Schild „Karlstal" (415 m), danach kommen wir an mächtigen Felswänden vorbei und schließlich sind wir wieder zurück in Haigerloch.

Das Eyachtal ist die Heimat der Imnauer Mineralquellen, sagt Jochen Ketterer, Geschäftsführer der Imnauer Mineralquellen GmbH:

„Zwischen Schwarzwald und Schwäbischer Alb entspringen in der wunderschönen Landschaft des Eyachtals kostbare Quellen mit wohlschmeckenden Mineralwässern. Muschelkalk, Tonstein und Buntsandstein sorgen für eine einzigartige Qualität. Jede Quelle zeichnet sich durch ihren eigenen Geschmack und die unterschiedliche Zusammensetzung der Mineralien und Spurenelemente aus. Überzeugen Sie sich selbst von der Schönheit des Eyachtals und besuchen Sie die Heimat der Imnauer Mineralquellen."

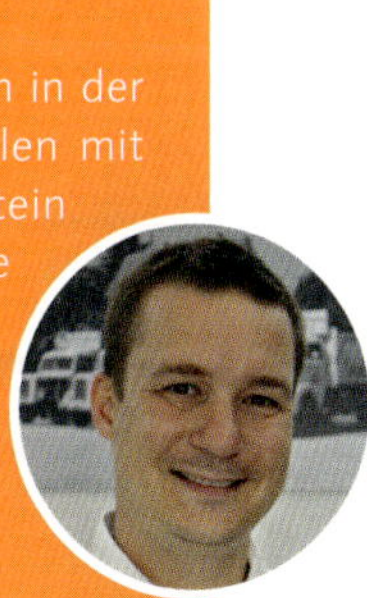

Hutzel-Tour

3

Streuobstwiesen und Aussicht

2¼ Std

8,5 km

130 Hm

Weilheim – Friedhof – Siegental – Brücke – Rastplatz Hühnerfeldhalde – Aussichtskanzel Steingrube – Aussichtspunkt Hunderfüßer – Weilheim

Wir wandern auf festen Wegen und Naturwegen. Ein paar kurze Anstiege müssen bewältigt werden.

Aussicht, Kirche

Weilheim

Hutzel-Tour nennt sich diese wunderschöne Wanderung, was an das Streuobst und die daraus gewonnenen Produkte erinnert. Mit dem gleichen Recht könnte man sie aber auch Panoramatour nennen, denn fast immer hat man vom Wanderweg aus eine herrliche Aussicht über die Landschaft, unter anderem zur Burg Hohenzollern. Für Kinder gibt es einige Mitmachstationen unterwegs, sodass der Weg auch für sie interessant ist. Das für Kinder geschaffene Tourenmaskottchen, die blaue Holzbiene Holly, informiert an den Mitmachstationen kindgerecht über die Naturlandschaftsräume und Lebewesen.

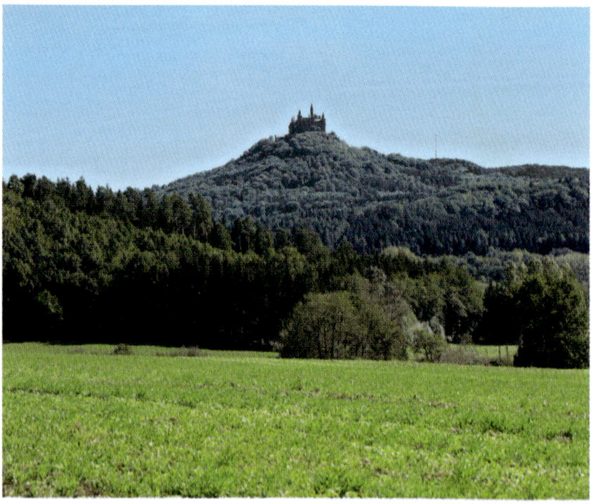

Blick vom Vorland zum Zollerberg.

Wir gehen vom **Parkplatz beim Sportplatz** und dem Wanderschild „Sportplatz Weilheim" (514 m) (1) zur Urbanstraße mit dem Wanderschild „Weilheim Urbanstraße" (506 m) und der kleinen Urbankapelle und halten uns rechts. Gleich danach biegen wir links ab, dann halten wir uns rechts in den Friedhofweg. In Richtung Friedhof

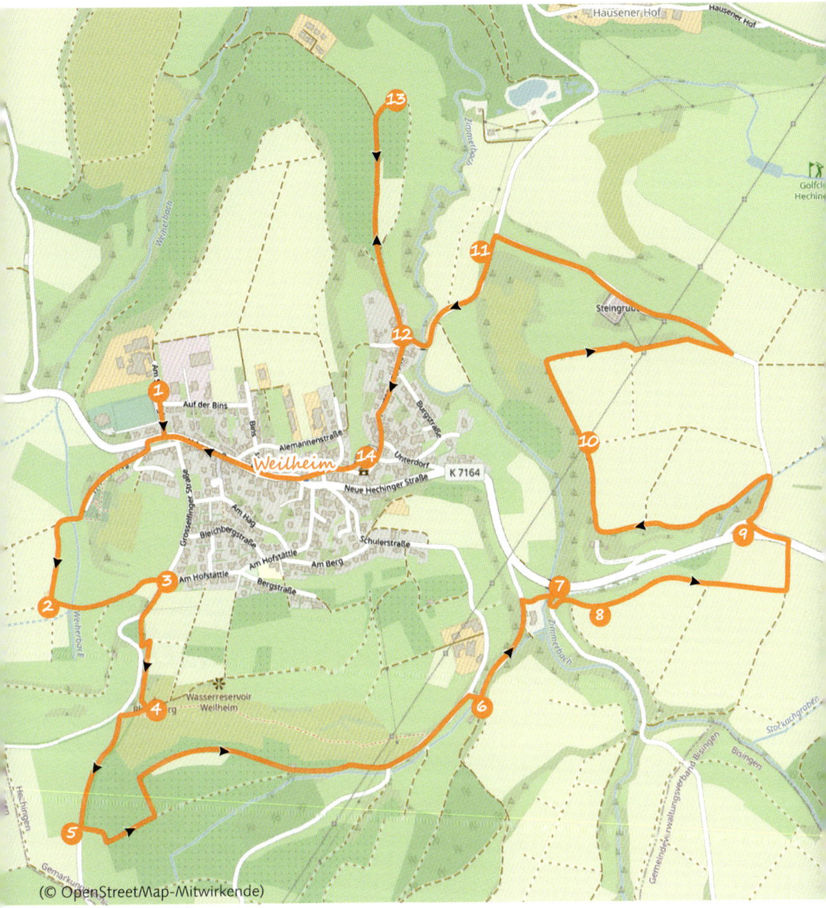

sehen wir eine große Obstleiter, die den Eingang zum Biodiversitätspfad mit einer Vielzahl an Erklär- und Mitmachstationen bildet.

Nach dem Friedhof knickt der Weg rechts, dann links ab und wir kommen zu einem **querenden Weg** 2. Ihm folgen wir nach links, nun bergauf. Vor den Häusern treffen wir auf das Schild **„Grosselfinger Straße"** (525 m) 3. Dieser Straße folgen wir nach rechts. Gleich darauf an der Rechtskurve werden wir nach links verwiesen. Wir steigen nun auf einem Naturpfad aufwärts. Wo wir etwas später fast auf die Straße treffen, biegen wir links, dann gleich wieder rechts ab.

INFOS

Wanderkarte W241 Rottenburg am Neckar, 1:25 000, Landesamt für Geoinformation und Landentwicklung Baden-Württemberg (LGL) in Zusammenarbeit mit dem Schwäbischen Albverein e.V.

hechingen.de

Bus bis Haltestelle Weilheim Rathaus

Hechingen-Weilheim, Am Stammigbaum, GPS 48.351336, 8.908720

Bald erreichen wir das Schild **„Bleichberg"** (554 m) 4; hier finden wir außer einem Flurkreuz auch Bänke zum Ausruhen, außerdem sorgt ein XXL-Memory für Spiel und Spaß. Vor allem aber kann man hier den wunderbaren Blick auf die Landschaft genießen, unter anderem zum ersten Mal auf den Hohenzollern.

Wir biegen vor dem Steilhang rechts ab und kommen zur Straße mit dem Wanderschild „Bleichberg West" (552 m). Nun folgen wir der Straße nach links. Am Schild **„Oberes Siegental"** (563 m) 5 werden wir nach links verwiesen. Nun folgt eines der schönsten Teilstücke der Tour: Wir wandern durch das herrliche Siegental, das uns anfangs eine Aussicht bietet, wie wenn wir auf Flügeln hinabgleiten würden. Links und rechts begleiten uns Viehweiden mit alten Streuobstbaumbeständen. Nach etwas bergab zweigen wir links ab, durchqueren ein Gattertor, halten uns dann rechts und finden uns an der Anlage des Obst- und Gartenbauvereins wieder. Dort werden Obstbau, Obstsorten und deren Produkte anhand von Informationstafeln und interaktiven Elementen erlebbar.

Auf dem folgenden, von Hecken gesäumten Wegabschnitt im Tal erfährt man viel über die Bedeutung von Wildbienen und Insekten für die Artenvielfalt, auch wurden kleine Wasserbiotope am Wegesrand angelegt. Dann kommen wir zu einer Natursteinspirale und dem Schild

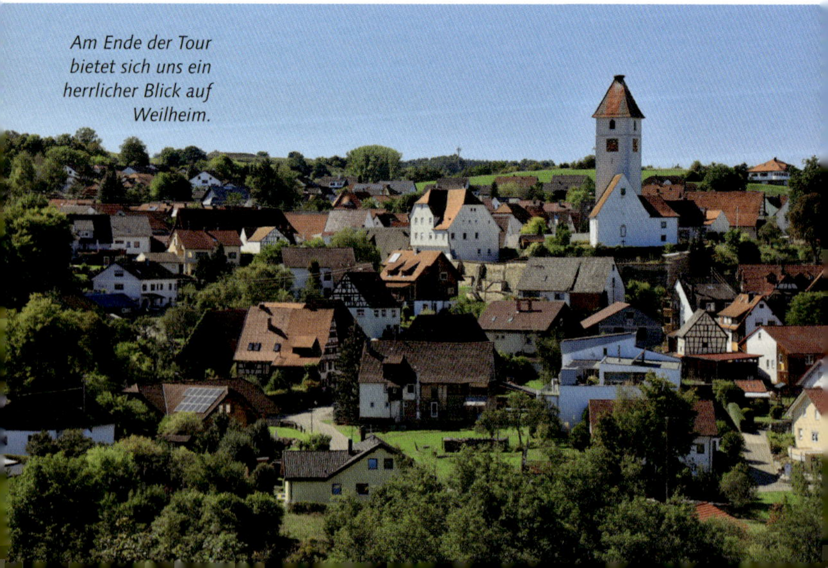

Am Ende der Tour bietet sich uns ein herrlicher Blick auf Weilheim.

„Hinter den Gärten" (489 m) 6, wo wir eine Möglichkeit zum Abkürzen haben. Wir gehen dazu geradeaus weiter und kommen auf dem schnellsten Weg zurück zum Rathaus im Ort. Ansonsten halten wir uns rechts, dann gleich wieder links.

Vorbei an einer alten Viehtränke wandern wir zum Schild „Bei der Bruck" (476 m). Dort biegen wir ab und überqueren gleich darauf bei zwei alten, außergewöhnlich dicken und als Naturdenkmal geschützten Bäumen eine **Brücke** 7. Danach biegen wir rechts, dann gleich wieder links ab. Nun steigt es auf einem Naturpfad kurzfristig steil an. Nach einer alten, mächtigen Linde kommen wir zum **Rastplatz Hühnerfeldhalde** 8. Hier finden wir einen Tisch und Bänke, außerdem haben wir wieder einen Blick in die Landschaft und zum Hohenzollern. Eine Baumreihe alter Wildobstsorten und eine Mitmachstation führen uns zurück zum Thema des Weges.

Wir gehen geradeaus weiter, anfangs parallel und über der Straße, bis zu einem Querweg. Er bringt uns nach links zur Kreisstraße 7164. Wir biegen links ab, nehmen gleich den rechts abzweigenden Weg und kommen zum Schild **„Mißturmhalde"** (495 m) 9. Hier wird das Thema Feuchtbiotop beleuchtet. Nun wandern wir nach rechts weiter, werden aber gleich nach einem Bachgraben nach links verwiesen.

Wenn die Sonnenstrahlen durch das dichte Blattwerk brechen, ist das immer ein schöner Anblick.

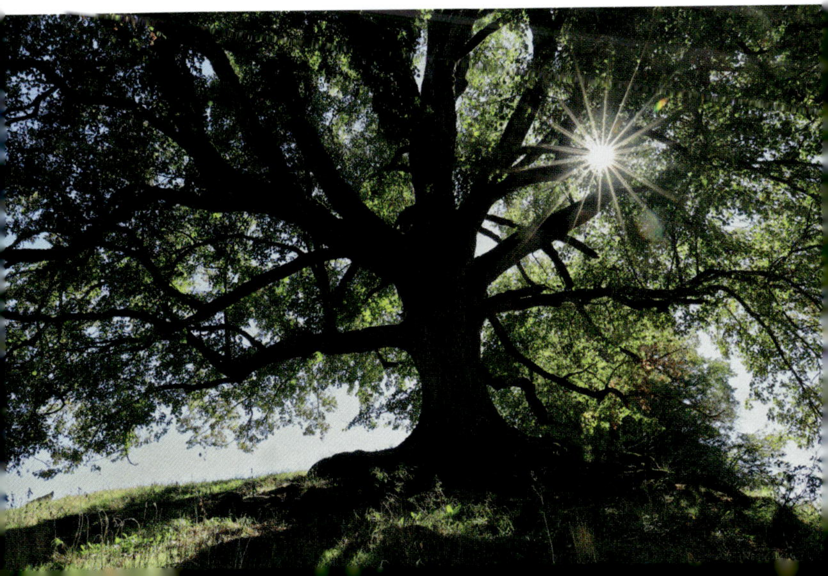

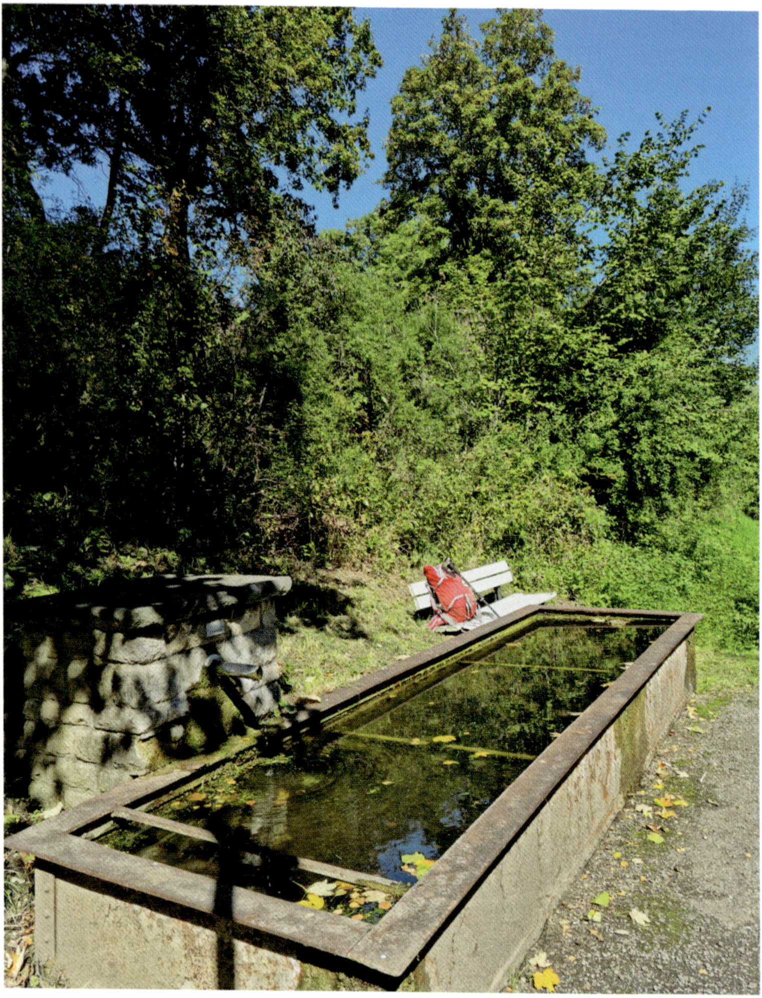

Der Brunnen unterwegs bietet sich zu einer erholsamen Rast an.

Es geht auf einem Wiesenweg weiter, der nach einiger Zeit rechts abknickt. Danach bietet uns die **Aussichtskanzel Steingrube** 10 einen prächtigen Blick auf den Ort und die Kirche. Der Weg knickt bald rechts ab und wir kommen zum Schild „Hechinger Feld" (504 m). Hier geht es scharf nach links auf einem Asphaltweg weiter. Vorbei am „Summm...spannwerk" kommen wir zu einem Querweg. Dort biegen wir am Schild **„Brühl"** (469 m) 11 links ab.

Bald steigt der Weg an und wir kommen zu den ersten Häusern von Weilheim.

Dort haben wir am Schild **„Hausener Straße"** (472 m) 12 zwei Möglichkeiten. Die eine ist, dass wir links abbiegen, was unser unten beschriebener Rückweg ist. Empfehlenswert ist aber eine kurze Erweiterung um insgesamt einen Kilometer. Hierzu halten wir uns rechts und kommen zum **Aussichtsplatz Hunderfüßer** (487 m) 13. Hier bietet sich nicht nur eine prächtige Aussicht, sondern hier finden wir auch eine der Mitmachstationen für Kinder, an der sie Vogelstimmen hören können. Ansonsten bieten sich Tisch und Bänke zu einer letzten Rast an.

Danach kehren wir wieder um. Vorbei am letzten Wanderschild kommen wir in der Hausener Straße, dann der Leo-Saurer-Straße bis zum Schild „Kirchen-Steige" (494 m). Hier steigen wir auf einer Treppe hinauf zur **Kirche** 14. Wir gehen links an ihr vorbei zum Eingang; es lohnt sich ein kurzer Besuch, denn sie besitzt eine sehenswerte Einrichtung.

Danach verlassen wir den ummauerten Kirchhof und folgen wieder der Leo-Saurer-Straße. Nach der Bushaltestelle Weilheim Rathaus kommen wir zur querenden Urbanstraße. Hier biegen wir rechts ab. Bald liegt links wieder die Urbankapelle; wer es noch nicht gemacht hat, sollte jetzt einen Blick durch die Glasfenster der Türe auf die Skulpturen in ihrem Inneren werfen. Ansonsten liegt rechts unser Ausgangspunkt.

Gerd Eberwein, Ortsvorsteher Weilheim, berichtet stolz zu dieser Tour:

„Spannend ist die Entstehung der Hutzel-Tour. Die Weilheimer Streuobstwiesen haben eine lange und große Geschichte, die erzählt werden sollte. Zu dieser Geschichte gehört neben den Streuobstwiesen die Natur, und damit auch die Artenvielfalt. Unter anderem sind Schmetterlinge, Bienen, Störche, Obstbäume und die Landschaft die Hauptdarsteller des Weges. Es gilt diese von mehreren Seiten zu erfahren und zu erleben. Die Einwohner Weilheims haben zusammen mit Fachleuten aus dem Umwelt- und Landwirtschaftsamt des Zollernalbkreises sowie fachlich versierten Mitgliedern des örtlichen NABU diesen spannenden Streuobst- und Biodiversitätspfad für Kinder und die ganze Familie entwickelt und aufgebaut."

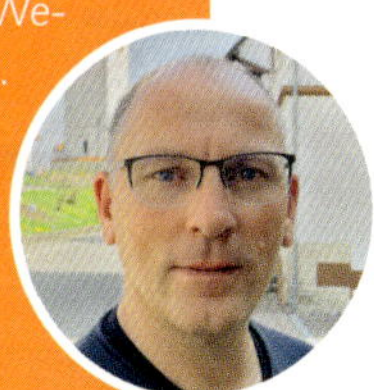

Panoramarundweg Grosselfingen 4

Die Schwäbische Alb im Blickfeld

5 Std
14,9 km
160 Hm

Grosselfingen – vorbei Domäne Homburger Hof – Wald – Wanderparkplatz Umlauf – Alter Berg/Sportplatz – Gobiskreuz – Grosselfingen

Die Wanderung verläuft vorwiegend auf befestigten Wegen.

Landschaft, Blick zum Hohenzollern und zum Albtrauf

Grosselfingen

Panorama steht nicht umsonst in der Überschrift dieser Wanderung. Obwohl sie auch zu großen Teilen durch den Wald führt, ist doch das Panorama von vielen Stellen unterwegs das wichtigste und schönste Erlebnis, das diese Tour dem Wanderer bieten kann. Man sieht nicht nur zur Burg Hohenzollern, sondern auch den Albtrauf von der Achalm im Norden bis zum Plettenberg im Süden. Auch die nähere Umgebung mit Streuobstwiesen und Feldern bietet idyllische Ecken, und da man ohne große Höhenunterschiede unterwegs ist, kann man diese Wanderung als reine Genusstour bezeichnen.

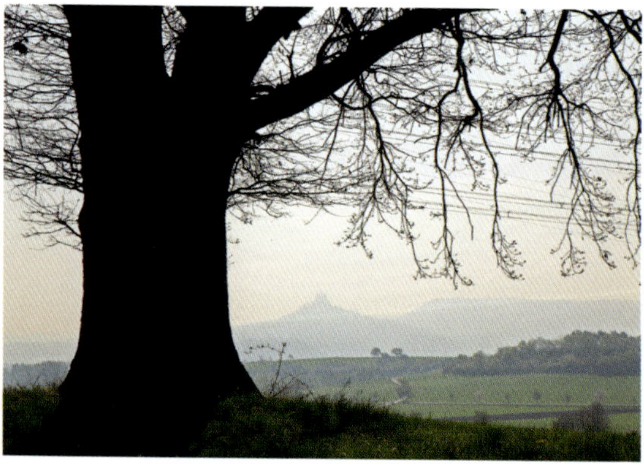

Unter dieser mächtigen Eiche ließen sich schon viele Hochzeitspaare fotografieren.

Wir folgen am Wanderschild **„Wanderparkplatz Seniorenheim"** (526 m) 1 dem an der Kindertagesstätte entlangführenden schmalen Weg, überqueren den Brandweg und wandern immer geradeaus weiter durch die Felderlandschaft. Wir passieren die Wanderschilder „Tiefer Weg" (538 m), „Herrenäcker" (558 m) und „Abzw. Homburger Hof" (570 m).

Danach sehen wir links unten den Hainburghof, anschließend kommen wir in den Wald. Dort gehen wir bis zum

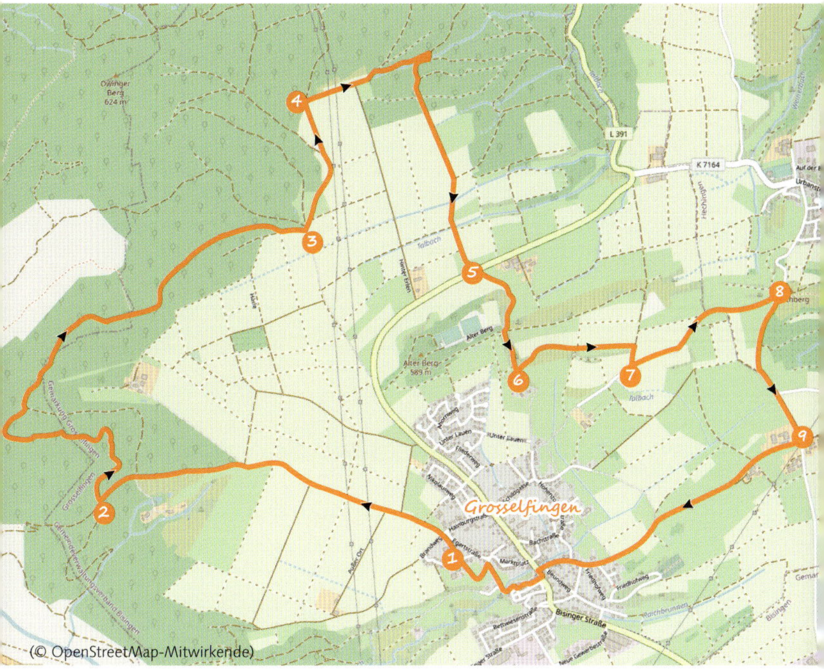

Wanderschild **„Fichten"** (536 m) ②. Hier biegen wir rechts ab, vorher sollten wir jedoch die mächtige, uralte Eiche beim Wanderschild beachten. Danach wandern wir in vielen Windungen durch den Wald. Nach links hat man bald einen schönen Blick hinab ins Eyachtal und nach Owingen.

Wo wir aus dem Wald herauskommen, geht es nach links weiter. Historisch interessant ist, dass sich rechts des Weges ein Steinbruch befindet, in dem seit alten Zeiten bis heute die Angulaten-Sandsteine für die Burg Hohenzollern gebrochen werden; zu besichtigen ist dort jedoch nichts.

Nach links kommen wir zum Wanderschild **„Stockbrunnen"** (557 m) ③; ab jetzt haben wir auch immer wieder die Burg Hohenzollern im Blickfeld. Wer die Tour abkürzen will, kann hier nach rechts zurück nach Grosselfingen gelangen.

Wir biegen jedoch links ab. Rechts sehen wir bald eine riesige Eiche, die vielen Paaren schon als Motiv für ihr Hochzeitsfoto gedient hat. Danach kommen wir am Wanderparkplatz **Umlauf** (574 m) vorbei, an dem man die Tour auch beginnen kann. Etwas später treffen wir am Waldrand

INFOS

Wanderkarte W241 Rottenburg am Neckar, 1:25 000, Landesamt für Geoinformation und Landentwicklung Baden-Württemberg (LGL) in Zusammenarbeit mit dem Schwäbischen Albverein e.V.; Wanderkarte mit Radwegen Balingen und Umgebung Blatt 49-534, 1:25 000, NaturNavi

grosselfingen.de

Bus bis Grosselfingen Haltestelle Rathaus

Grosselfingen, Schulstraße, Parkplatz vor Schule und Mehrgenerationenpark am Wanderschild, GPS 48.331668, 8.882418 Ein weiterer Ausgangspunkt ist der Wanderparkplatz „Umlauf".

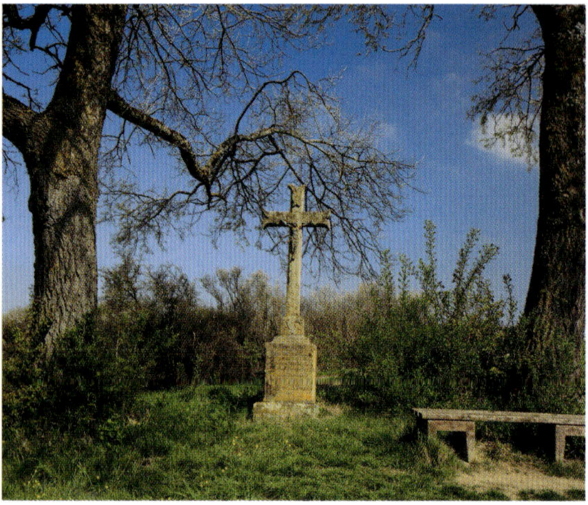

Typisch für die Gegend: ein altes Flurkreuz.

auf das Schild **„Umlauf"** (572 m) 4. Hier biegen wir rechts ab und kommen in den Wald. Etwas später halten wir uns am Wanderschild „Rotes Kreuz" (536 m) rechts, gleich danach mit dem Zeichen gelber Ring des Rundwanderweges rechts, dann gleich wieder rechts.

Nun steigt es etwas an bis zu einem Querweg. Wir biegen rechts ab und verlassen den Wald. Über die Felder geht es nun zur Straße **L 391** 5 und auf ihrer anderen Seite hinauf zum Alten Berg. Die Wanderung führt links unterhalb des **Sportplatzes** weiter bis zum Schild **„Beim Alten Berg"** (560 m) 6. Dort biegen wir links ab, nun wandern wir auf einem wunderbaren Panoramaweg. Der Blick reicht außer zur Burg Hohenzollern entlang des Albtraufs von der Achalm bis zum Plettenberg.

Beim Schild „Feldweg Azenbol" (567 m) biegen wir rechts ab und gehen hinab zu einem idyllisch von zwei mächtigen Bäumen beschützten Flurkreuz beim Schild **„Hintereiche"** (555 m) 7. Hier biegen wir links ab, an der **nächsten querenden Straße** rechts 8.

Bald erreichen wir den Pferdehof Marienhof und die Kreuzung beim **Gobiskreuz** (560 m) 9. Hier orientieren wir uns rechts. Bald erreichen wir wieder Grosselfingen. Wir folgen der Schreinergasse bis zur querenden Bruderschaftsstraße. Hier halten wir uns rechts und nehmen gleich nach dem Rathaus und der kleinen **Wendelinkapelle** die links abgehende Straße Marktplatz. Sie bringt uns zum großen

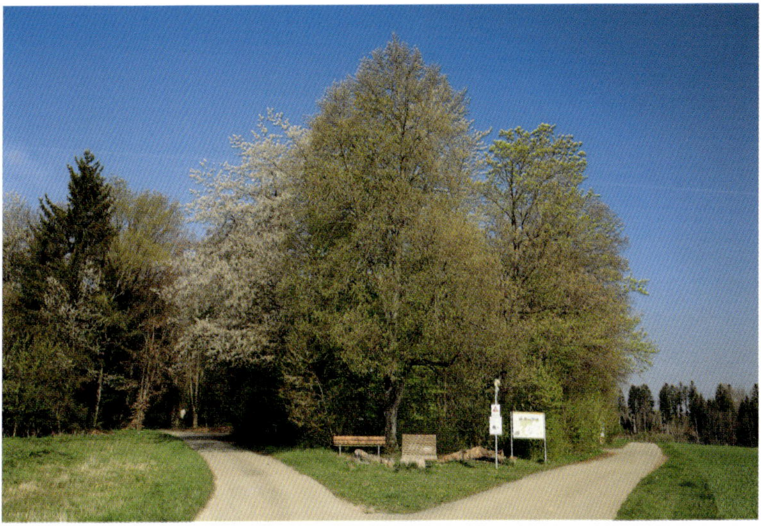

Marktplatz, an dem seit Jahrhunderten alle fünf Jahre in der Fastnachtszeit mit alten Texten das Grosselfinger Narrengericht aufgeführt wird.

Die Wanderung verläuft durch Felder, aber auch durch Waldstücke.

Danach geht die Straße in die Egartstraße über und kurz darauf biegen wir links ab in die Schulstraße, die uns zurück zum Ausgangspunkt bringt.

Narrenvogt Manfred Ostertag von der Bruderschaft des Ehrsamen Narrengerichts zu Grosselfingen weiß Genaueres zum Narrenbrunnen in Grosselfingen:

„Der Narrenbrunnen der Bruderschaft des Ehrsamen Narrengerichts zu Grosselfingen ist ein Oktogon. Er steht im Mittelpunkt des historischen Marktplatzes, eines der größten in Baden-Württemberg. Das absolute Highlight sind die am Brunnen angebrachten Relieftafeln. Ein Rundgang entgegen dem Uhrzeigersinn zeigt den chronologischen Ablauf des Narrengerichts mit den jeweiligen Spielszenen in einmaliger Präzision. Mein Tipp: Narrengericht live erleben! Jeder ist herzlich eingeladen Gast zu sein im Venezianischen Narrenreich, einem Immateriellen Kulturerbe der Deutschen UNESCO! Weitere Infos dazu unter www.narrengericht.eu."

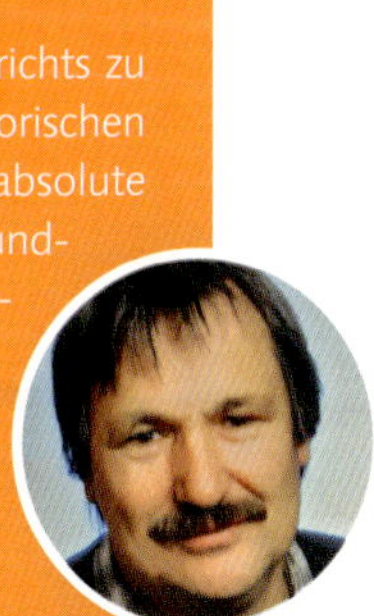

Hohenzollern-Runde

5

Eine der berühmtesten Burgen

2 ¼ Std

7 km

280 Hm

Zimmern/Wanderparkplatz - Hexenlinde - Zollernburg - Burgparkplatz - Zimmern

Meist gute Wege, zur Burg aber steiler Anstieg auf einem Pfad. Zur Zeit der Recherche für das Buch war der normale Wanderweg hinter der Burg nicht begehbar. Der derzeitige und der künftige Wegverlauf sind unten beschrieben.

Burg, Aussicht, Landschaft

Hohenzollern, Wessingen, Hechingen, Zimmern

So kurz diese Wanderung auch ist, so interessant ist sie auch. Aussichtsreich sowieso, vom Wanderweg bis hinauf zur Burg hat man immer einen prächtigen Blick über die Landschaft. Höhepunkt ist natürlich die berühmte Burg Hohenzollern. Davor und danach wandern wir durch eine abwechslungsreich gegliederte Landschaft. Unterwegs kommen wir an einigen Tafeln vorbei, auf denen Interessantes zu den Hohenzollern zu lesen ist.

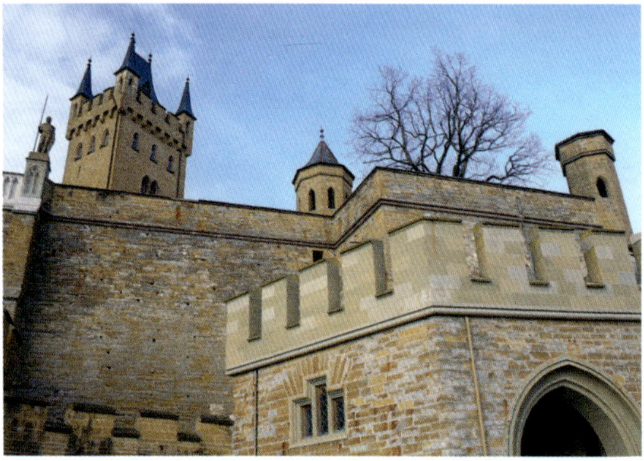

Die mächtig wirkende Zollernburg von außen.

Wir folgen am Wanderschild **„Wanderparkplatz Pfaffenwiesle“** (567 m) 1 dem Weg in Richtung „Hexenlinde“, vom Anfahrtsweg aus gesehen nach rechts. Vorbei am Kreuzbühlbrunnen erreichen wir den **Wanderparkplatz Weilerwasen** (576 m) 2. Nun biegen wir links ab, hier haben wir den ersten Blick der Wanderung zur Zollernburg. An der nächsten Abzweigung folgen wir dem Wanderzeichen gelber Ring nach links. Nach einer Rechtskurve kommen wir zu einem schönen Rastplatz.

An der Verzweigung danach wandern wir im rechten Weg etwas abwärts, dann steigt es aber etwas an zur **Hexenlinde** (673 m) 3. Hier biegen wir in Richtung Burg links

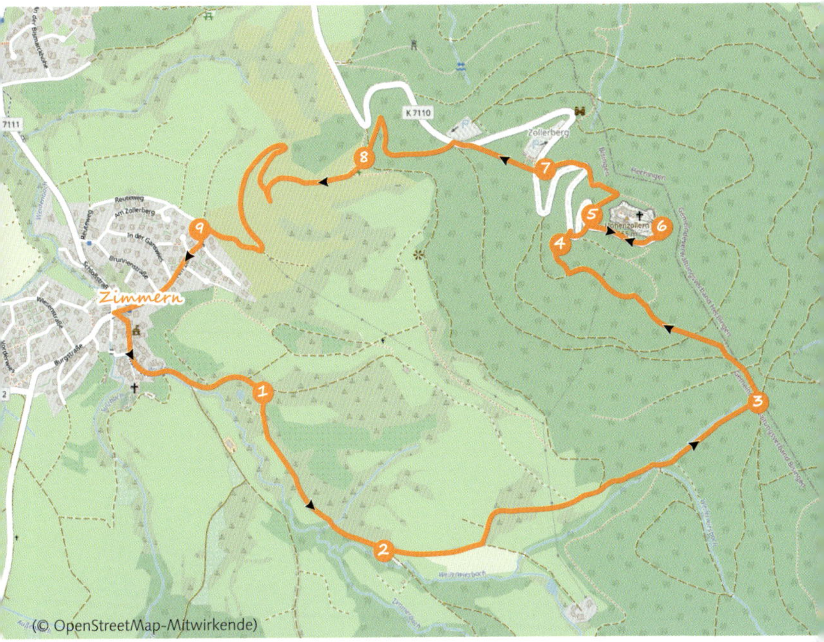

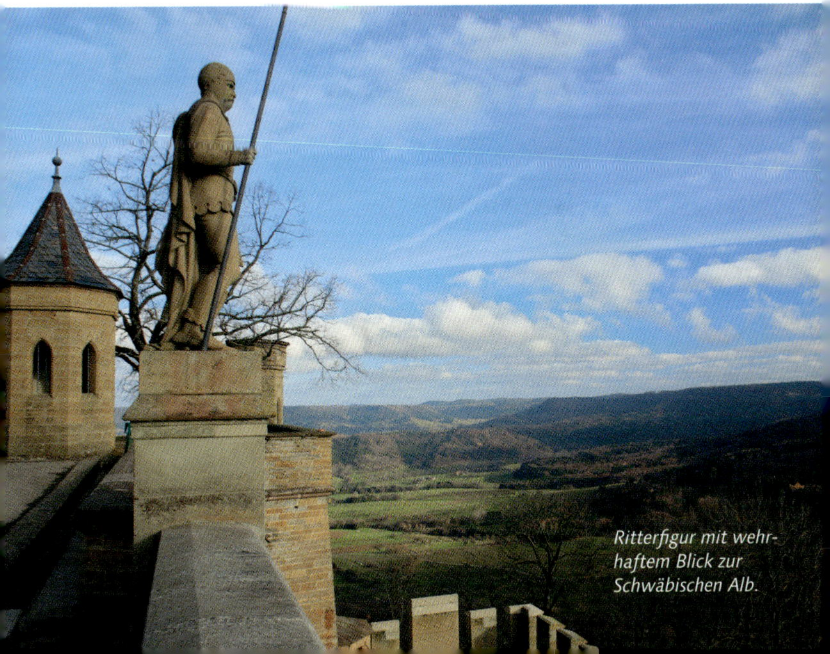

Ritterfigur mit wehrhaftem Blick zur Schwäbischen Alb.

INFOS

Wanderkarte W241 Rottenburg am Neckar, 1:25 000, Landesamt für Geoinformation und Landentwicklung Baden-Württemberg (LGL) in Zusammenarbeit mit dem Schwäbischen Albverein e.V.; Wanderkarte mit Radwegen Hechingen Mössingen Blatt 50-536, 1:25 000, NaturNavi

gemeinde-bisingen.de

Bus bis Haltestelle Zimmern (Bisingen), Am Zollerberg

Bisingen-Zimmern, Parkplatz Pfaffenwiesle, erreichbar über die Zellerhornstraße, GPS 48.319133, 8.952188 Ausweichparkplätze sind der Parkplatz Weilerwasen, GPS 48.314656, 8.957577, der Parkplatz Kaiserweg, Am Zollerberg, GPS 48.321325, 8.947018 und der Untere Burgparkplatz, GPS 48.325744, 8.960027

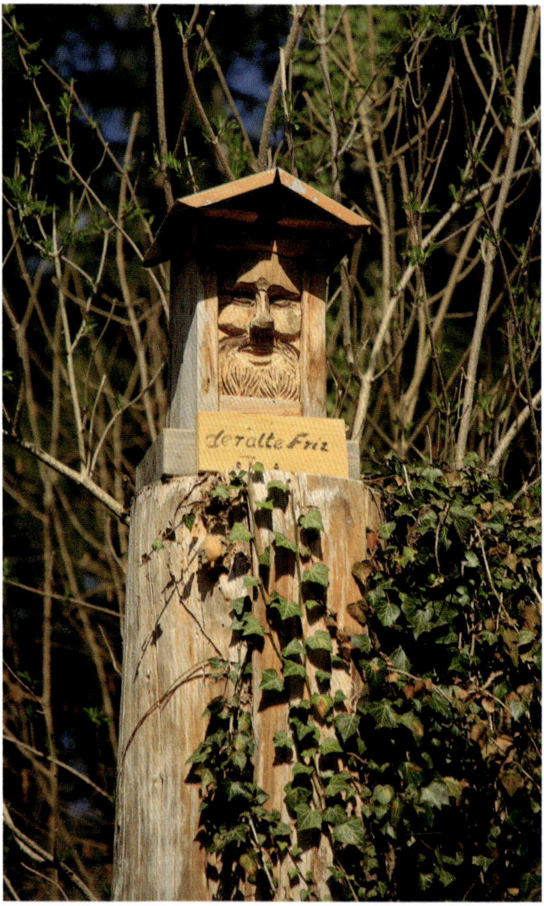

ab auf einen schmalen Pfad. Am nächsten querenden Asphaltweg geht es etwas nach links versetzt weiter den Berg hinauf. Auch den nächsten Forstweg überqueren wir. Nach weiterem bergauf biegen wir im rechten Winkel rechts ab und steigen weiter aufwärts bis zur Zufahrtsstraße zur Burg und dem Wanderschild **„Denkmal“** (787 m) 4. Hier folgen wir der Straße nach rechts.

An der nächsten scharfen **Rechtskurve** müssen wir uns entscheiden 5: Wer hinauf zur **Burg** 6 möchte, folgt weiter der Straße. Wer nicht will oder an einem Schließungstag unterwegs ist, kann hier auf den links abgehenden Schot-

Burg Hohenzollern

Die Burg **Hohenzollern** (850 m) steht noch vor der Schwäbischen Alb auf einem Zoller genannten Berg. Erbaut wurde sie wahrscheinlich in der ersten Hälfte des 11. Jahrhunderts von den 1061 erstmals genannten Grafen von Zollern. 1267 wurde sie in Urkunden erstmals als „das vesteste Haus in teutschen Landen" und als „die Krone aller Burgen in Schwaben" genannt. 1423 wurde sie trotz ihrer Wehrhaftigkeit nach zehnmonatiger Belagerung durch 18 schwäbische Reichsstädte und die Württemberger erobert und zerstört. König Sigmund verbot den Wiederaufbau „für ewige Zeiten". Erst 1454 durfte Graf Jos Niclas I. von Zollern mit dem Bau der 1461 vollendeten Burg beginnen. Der mit ihm verwandte Markgraf Albrecht Achilles von Brandenburg hatte dafür von Kaiser Friedrich III. die Erlaubnis bewirkt. Später verlegten die Grafen ihren Sitz sukzessive nach Hechingen, 1576 wurde die Burg dann als Regierungssitz völlig aufgegeben. Im Dreißigjährigen Krieg wechselten die Besatzer mehrfach, auch den Österreichern und den Franzosen gehörte sie zeitweise, und die Anlage verfiel allmählich. Erst als 1819 der preußische Kronprinz die Burg seiner Ahnen besuchte und tief beeindruckt von ihr war, begann langsam ihr neues Leben. Nachdem der Kronprinz 1840 als Friedrich Wilhelm IV. den preußischen Königsthron bestiegen hatte, nahm er seinen damals gefassten Plan des Wiederaufbaus wieder in Angriff. Die Grundsteinlegung kam dann 1850 zustande, gebaut wurde an der heute noch bestehenden dritten Burg bis 1867. Diese Anlage besteht aus zwei Bereichen, der Festungsanlage und den auf den Grundmauern der zweiten Burg aufgesetzten Burggebäuden, dem Hochschloss. Bei der Besichtigung geht man spiralenförmig vom Adlertor in vier Windungen zum 25 Meter höher liegenden Burghof mit dem neugotischen Hochschloss. Außer einer Besichtigung empfiehlt sich ein Rundgang um die Basteien, denn von hier aus hat man einen herrlichen Blick auf die Schwäbische Alb und ihr Vorland. Info: www.burg-hohenzollern.com

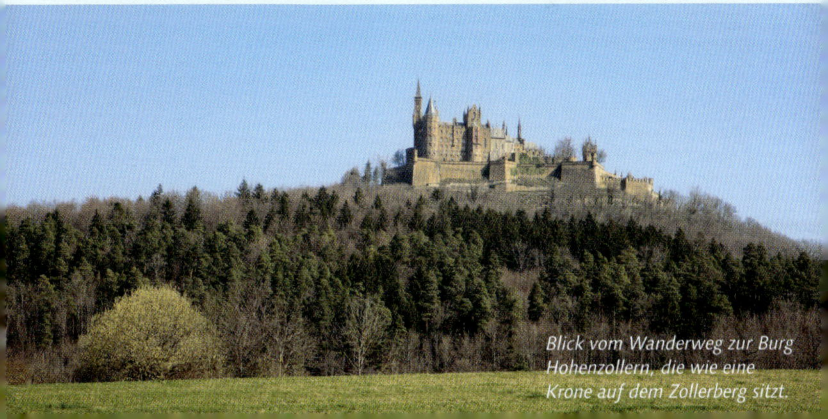

Blick vom Wanderweg zur Burg Hohenzollern, die wie eine Krone auf dem Zollerberg sitzt.

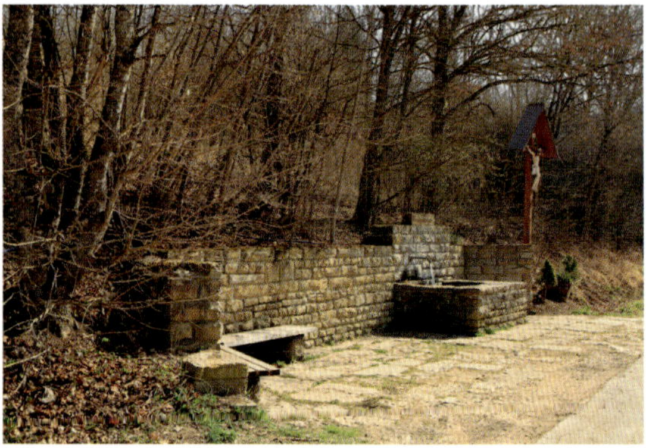

Gegen Ende der Wanderung kann man an einem Brunnen Rast halten.

terweg einbiegen. Zur Zeit der Recherche für dieses Buch konnte man den eigentlichen Rückweg hinter der Burg wegen Baumaßnahmen nicht benutzen, sondern musste auf der Straße wieder zurück zu dieser Kurve gehen und dort nach rechts abbiegen. Nach Beendigung der Baumaßnahmen kann man wieder auf dem früheren Weg hinter der Burg hinabgehen.

Der Schotterweg bringt uns zu dem **Weg** 7, der hinter der Burg verläuft. Später kann man hier von rechts herabkommen. In jedem Fall folgen wir aber der abwärts führenden Treppe. Bald erreichen wir wieder die Straße am Schild

Die Burg Hohenzollern ist ein Stück Heimat für Georg Friedrich Prinz von Preußen, Hausherr der Burg Hohenzollern:

„Die Burg Hohenzollern, der Stammsitz unseres Hauses, ist kein Museum im herkömmlichen Sinne, sondern ein zwar geschichtsträchtiger, aber zugleich ausgesprochen lebendiger Ort. Hier bieten wir unseren Gästen Zugang zu wesentlichen Teilen unserer Kunstsammlung und gleichzeitig auch einen Ort der Entspannung und des Genießens. Die heutige Burganlage wurde im 19. Jahrhundert von beiden Zweigen des Hauses Hohenzollern gemeinschaftlich wiederhergestellt und befindet sich bis heute in deren Privatbesitz. Sie dient seit nahezu 1000 Jahren als zeitweiliger Wohnsitz der Familie, und verkörpert für uns ein Stück Heimat."

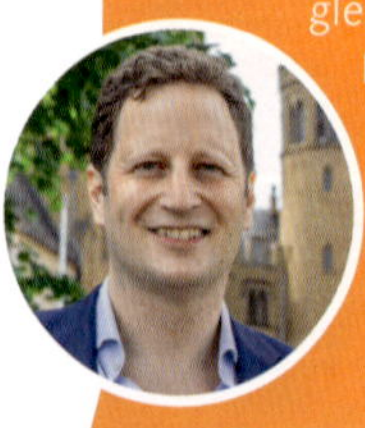

„Bushaltestelle Untere Kehre“ (772 m). Hier gehen wir rechts der Straße hinab, bis wir wieder auf diese treffen. Auch nach ihr geht es geradeaus weiter bergab, vorbei am Schild „Beim Oberen Burgparkplatz“ (733 m). Danach erreichen wir den **Unteren Burgparkplatz** (687 m).

Hier biegen wir links ab auf den rechten der beiden abgehenden Wege. Er bringt uns in Serpentinen zum Schild „Beim Rastplatz Große Halde“ (653 m). Dort halten wir uns links, dann gleich rechts und kommen zu diesem **Rastplatz** 8. Hier sitzt man auf Tischen und Bänken wie auf einer Terrasse und genießt auf der einen Seite den Blick zur Burg Hohenzollern und auf der anderen Seite den Blick über die Landschaft der Voralb nach Westen.

Dann folgen wir dem abwärtsführenden Wiesenweg, der uns in mehreren Kurven und am Schluss entlang von Streuobstwiesen zu einem querenden Weg bringt. Er bringt uns nach rechts nach Zimmern. Bei den ersten Häusern biegen wir links ab in die Straße Am Zollerberg. Gleich danach orientieren wir uns rechts. Etwas weiter unten liegt links der **Wanderparkplatz Kaiserweg** 9. Nach ihm halten wir uns links in die Zellerhornstraße. Sie bringt uns zurück zum Ausgangspunkt.

Durchs Bubenhofer Tal 6

Von der Kapelle ins idyllische Tal

4 Std
11,5 km
220 Hm

Binsdorf/Parkplatz Loreto – Loreto – Bubenhofer Tal – Schafhaus – Fischermühle – Binsdorf – Parkplatz

Wir wandern meist auf festen Wegen, nach der Loretokapelle ein Stück auf einem Pfad.

Loreto, Wald, Bubenhofer Tal

Geislingen

Mit einigem Auf und Ab wandern wir bei dieser Tour durch recht urige Waldstücke, besuchen zu Beginn eine kleine Kapelle und kommen später in das idyllische Bubenhofer Tal. Von dort aus wandern wir wieder durch den Wald hinauf nach Binsdorf und zurück zum Ausgangspunkt.

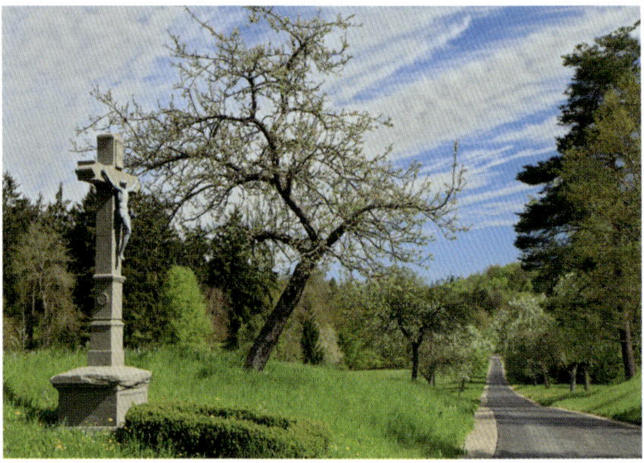

Flurkreuz vor dem Parkplatz.

Am Parkplatz finden wir einen Grill- und Spielplatz, sodass man hier anschließend den Tag ausklingen lassen kann. Dann gehen wir zur Kreuzwegstation 1 und dort vom Wanderschild **„Loreto Parkplatz"** (580 m) 1 auf dem Kreuzweg in Serpentinen hinauf zu einer Lichtung, auf der rechts die **Loretokapelle** 2 steht.

Hier wandern wir links am Waldrand entlang, dann werden wir mit den Wanderzeichen nach links in den Wald verwiesen. Nun folgen wir einem wilden Pfad durch einen ebenso wilden und naturnahen Wald hinab zu einem querenden Forstweg. Dort biegen wir am Schild **„Kesselwald"** (572 m) 3 links ab. Kurz darauf werden wir am Schild „Kesselwald Winterhalde" (567 m) nach rechts verwiesen, wieder geht es auf einem Naturpfad hinab zu einem Forstweg mit dem Schild „Katzental" (527 m).

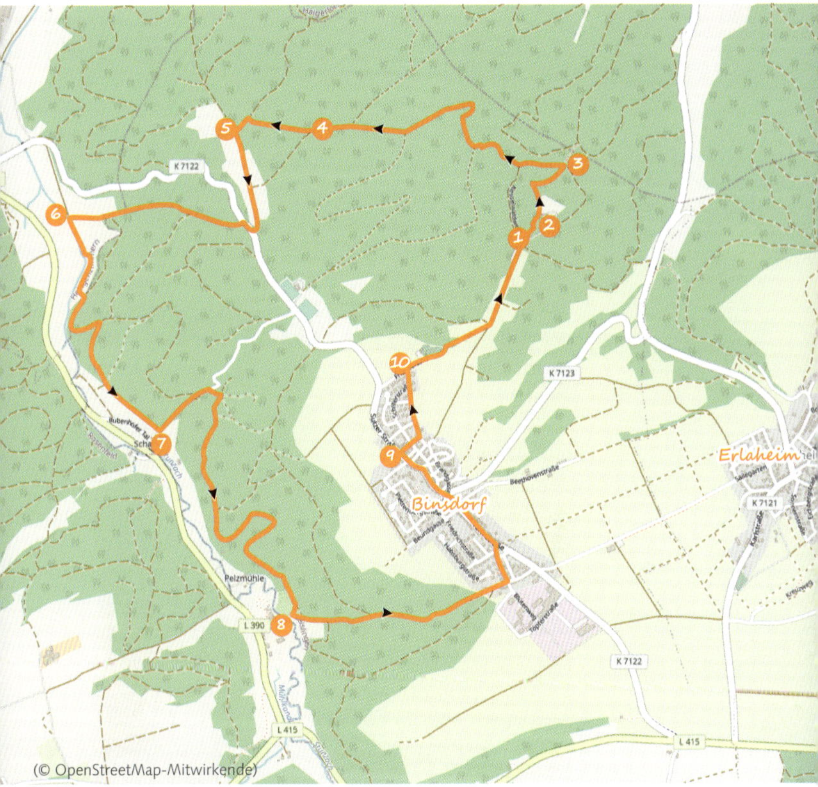
1
2
3
4
5
6
7
8
9
10
K 7122
K 7123
K 7121
L 390
L 415
Binsdorf
Erlaheim
Pelzmühle
Bubenhofer Tal
Beethovenstraße
(© OpenStreetMap-Mitwirkende)

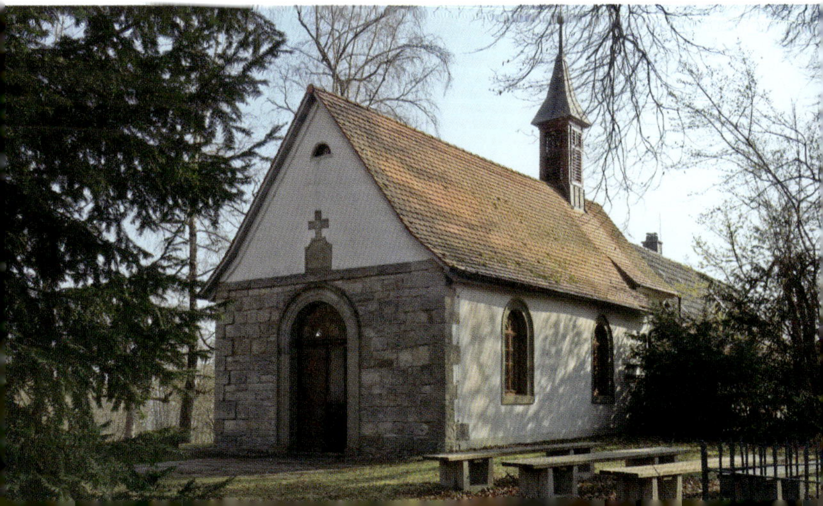

INFOS

Wanderkarten W240 Oberndorf am Neckar und W241 Rottenburg am Neckar, 1:25 000, Landesamt für Geoinformation und Landentwicklung Baden-Württemberg (LGL) in Zusammenarbeit mit dem Schwarzwaldverein e. V.; Wanderkarte mit Radwegen Balingen und Umgebung Blatt 49-534, 1:25 000, NaturNavi

stadt-geislingen.de

Bus bis Haltestelle Binsdorf Rathaus

Geislingen-Binsdorf, Parkplatz Loreto, erreichbar über die Friedhofsallee, GPS 48.315870, 8.765435

Wir halten uns rechts, später beschreibt der Weg eine scharfe Linkskurve und wir gehen weiter bis er wieder nach links zieht. Hier biegen wir am Schild „Engelhart" (517 m) rechts ab. Jetzt wandern wir auf einem Pfad wieder bergauf, bis wir auf einen querenden Forstweg stoßen. Ihm folgen wir nach links zur **Engelharter Hütte** 4

Rechts von ihr geht es auf einem Pfad weiter. Wir dürfen etwas später den Abzweig nach links nicht verpassen, dann erreichen wir einen Forstweg. Er bringt uns nach links zu einem Rastplatz und dem Schild **„Namelhauser Ebene Mitte"** 5. Am Querweg danach halten wir uns links und wandern durch die lang gestreckte Lichtung, bis wir an deren Ende nach rechts zur Straße verwiesen werden. Ihr folgen wir kurz nach rechts, dann weisen uns die Zeichen wieder nach links in den Wald. Beim Abwärtsgehen sehen wir einige Habitatbäume, die an den Wellenlinien und einem H zu erkennen sind.

Schließlich erreichen wir das Oberhofer Tal, wo wir bis zu einem Querweg und dem Schild **„Tannsteig"** (491 m) 6 gehen. Nun geht es entlang des Baches nach links weiter. Im Wald werden wir nach links verwiesen, nach etwas Aufstieg müssen wir scharf rechts abbiegen. Jetzt geht es bald durch einen Hohlweg hinab ins Tal, dem wir nun weiter folgen. Am Schild **„Beim Schafhaus"** (510 m) 7 biegen wir links in den Querweg ab. Beim Schild „Spitzgräble" (538 m) und am nächsten Querweg halten wir uns rechts und erreichen schließlich das Schild **„Bei der Fischermühle"** (519 m) 8. Hier finden wir auch den Bienen-Erlebnisgarten Lagl und einen Lehrbienenstand sowie einige Schilder, die das Leben der Bienen erklären (Info: www.mellifera.de).

Binsdorf

Das Rathaus in **Binsdorf** wurde 1905 nach Plänen des Stuttgarter Architekturbüros Bihl und Woltz erbaut. Es besitzt einen asymmetrischen Baukörper mit einem Quergiebel und einem Dachreiter, im Erdgeschoss sieht man Rundbogentore, darüber Sichtfachwerk mit Zierelementen. An der Fassade ist eine Gedenktafel zur Erinnerung an den Stadtbrand von 1904 angebracht. Die Kirche St. Markus wurde 1834 bis 1837 als Saalkirche von Carl Nieffer im Kameralamtsstil erbaut. Sie besitzt eine gelbe Sandsteinfassade. 1886/87 wurde der Westturm mit Vorhalle und Haupteingang von Baurat Stahl aus rötlichem Sandstein erbaut. Innen besitzt sie ein Kreuzgratgewölbe und zwischen Chor und Schiff einen großen Rundbogen, anstatt des früheren Hochaltars ein Sakramentshaus und vor der linken Stirnwand des Schiffes einen sehenswerten Taufstein mit einem von einem Löwen getragenen Kelch. Sein Wappenschild stammt von 1705. Die Jugendstilfresken an den Wänden des Langhauses wurden 1908 vom Kunstmaler Karl Caspar geschaffen. Sehenswert sind außerdem die Holzplastik „Christus mit den Schächern" und zwei bunte Glasfenster von 1956/58.

Die 1925 errichtete **Friedhofskapelle St. Michael** wurde vermutlich vom Stuttgarter Architekt Schlösser geplant und dient auch zum Gedächtnis der Gefallenen der Kriege. Es ist ein Saalbau mit eingezogenem halbrundem Chor; er ist aus Bossenquadern aus heimischen Stubensandstein gemauert und besitzt ein offenes Glockentürmchen. Das Altarfresko mit dem Erzengel Michael stammt von August Blepp (1926). Der ummauerte Friedhof ist in terrassierten Feldern angelegt, deren Treppenaufgang auf die Kapelle ausgerichtet ist. Das südländische Aussehen der Kapelle geht vielleicht auf die Anwesenheit vieler italienischer Gastarbeiter zurück, die hier nach dem Stadtbrand beschäftigt waren. Die mächtige Friedhofsmauer wurde aus Sandstein gemauert.

Die **Loretokapelle** auf dem höchsten Punkt des Kesselbergs gehört zu den ältesten Loretokapellen in Südwestdeutschland. Sie wurde 1626 von Kaspar Seeger aus Gruol gegründet. Der Sage nach soll er als Flurschütze wegen einer Liebesgeschichte schuld

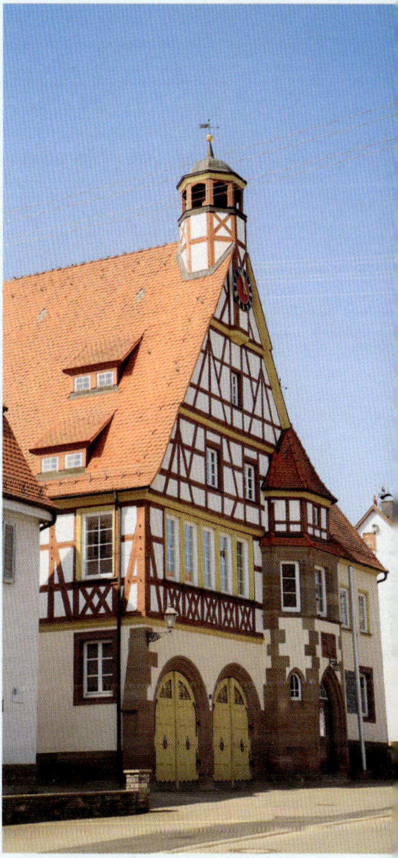

Das Binsdorfer Rathaus ist ein schönes Fachwerkhaus.

am Tod eines Bauernsohnes gewesen sein. Bei einer Fahrt nach Rom soll ihm als Buße der Bau einer Kapelle auferlegt worden sein. Richtig scheint zu sein, dass Seeger im Haigerlocher Gefängnis lag und sein Vermögen eingezogen war. Später soll er das Geld zum Bau der Kapelle an Kirchentüren eingesammelt haben. Der Bau der Kapelle wurde 1627 vollendet.

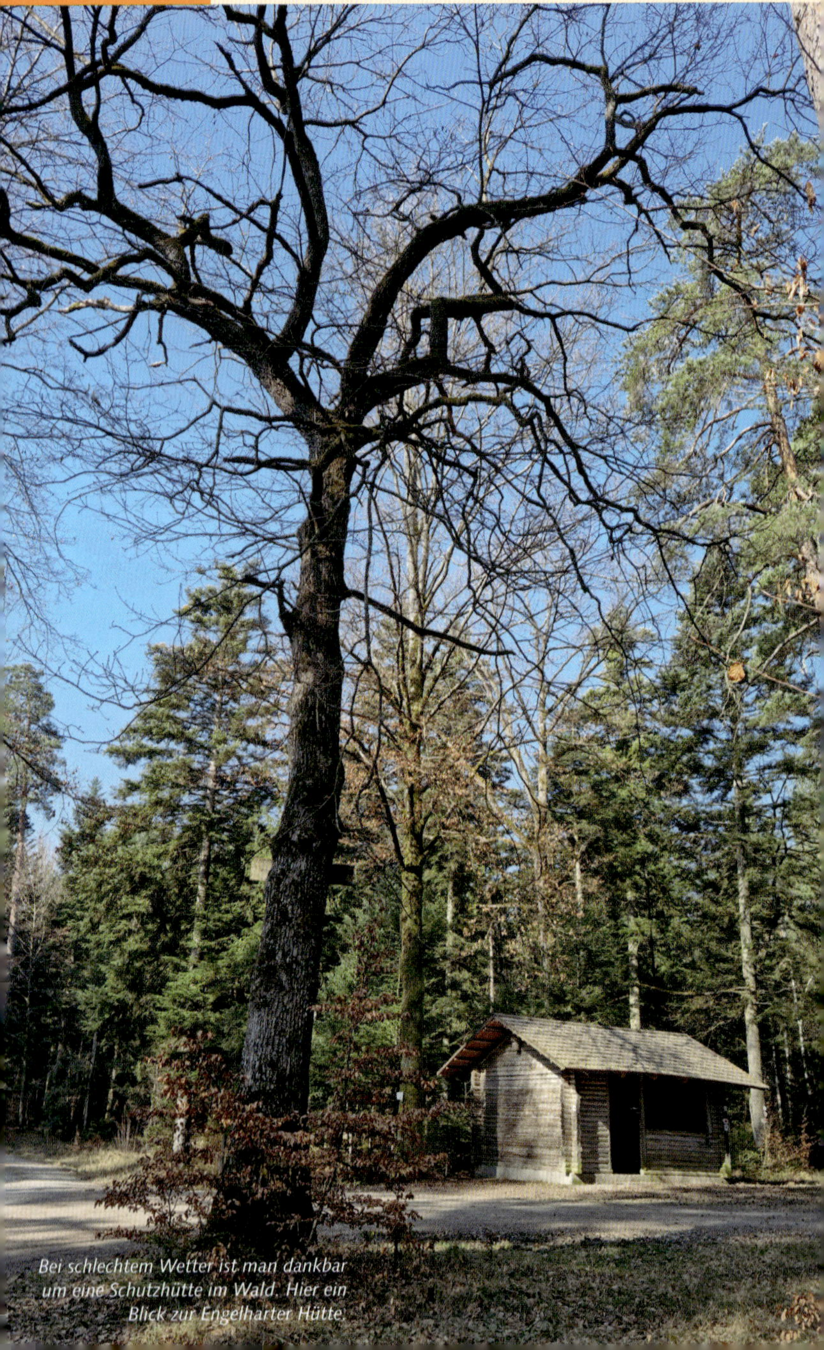

Bei schlechtem Wetter ist man dankbar um eine Schutzhütte im Wald. Hier ein Blick zur Engelharter Hütte.

Dort biegen wir links ab. Nun wandern wir immer geradeaus und sanft ansteigend nach Binsdorf. Jetzt biegen wir am Schild „Binsdorf Müllergasse" (598 m) links ab. Bald quert die Turmstraße, ihr folgen wir nach links und wandern durch den Ort hindurch, wobei wir das schmucke Rathaus und den Brunnen davor beachten sollten.

Danach biegen wir am Schild **„Binsdorf Sulzerstraße"** (599 m) 9 rechts ab in die Löwengasse. An der nächsten Querstraße halten wir uns links und wandern bis zum Schild **„Kastanienallee"** (609 m) 10. Wir folgen der Allee bis zum Friedhof, danach geht es bergab. Bald folgt eine Allee von Birken. Danach kommen wir am Schild „Rebweinberg" (585 m) an einem Kruzifix und Bildstöcken, die an solche im Madonnenländle erinnern, vorbei und sind bald wieder zurück am Ausgangspunkt.

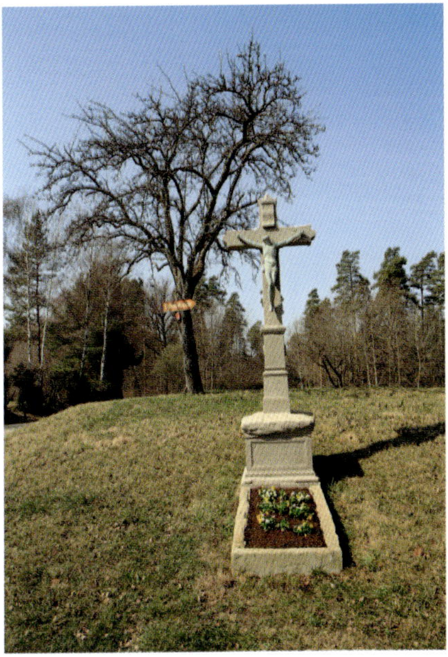

Auf dem Wanderweg sieht man auch Flurkreuze.

Nabu-Albguide Karl Götz verspricht Heimatgeschichte pur im Bubenhofer Tal:

„Das Bubenhofer Tal ist ein heimatgeschichtlich bedeutsamer Teil des Stunzachtales, benannt nach dem mittelalterlichen Adelsgeschlecht der Herren von Bubenhofen. Deren Burg stand zwischen Stunzach und Süßenbach und beherrschte das strategische Straßen- und Flussdreieck. Bis zu 14 Mühlen im Tal bescherten den mittelalterlichen Herrschern damals reiche Einnahmen. Wer möchte, kann heute nach Spuren der alten Burg suchen, Geschichten über frühere Mühlen erfahren und die malerisch mäandernde Stunzach begleiten. Mächtige Eichen säumen die schmalen Trampelpfade entlang der früheren vorderösterreichisch/württembergischen Grenze, daher sind gutes Schuhwerk und ein Hauch von Abenteuerlust von Vorteil."

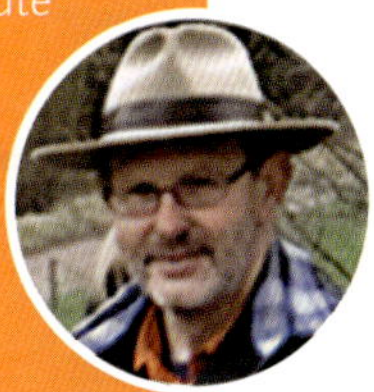

Zwei-Täler-Weg Rosenfeld

7

Aussicht und Wald

3 Std

9,2 km

210 Hm

Bickelsberg – Häselhöfe – Wald – Bickelsberg

Wir wandern auf festen Wegen. Meist können wir uns am Wanderzeichen gelber Ring für „Rundweg“ orientieren.

Aussicht, Wald

Bickelsberg

Aussicht und Wald – damit sind die beiden Hauptattraktionen dieser Wanderung auf dem Kleinen Heuberg benannt. Wir wandern zuerst mit einer prächtigen Aussicht bergab, danach verläuft die Wanderung überwiegend in einem Wald, der einige urige Szenerien zeigt. Der Blick bei dieser Wanderung reicht zur Schwäbischen Alb mit dem Hohenzollern und zum Nordschwarzwald. Ein kurzer Abstecher von der Tour führt sogar zu einem kleinen Aussichtsturm.

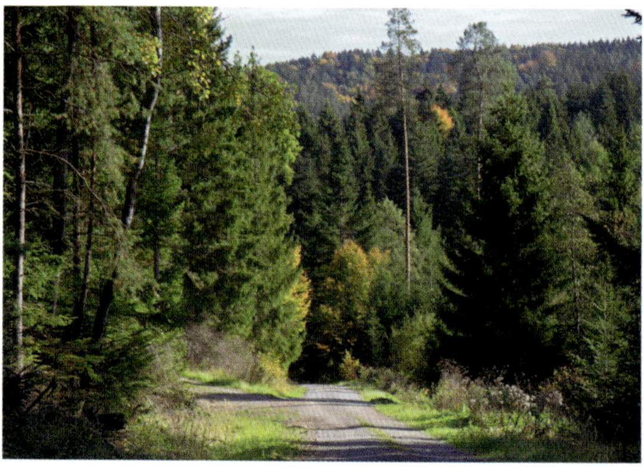

Schon beim Betreten des Waldes erwarten uns schöne Waldszenen.

Wir folgen vom Parkplatz beim **Aussichtspunkt Häsel** (660 m) 1 aus dem Sträßchen, das uns in Serpentinen hinab ins Tal bringt. Dort kommen wir in den Wald, wo wir den **Häselparkplatz** (576 m) 2 finden. Hier biegen wir rechts ab. Ab jetzt wandern wir fast ständig im Wald. Man sollte sich umsehen, denn rechts und links des Weges findet man so manche urtümliche Waldszene.

An der Verzweigung beim Wanderschild „Hausterbach“ (558 m) gehen wir geradeaus weiter. An der nächsten Verzweigung halten wir uns mit dem Zeichen gelber Ring links. An der Verzweigung beim **Waldabteilungsschild** „Bickelsberg XII 3 Feigenhölzle“ orientieren wir uns

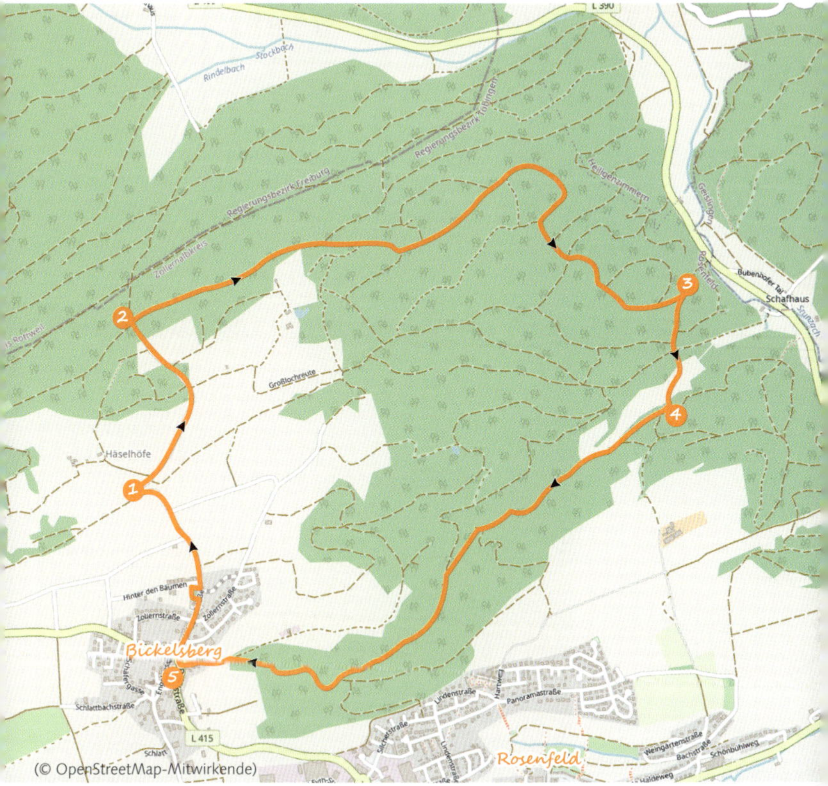
L 390
Stockbach
Rindelbach
Regierungsbezirk Tübingen
Regierungsbezirk Freiburg
Zollernalbkreis
Heiligenzimmern
Geislingen
Bubenhofer Tal
Schafhaus
Großlochreute
Häselhöfe
Hinter den Baumen
Zollernstraße
Bickelsberg
Schlattbachstraße
L 415
Lindenstraße
Panoramastraße
Rosenfeld
Weingartenstraße
Bachstraße
Schönbuhlweg
Haldeweg
1
2
3
4
5
(© OpenStreetMap-Mitwirkende)

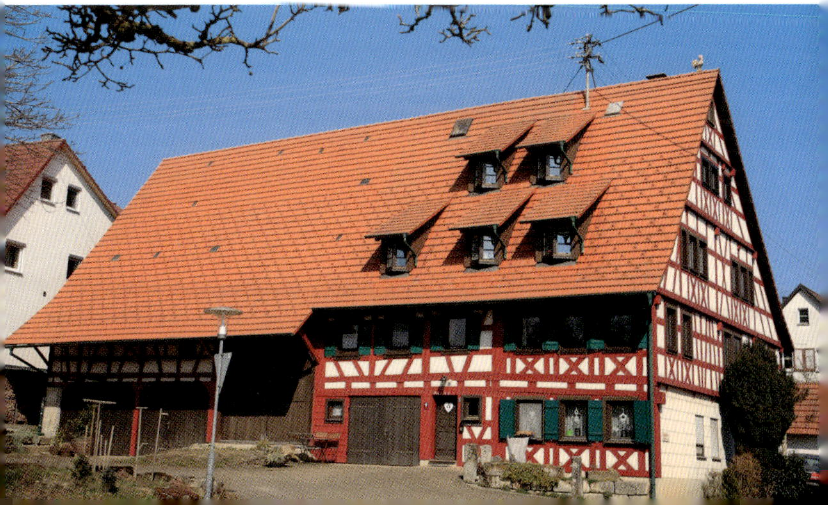

INFOS

Wanderkarte W240 Oberndorf am Neckar, 1:25 000, Landesamt für Geoinformation und Landentwicklung Baden-Württemberg (LGL) in Zusammenarbeit mit dem Schwarzwaldverein e. V.

rosenfeld.de

Bus bis Haltestelle Bickelsberg Kirche

Rosenfeld-Bickelsberg, Vöhringer Straße in Richtung Häselhöfe, GPS 48.298945, 8.698239

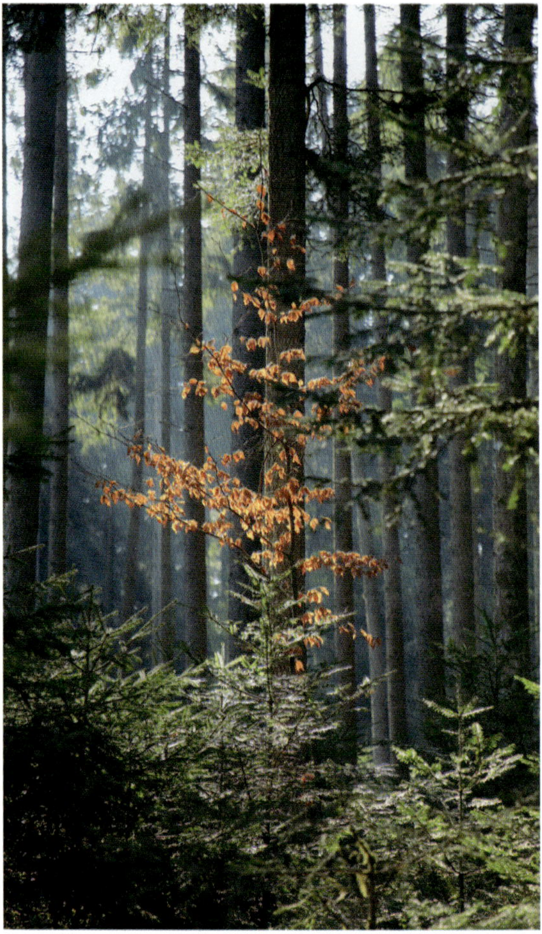

Im Herbst sieht man so manches interessante Farbenspiel.

links. An der nächsten Kreuzung nehmen wir mit dem Wanderzeichen den zweiten Weg von links. Bald fällt der Weg, bis wir an einer **Linkskurve** nach rechts verwiesen werden 3.

Kurz danach verlassen wir den Wald, überqueren einen Bach und gehen über eine breite Waldschneise zur anderen Seite 4. Dort halten wir uns rechts und wandern etwas später wieder entlang dieser Schneise. Nach ihrem Ende geht es ein Stück durch den Wald, dann werden wir nach rechts verwiesen. Wir überqueren einen Bach und wandern danach nach links eben weiter. Dem nächsten Querweg folgen wir nach links. Wir überqueren wieder den Bach, dann steigt es sanft an.

An einer querenden Asphaltstraße biegen wir links ab und kommen hinauf nach **Bickelsberg**. Dort halten wir uns an der querenden Durchgangsstraße rechts und biegen gleich danach am Wanderschild **„Oberndorfer Straße“** (664 m) 5 rechts ab in die Vöhringer Straße. In ihr verlassen wir das Dorf und wandern zum Ausgangspunkt.

Wer nun einen Rastplatz sucht, fährt etwas zurück und biegt bei nächster Gelegenheit rechts ab in Richtung Bittheim. Der an die Flurbereinigung erinnernde kleine Aussichtsturm ist bereits zu sehen. Auf seiner oberen Plattform finden wir Tafeln, die die Aussicht erklären. Vor dem Turm stehen Tische und Bänke zum Rasten.

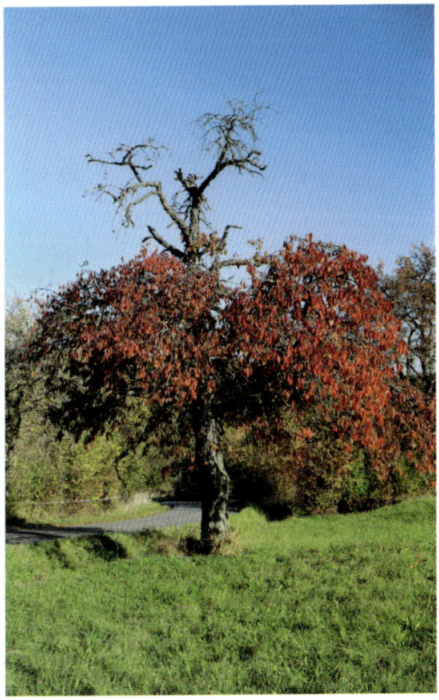

Auch Streuobstwiesen liegen am Wegrand.

Geschichtspfad Streichen 8

Über den Hundsrücken

3 Std
6,7 km
220 Hm

Streichen – Hundsrücken – Irrenberg – Streichen

Die Wanderung verläuft meist auf festen Wegen, nur über den Hundsrücken auf einem schmalen, steilen Pfad. An den Steilabbrüchen muss man vorsichtig sein, Trittsicherheit und Schwindelfreiheit sind Voraussetzung. Bei Nässe, Eis und Schnee sollte man deshalb den Weg nicht begehen.

Landschaft, Aussicht vom Hundsrücken

Streichen

So kurz und einfach diese Tour auch scheint, mit dem steilen Aufstieg zum Hundsrücken, beinahe 1000 Meter hoch, hat sie es doch in sich. Wir haben nicht nur immer wieder eine schöne Aussicht über die Landschaft, vom Hundsrücken aus sogar zum Hohenzollern, die Wanderung ist durch die Tafeln mit Erklärungen zur Geschichte der Gegend auch historisch interessant.

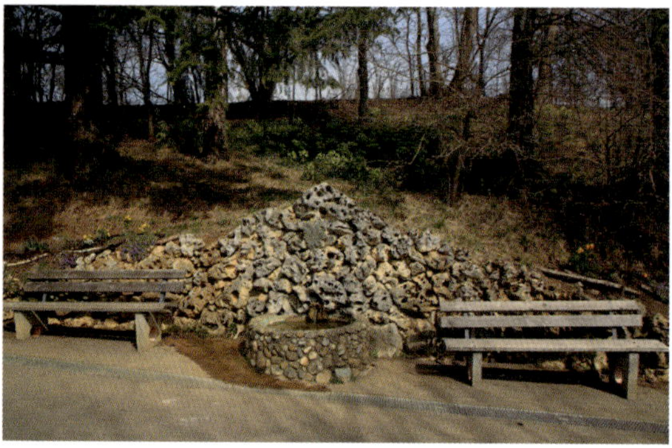

Der Brunnen trägt das Zeichen des Schwäbischen Albvereins.

Wir gehen vom Wanderschild **„Streichen Wanderparkplatz"** (693 m) 1 über die Wiese und auf Treppenstufen zur oberhalb verlaufenden Straße und folgen ihr nach links. Bald verlassen wir das Dorf und kommen an einem Brunnen mit dem Zeichen des Schwäbischen Albvereins vorbei. Nach einer Rechtskurve erreichen wir in Höhe der zweiten Scheune links oben eine Gruppe von **Mammutbäumen** 2. Hier biegen wir rechts ab. Nun haben wir eine prächtige Aussicht auf Streichen und die von den Albbergen umrahmte Landschaft.

Wir passieren bald eine Bank und **Tafel 1** des Geschichtspfads 3. Dem Weg mit seinen Kurven weiter folgend, passieren wir das Schild „Geißberg Ost" (769 m), danach kommen wir in den Wald. Dort biegen wir kurz darauf am Schild

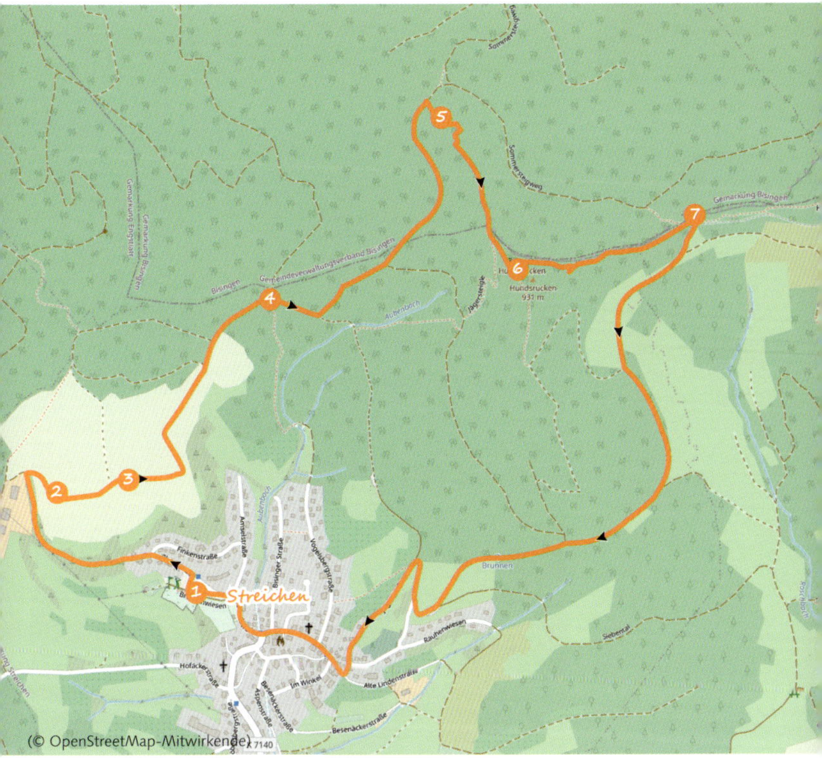

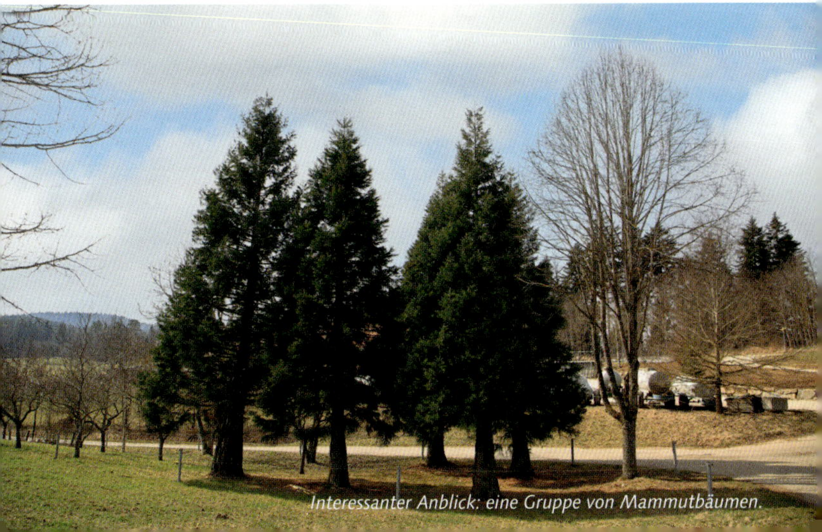
Interessanter Anblick: eine Gruppe von Mammutbäumen.

INFOS

Wanderkarte W251 Albstadt, 1:25 000, Hrsg.: Schwäbischer Albverein e. V., Kartographie: Landesamt für Geoinformation und Landentwicklung Baden-Württemberg (LGL); Wanderkarte mit Radwegen Balingen und Umgebung Blatt 49-534, 1:25 000, NaturNavi

balingen.de

Bus bis Haltestelle Streichen Linde

Balingen-Streichen, Geißbergstraße, Freibadparkplatz, GPS 48.272376, 8.916133

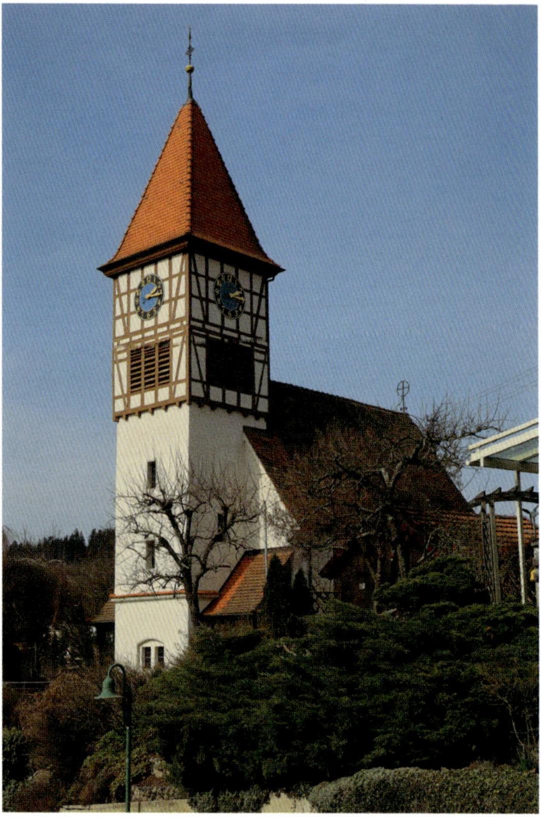

Die Wanderung führt an der Kirche von Streichen vorbei.

„Schremengreut" (767 m) rechts ab 4. Am Schild „Bauernwald" (745 m) halten wir uns links, nun steigt es wieder an.

An der nächsten Verzweigung gehen wir auf dem linken Weg geradeaus weiter. Durch einen recht urtümlichen Wald wandern wir bis zum Schild **„Ramselhau"** (821 m) 5. Hier biegen wir rechts ab. Nun geht es recht steil hinauf zum Hundsrücken. Oben verlassen wir den Wald und wandern auf einem schmalen Kamm auf einem Pfad weiter; hier muss man aufpassen, denn es geht direkt am Weg steil hinab. Nach einem ebenen Stück steigt es wieder etwas steiler an. Danach dürfen wir nicht verpassen, dass uns das Wanderzeichen blaues Dreieck nach links zu **Tafel 2** weist. Wie wir lesen können, sind wir jetzt am Platz der **Burgstelle Hundsrücken** 6. Von einer Burg ist zwar nichts

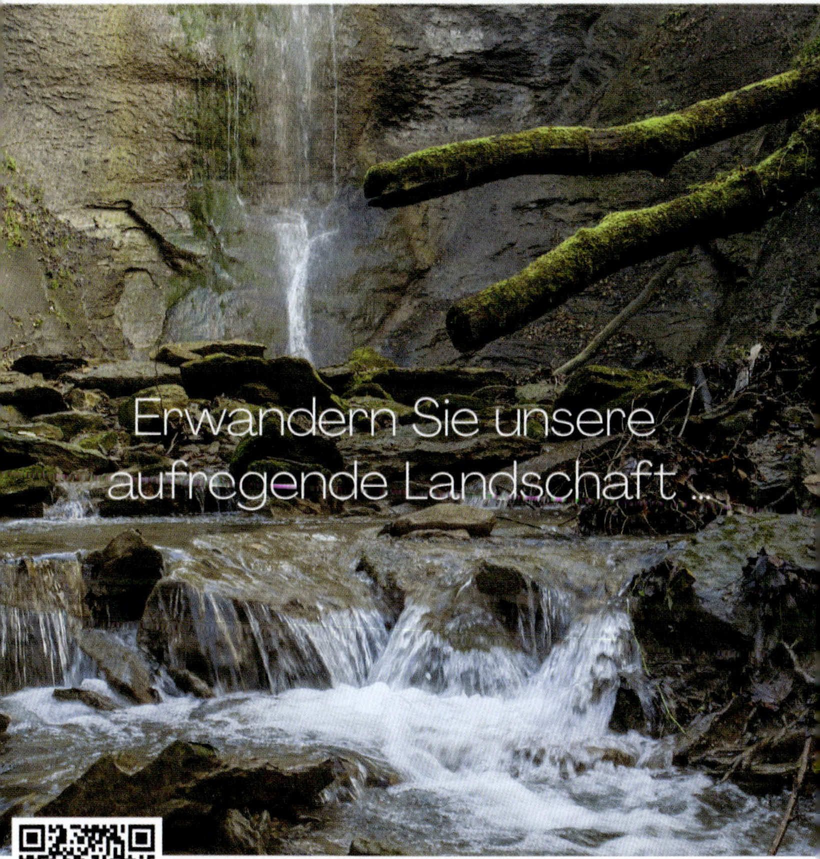
Erwandern Sie unsere
aufregende Landschaft ...

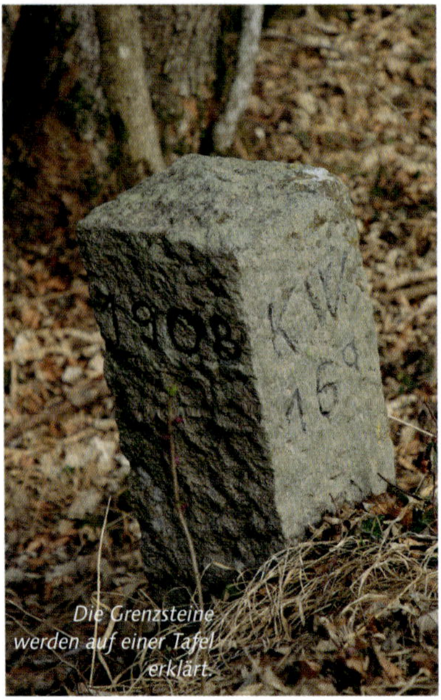

Die Grenzsteine werden auf einer Tafel erklärt.

mehr zu sehen, dafür haben wir aber eine herrliche Sicht zum Hohenzollern, der direkt vor uns steht.

Bald folgt **Tafel 3**, die Grenzsteine erklärt und die ehemalige Grenze zwischen Württemberg und Hohenzollern dokumentiert – ein Grenzstein steht direkt daneben, zwei weitere werden folgen. Jetzt geht es im Zickzack hinab und wir erreichen bald das Wanderschild **„Hörnle“** (877 m) 7. Hier folgen wir dem breiten Weg nach rechts. Nach links sehen wir schön zu der parkartigen Landschaft des Irrenbergs.

Etwas unterhalb wandern wir am Schild „Am Hörnle“ (865 m) vorbei. Auch am folgenden Schild „Rottanne“ (823 m) gehen wir geradeaus weiter und verlassen bald den Wald. Rechts sehen wir wieder einen **Brunnen** mit dem Zeichen des Schwäbi-

Rüdiger Haasis, Ortsvorsteher des Balinger Stadtteils Streichen, freut sich über den Fortbestand alter Traditionen:

„Als Kind der Gemeinde fasziniert und euphorisiert mich der Geschichtspfad von Streichen mit spannenden historischen Aspekten des Zusammenlebens, der Kargheit des Lebens und dem Brauchtum der örtlichen Jugend. Dazu zählt der sogenannte Pfingstbutz, der bis heute von den Jugendlichen am Leben erhalten wird. Er entwickelte sich vermutlich im 16. Jahrhundert, um zu helfen, den vorherrschenden Hunger zu stillen. Der Butz, ein Gerüst aus Eisenreifen und belaubten Buchenästen, wird von der Dorfjugend durch die Straßen getragen und dabei gerufen: ‚Pfingstbutz bin ich genannt, Eier und Schmalz sind mir wohlbekannt, Weißmehl schlag ich auch nicht aus, meine Kameraden und ich backen Dötsche (Pfannkuchen) daraus.‘ Mit Körben gehen sie von Haus zu Haus und bitten um eine kleine Spende. Früher waren das Eier, Mehl oder Schmalz, heute sind es Geldspenden.“

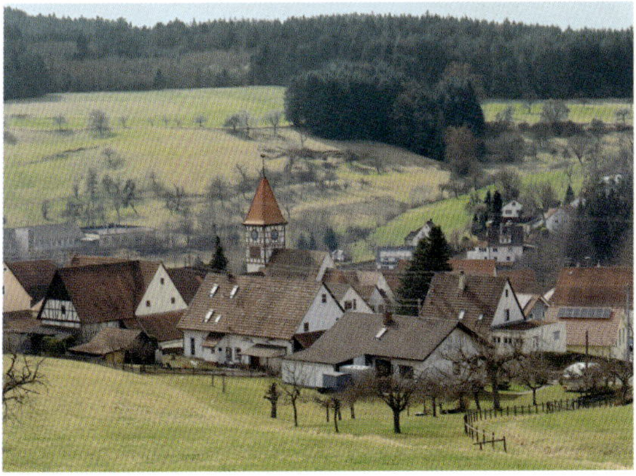

Blick auf Streichen.

schen Albvereins. Wir wandern nun auf einem Sträßchen in Serpentinen abwärts, passieren das Schild „Bauernwaldweg" (755 m) und am **Friedhof Tafel 4**, dann kommen wir wieder nach Streichen.

Die weiteren **Tafeln 5 bis 8** folgen nun in kurzem Abstand. Vorbei an der **Kirche** wandern wir zum Dorfplatz mit dem ehemaligen **Rathaus** und der letzten **Tafel 8**. Gleich danach halten wir uns rechts in die Amselstraße und kommen zurück zum Ausgangspunkt.

Rundweg Dautmergen

9

Kurz und interessant

2 Std
6 km
80 Hm

Dautmergen – Giersberg – vor Schiefersteinbruch – Panoramatafel – Schlichem – evtl. Schiefererlebnis – Dautmergen

Die Wanderung verläuft überwiegend auf festen Wegen, teilweise auf Naturpfaden. Der Übergang auf den Trittsteinen ist nicht jedermanns Sache, bei hohem Wasserstand, Nässe und Eis ist er nicht möglich, sondern sollte umgangen werden. Diese Umgehung auf festem Weg ist hier beschrieben.

Landschaft, Schiefererlebnis

Dautmergen, Schiefererlebnis Dormettingen

Wir wandern bei dieser kurzen Tour um die kleinste Gemeinde im Zollernalbkreis ein Stück durch den Wald und viel zwischen Feldern und Wiesen. Dabei haben wir einmal einen Blick von der Ferne auf einen ehemaligen Schiefersteinbruch. Auf der Wanderung kommen wir auch am LEADER-Projekt „Erlebbare Schlichem Innerorts" vorbei. Hier kann man sich auf Sitzsteinen, Liegebank und einem Vesperplatz an der Schlichem erholen. Möglich ist auch ein Abstecher zum Schiefererlebnis Dormettingen bzw. man kann die Wanderung auch dort beginnen. Zudem gibt es eine abenteuerliche Wegvariante, bei der man die Schlichem auf Trittsteinen überquert, was man aber auch auf einem bequemen Weg umgehen kann, wenn man das nicht möchte.

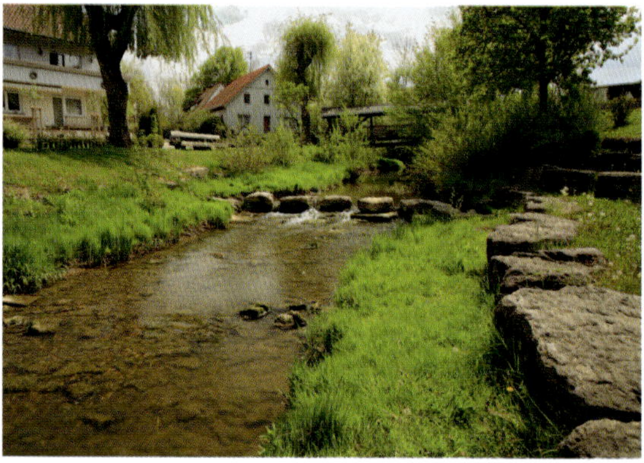

Wir folgen ab dem **Bürgerhaus** 1 der Grabenstraße, kurz danach biegen wir links in die querende Blumenstraße ein. An der querenden Leideringer Straße halten wir uns rechts, zweigen aber kurz nach dem Ortsausgang rechts ab in den Steigweg in Richtung **Giersberg** 2. Er steigt an, und nach etwas bergauf geht er in einen unbefestigten Feldweg über.

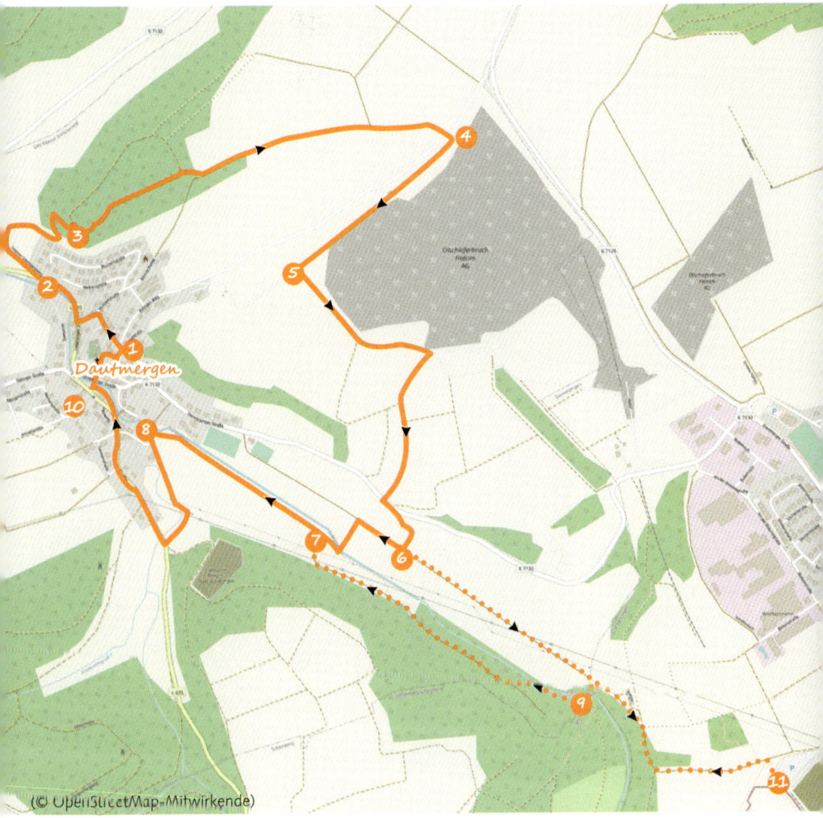

Dieser zieht nach rechts zu einem Flurkreuz am Waldrand. Nun geht es auf einem Pfad in Serpentinen hinauf zu einem querenden breiten **Forstweg** 3. Dort hat man bei einer Bank einen Blick über die Baumwipfel in die Ferne. Hier biegen wir rechts ab und wandern etwas durch den Wald. Nach ihm werden wir mit dem Wanderzeichen gelber Ring für Rundweg nach rechts verwiesen, dann folgen wir dem nächsten Querweg nach links. Nach rechts hat man hier manchmal einen schönen Blick durch das Gehölz ins Tal.

Bald überqueren wir eine Straße und kommen zu dem **Zaun**, der das Gelände des ehemaligen Schieferabbaugeländes der Firma Holcim absichert 4. Hier gehen wir auf einem Pfad nach rechts, passieren eine Scheune, ein rechts

INFOS

Wanderkarten W240 Oberndorf am Neckar und W241 Rottenburg am Neckar, 1:25 000, Landesamt für Geoinformation und Landentwicklung Baden-Württemberg (LGL) in Zusammenarbeit mit dem Schwäbischen Albverein e.V.; Wanderkarte mit Radwegen Balingen und Umgebung Blatt 49-534, 1:25 000, NaturNavi

gemeinde-dautmergen.de

Bus bis Haltestelle Dautmergen, Bürgerhaus

Dautmergen, Grabenstraße 1, Parkplätze vor dem Jugendhaus gegenüber von Bürgerhaus und Rathaus, GPS 48.242854, 8.741729
Ersatzparkplätze findet man in Dormettingen, Schiefererlebnis, GPS 48.231280, 8.769362
Wer vorhat, sich das Schiefererlebnis nach der Tour anzusehen, kann auch dort parken. Der Zuweg ist im Kasten erklärt.

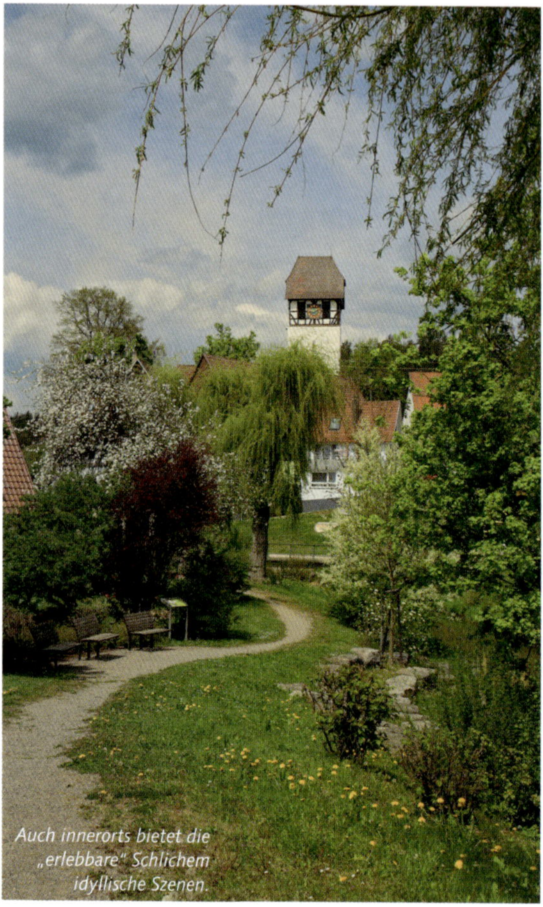

Auch innerorts bietet die „erlebbare“ Schlichem idyllische Szenen.

stehendes Flurkreuz und kommen zu einer Panoramatafel, auf welcher die Berge der Schwäbischen Alb erklärt sind. Der Albtrauf, von Eduard Mörike „Blaue Mauer“ genannt, zeigt sich hier auf einer Breite von etwa 30 Kilometern. Etwas später stoßen wir auf einen asphaltierten Weg 5. Geradeaus kann man hier den Rückweg abkürzen, wobei es unterwegs auch eine Einkehrmöglichkeit gibt.

Ansonsten biegen wir links ab und wandern weiterhin entlang des Zauns des ehemaligen Schieferabbaugeländes. Der Weg fällt etwas, dann werden wir nach rechts verwiesen. Nach weiterem Bergab kommen wir zur **K 7132**, nun

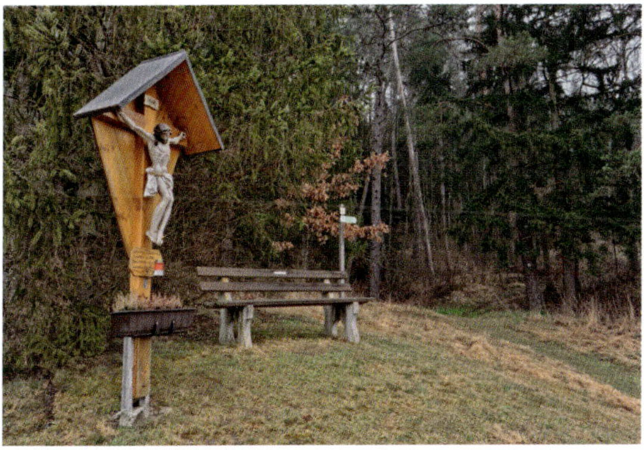

Flurkreuz beim Aufstieg zum Aussichtspunkt.

Schiefererlebnis und Zugang

Vor, während oder nach der kurzen Wanderung ist das nahe gelegene „Schiefererlebnis" bei Dormettingen ein empfehlenswertes Ziel, insbesondere wenn man Kinder dabei hat und ihnen noch ein wenig Schatzsuche im Schiefergestein oder einen Abenteuerspielplatz bieten will.

Es gibt hier einen See, einen Klopf- und Sammelplatz für Fossilien, wo im Ölschiefer 180 Millionen Jahre alte Ammoniten und viele andere Fossilien gefunden und mitgenommen werden können. Arbeitsgerät dazu kann vor Ort erworben werden. Der Bergbauspielplatz besteht aus einem Urweltbereich mit Holz, Felsen, Sand und Kies sowie acht Meter hohen Spieltürmen mit Klettermöglichkeiten und Rutsche. Auch eine Gaststätte gibt es.

Wer von der Wanderung aus einen Abstecher dorthin machen will, hält sich vor den Trittsteinen links und wandert am Waldrand entlang, danach auf einem festen Weg nach rechts und leicht ansteigend zum Parkplatz und zum Eingang (wie unten als Rückweg erwähnt).

Wer dieses Ausflugsziel jedoch als Ausgangspunkt nimmt, parkt direkt davor 11. Dann geht man auf dem Weg vor dem Eingang und links des Parkplatzes nach rechts zu einem asphaltierten Querweg Diesem folgen wir nach links abwärts in Richtung Dautmergen. Er zieht nach rechts und bald verlassen wir den Wald. Hier gehen wir mit dem Schild „Schlichemweg" nach links, links an dem Gebäude vorbei und erreichen gleich danach den Zugang zu den links liegenden Trittsteinen 9. Ab hier folgt man entweder dem Weg nach links über die Trittsteine oder man geht auf dem bequemen Weg, erst ein paar Meter nach rechts, dann nach links auf dem festen Weg, nach Dautmergen. Der Rückweg ist derselbe. Wenn man vom beschriebenen einfachen Wanderweg einen Abstecher machen will, wandert man auf dem als Rückweg erwähnten Weg in umgekehrter Reihenfolge der Wegbeschreibung. Info: www.schiefererlebnis.de

halten wir uns kurz links, dann zweigen wir rechts ab und gehen durch die Wiesen zu einem querenden Weg 6.

Hier haben wir nun verschiedene Möglichkeiten. Die einfachste und kürzeste Variante ist, wenn wir uns rechts halten. Dabei werden wir etwas später nach links verwiesen, überqueren die Schlichem auf einer Brücke und halten uns

Bei den Trittsteinen muss man sicher gehen können.

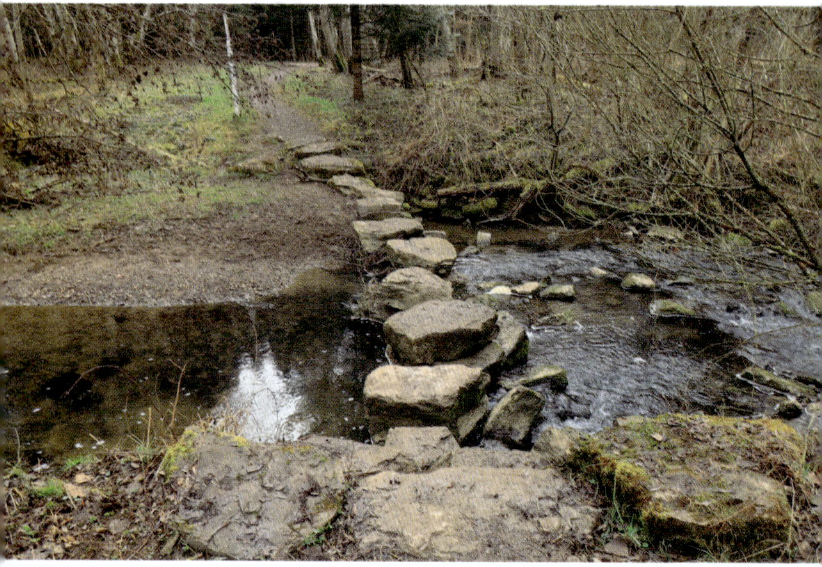

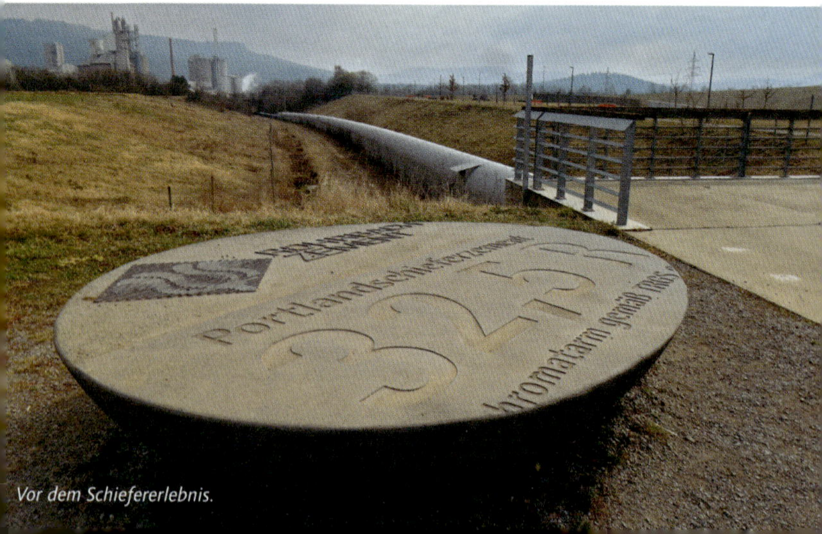

Vor dem Schiefererlebnis.

nach ihr rechts. Vorbei an einem **Gebäude** 7 und kurz vor Dautmergen an einem Rastplatz mit Sitzsteinen kommen wir zu einer **Brücke** 8. Hier kann man nach rechts den Rückweg abkürzen, nachfolgend beschrieben ist aber der Weg nach links.

Bei der zweiten Variante überqueren wir die Schlichem auf Trittsteinen. Hierzu gehen wir ab Punkt 6 nach links weiter. Nach einiger Zeit überqueren wir einen kleinen Bach und kommen nach rechts zur **Schlichem**, die wir auf den Trittsteinen überqueren 9. Danach folgen wir dem Weg nach rechts und treffen kurz hinter dem oben genannten **Gebäude** 7 auf die einfache Variante.

Vor der oben erwähnten **Brücke** 8 halten wir uns links. Der Weg zieht gleich nach rechts und bringt uns zur L435. Ihr folgen wir nach rechts nach Dautmergen hinein. An der gedeckten Holzbrücke haben wir einen schönen Blick über die Schlichem auf die Kirche. Kurz nach der Brücke folgen wir dem von der Straße nach rechts abgehenden Pfad. Nach einem weiteren Rastplatz überqueren wir die Schlichem auf der nächsten **Holzbrücke** 10. Danach steigen wir auf einer Treppe hinauf zur Kirche, halten uns an ihr rechts und kommen zur Straße Am Haselberg. Etwas weiter links liegt unser Ausgangspunkt.

Helmut Jetter, seit 25 Jahren 1. Vorsitzender des Wandervereins Dautmergen, empfiehlt, bei dieser Tour eine nette Pause an der Schlichem einzulegen:

„Das kleine Flüsschen Schlichem prägt das Ortsbild von Dautmergen. Eine Römerstraße führte einst hier durch das seichte Gewässer. Nach Neugestaltung des Uferbereiches und Anlage eines Fußweges ist die Schlichem erlebbar geworden. Zahlreiche Bänke, eine Liegebank, vor allem auch ein großer Bereich mit Sitzsteinen laden ein, auf den idyllischen Ortskern mit dem markanten Kirchturm, vor allem aber auf das Wasser zu blicken. Dem ist ganz nahe, wer die Schlichem auf den Trittsteinen überquert. Es gibt auch zwei überdachte Holzbrücken, eine Stellfalle und das ‚Spritzenhäusle'. Darin ist eine historische Feuerspritze zu sehen. Informationen dazu, über die Historie Dautmergens, zum früheren Mühlkanal, den Mühlen und vielem mehr bieten zahlreiche Schautafeln."

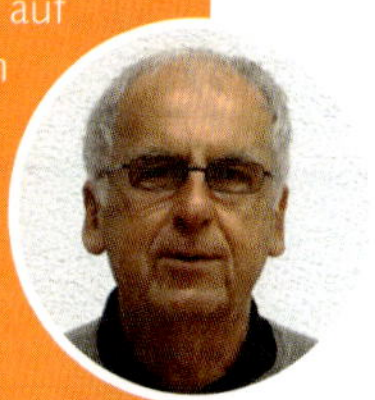

Wochenbergpfad

10

Sagen und Aussicht

2½ Std
8,1 km
220 Hm

Schörzingen/ Wanderparkplatz Oberhohenberg – Schörzingen – Wochenberg – Deilingen – Wanderparkplatz

Die Tour verläuft bis auf den Anstieg zum Oberhohenberg auf festen Wegen.

Aussicht

Schömberg

Zwei Sagen begleiten uns auf dieser aussichtsreichen Tour. Zuerst können wir auf dem Wochenberg die Sage von der Stadt der Menschen ohne Sprache, dem sogenannten stillen Volk, lesen, deren Wahlspruch „Handeln und nicht reden" lautete, gegen Schluss nach Deilingen die Sage von der trauernden Gräfin. Dazwischen bietet sich uns viel Aussicht, zum einen vom Ausgangspunkt am Wanderparkplatz, später aber der hervorragende Blick vom Wochenberg, der bis zum Schwarzwald reicht. Der Ausgangspunkt am Wanderparkplatz hat gegenüber den Parkmöglichkeiten im Ort den Vorteil, dass wir uns dort am Erlebnistreff Burg Oberhohenberg befinden. Hier gibt es einen Spielplatz und eine Hütte, zudem kann man – die Wanderung ist ja recht kurz – noch zur Burg Oberhohenberg aufsteigen. Wer will, kann sogar noch einen Rundweg machen, bei dem man über eine spektakuläre Hängebrücke kommt.

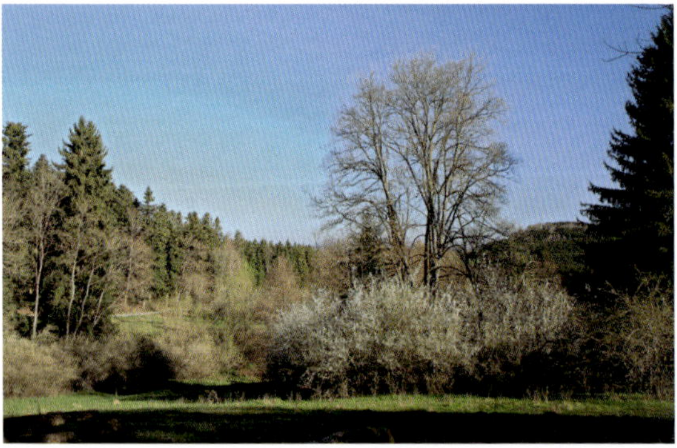

Abwechslungsreicher Wald.

Wir genießen am **Wanderparkplatz Oberhohenberg** (888 m) 1 erst die prächtige Aussicht hinab ins Albvorland, vor allem aber nach rechts zum Plettenberg und nach Deilingen. Dann gehen wir etwas hinab, bis wir am Schild „Schenkenrain" (845 m) nach links verwiesen

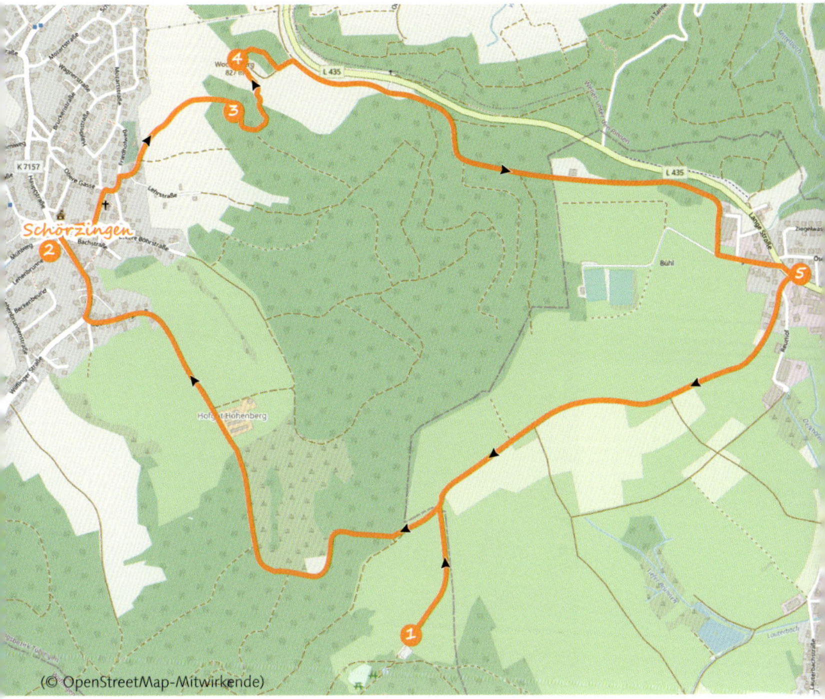

werden. Nun wandern wir in vielen Serpentinen hinab bis zu den ersten Häusern von Schörzingen, davor noch haben wir nach links einen Blick zum Testturm bei Rottweil.

In Schörzingen folgen wir erst der Hauptstraße nach rechts, bis wir am **Dorfbrunnen** (698 m) 2 nach rechts in die Untere Kirchstraße verwiesen werden. Auch hier finden wir Parkmöglichkeiten. Kurz danach halten wir uns links in die Kirchstraße. Nach der **St. Galluskirche** biegen wir rechts, danach links und kurz darauf am Schild „St. Gallus-Kirche" (722 m) wieder rechts ab. Am nächsten querstehenden Haus biegen wir links ab und verlassen den Ort.

Vorbei am Friedhof und einem Wasserbehälter steigen wir hinauf zum Wald, der den Wochenberg umgibt. Im Wald halten wir uns am nächsten **Wasserbehälter** 3 mit dem Rundwegzeichen rechts auf einen Pfad. Wir wandern nun mit einem weiten Linksbogen hinauf zum **Sendemast** auf dem Wochenberg 4. Hier sollten wir die Aussicht genießen, die bis zum Schwarzwald reicht.

INFOS

Wanderkarte W250 Spaichingen, 1:25 000, Hrsg.: Schwäbischer Albverein e. V., Kartographie: Landesamt für Geoinformation und Landentwicklung Baden-Württemberg (LGL); Wanderkarte mit Radwegen Balingen und Umgebung Blatt 49-534, 1:25 000, NaturNavi

schoemberg.de

Bus bis Schörzingen Haltestelle Rathaus

Schömberg-Schörzingen, Wanderparkplatz Oberhohenberg, erreichbar über die Straße Reuthof, GPS 48.167417, 8.761796

Weitere Parkplätze findet man in Schörzingen, Untere Kirchstraße

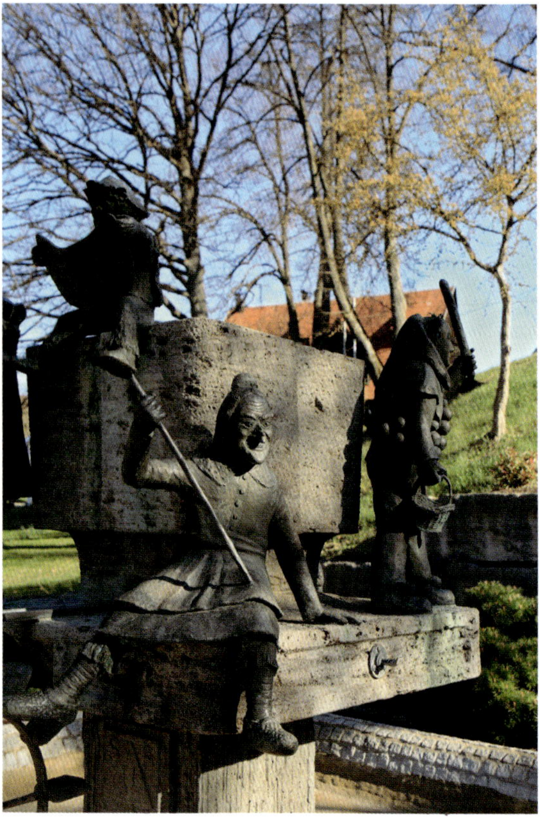

Narrenbrunnen in Schörzingen.

Wir folgen dem Pfad, der links am Mast vorbeiführt. Danach kommen wir zu einer Tafel, auf welcher die Sage von der Stadt der Menschen ohne Sprache erklärt ist. Der Weg zieht nun nach rechts in den Wald. Diesen durchqueren wir und werden danach nach links verwiesen. Gleich darauf zieht der Weg nach rechts.

Wir folgen dem Weg, der im Wesentlichen bis Deilingen parallel zur Straße verläuft. Im Wald zieht der Wanderweg nach rechts, danach gehen wir durch eine Wiesenlandschaft bis **Deilingen**. Dort halten wir uns vor dem Gewerbeanwesen erst rechts, dann in der Langen Straße links. An der nächsten Querstraße biegen wir rechts, gleich danach am Schild **„Deilingen Lange Straße"** (819 m) rechts in die Straße Reuthof 5.

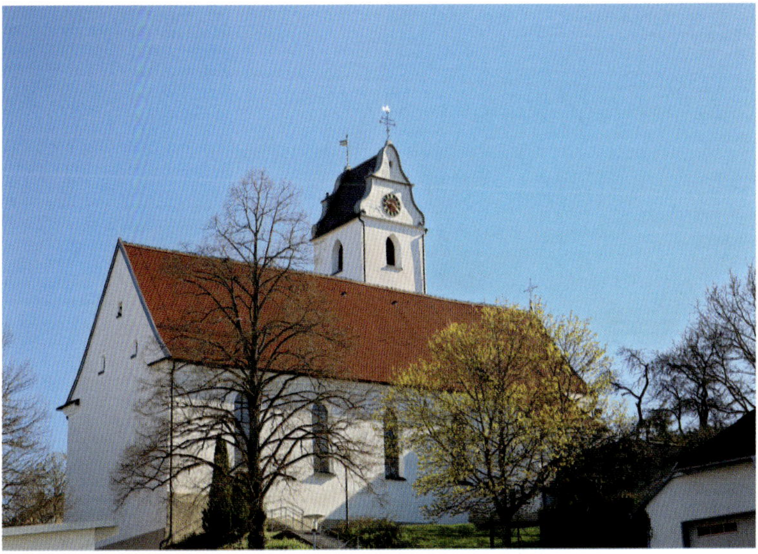

Die Kirche in Schörzingen besitzt eine prächtige barocke Ausstattung.

An der folgenden Verzweigung halten wir uns rechts und verlassen den Ort. Danach kommen wir an einem Bildstock vorbei, an dem eine Tafel auf die Sage von der „trauernden Gräfin" verweist. Links vor uns sehen wir bereits den Oberhohenberg, wo sich unser Parkplatz befindet. Am bekannten Schild „Schenkenrain" gehen wir geradeaus hinauf zum Ausgangspunkt.

Erlebnistreff Burg Oberhohenberg

Da die Wanderung nicht allzu lang war, können wir uns jetzt überlegen, ob wir die Angebote des **Erlebnistreffs Burg Oberhohenberg** annehmen. Hinter dem Parkplatz gibt es einen schönen Themenspielplatz mit Spielburg, eine Hütte und eine Grillstelle. Wer noch etwas wandern will, kann zur Nikolaus-Kapelle gehen oder zur Burgruine aufsteigen. Der kürzeste Weg ist 0,7 Kilometer lang. Wer die Ruine in einen Rundweg einbauen und dabei auch noch die wagemutig erbaute Hängebrücke begehen will, nimmt den 1,9 Kilometer langen Weg. Auf der Tafel am Parkplatz ist alles beschrieben, auch Karten mit den Wegen findet man dort.

Die barocke St. Gallus-Kirche in **Schörzingen** besitzt einen Hochaltar, der vom Schömberger Barockkünstler Urban Faulhaber geschaffen wurde, und zählt zu den schönsten Dorfkirchen der Umgebung.

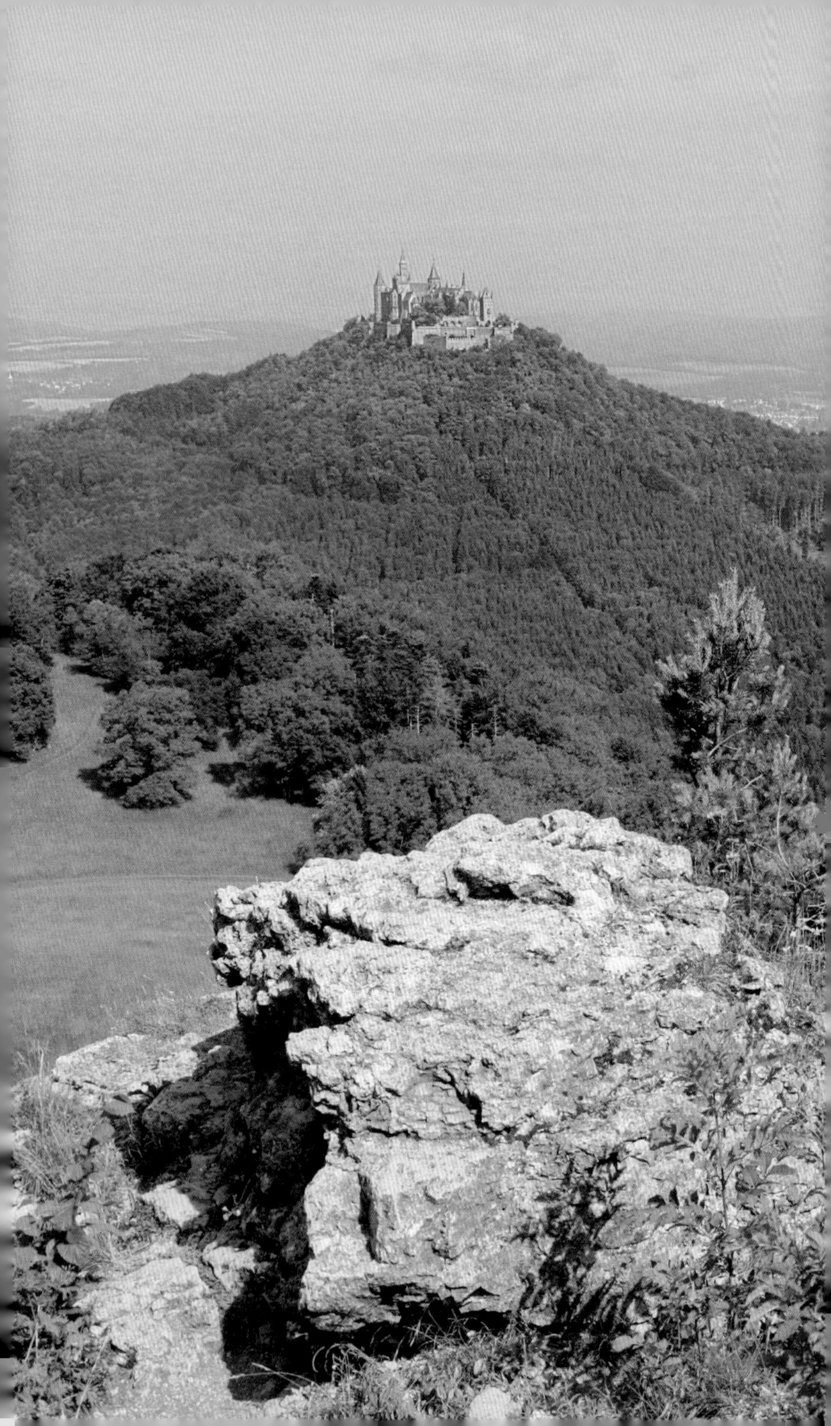

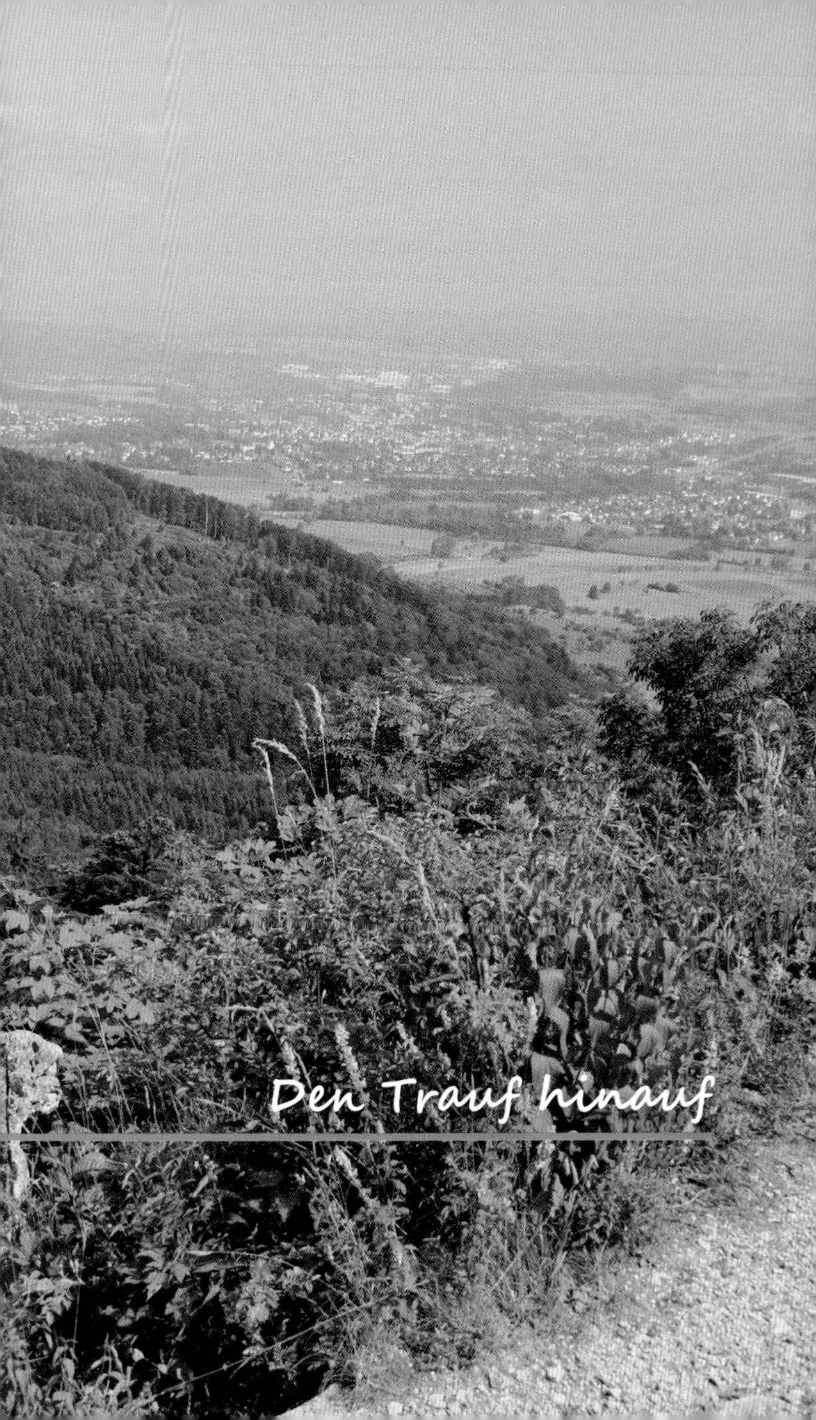

Den Trauf hinauf

Raichberg-Tour

11

Über die Wallfahrtskirche zum aussichtsreichen Trauf

4 Std
11,3 km
400 Hm

Hechingen-Boll – Wallfahrtskirche Maria Zell – Zeller Horn – Backofenfelsen – Nägelehaus – Emmafelsen – Friedrichstal/Obelisk – Boll

Die Tour verläuft auf asphaltierten und geschotterten Wegen, aber auch auf Pfaden, die teilweise steil und rutschig sind. Bei Nässe und im Winter ist die Tour nicht zu empfehlen.

Aussicht vom Zeller Horn, von den Aussichtsfelsen und dem Aussichtsturm auf dem Raichberg, Blick zum Hohenzollern, Emmafelsen

Nägelehaus, Hechingen-Boll

Auch wenn diese Wanderung durch den Höhenunterschied relativ anstrengend ist und auch einige Streckenabschnitte mit sich bringt, bei denen man aufmerksam gehen muss und trittsicher sein sollte, ist es doch eine Tour mit hohem Erlebniswert und zahlreichen Besonderheiten. Seien es die vielen Aussichten, die man genießen kann, seien es die markanten Baumgestalten auf dem Raichberg oder das Felsengewirr am Emmafelsen – es gibt immer wieder Sehenswertes unterwegs.

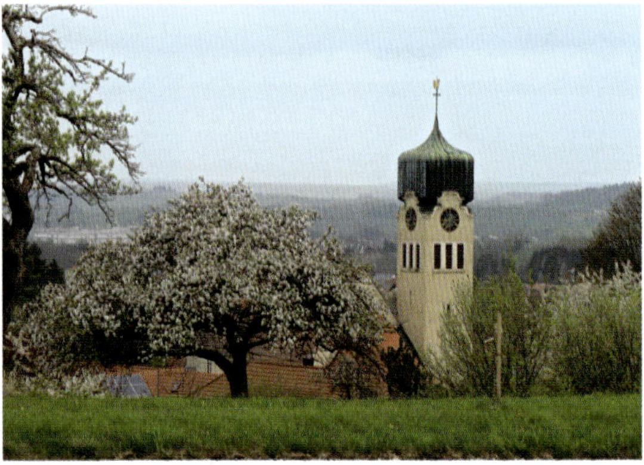

Wir gehen vom **Wanderparkplatz Hüttenwiesen** ❶ etwas in Richtung Ort zurück, halten uns aber gleich danach am Wanderschild „Hüttenwiesen" (559 m) links. Vor dem ersten Haus werden wir am Schild „Zeller Weg" (570 m) nach links verwiesen. Nun steigt es durch die Wiesen an, immer mit Blick nach rechts zum Hohenzollern. An der **Rechtskurve** der Straße ❷ geht es etwas nach links versetzt in Gehrichtung auf einem Feldweg weiter hinauf.

Wir passieren ein neu geschaffenes Sühnekreuz und kommen zu einem Rast- und Grillplatz, dahinter am Parkplatz sehen wir das Schild „Grillplatz Bollemer Wasen" (648 m).

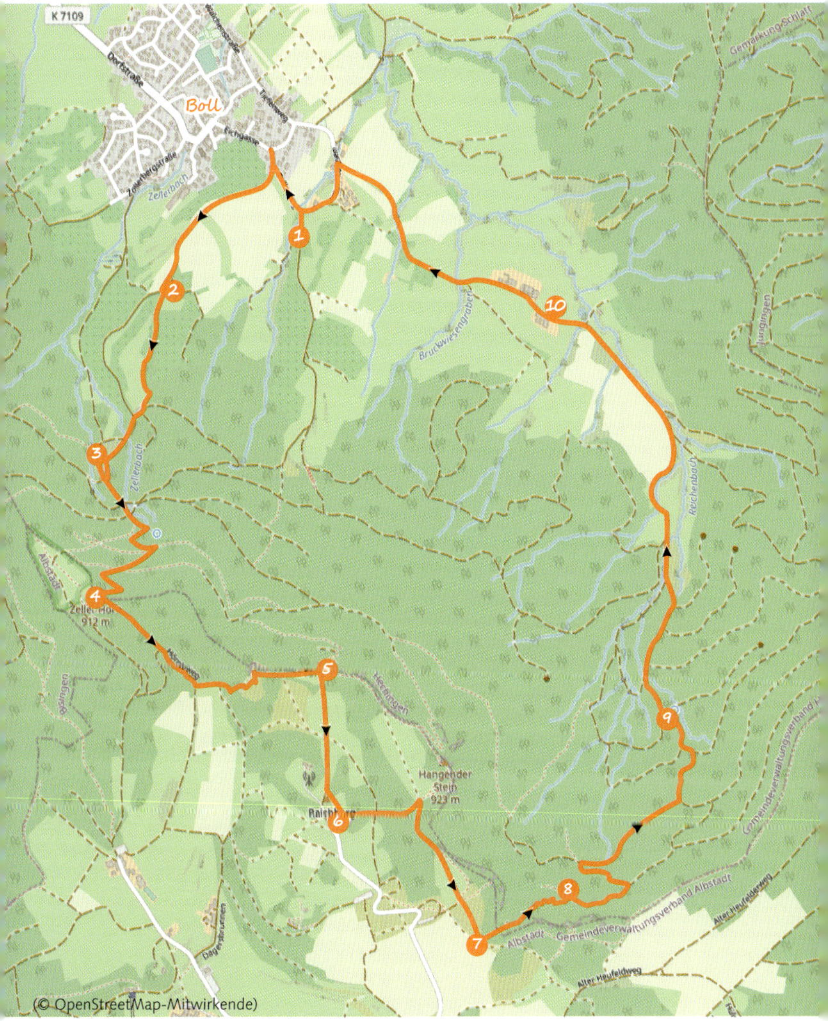

Danach kommen wir in den Wald und steigen entlang des Kreuzwegs hinauf zur **Wallfahrtskirche Mariazell** 3.

Hinter ihr gehen wir am Schild „Wallfahrtskirche Maria Zell" (692 m) weiter aufwärts, ebenso am Schild „Parkplatz Maria Zell" (709 m). Nun steigen wir steil im Zickzack hinauf, erreichen die Schutzhütte und rechts davon den Aussichtspunkt **Zeller Horn** 4 – es ist wohl der Punkt,

INFOS

Wanderkarte W241 Rottenburg am Neckar, 1:25 000, Landesamt für Geoinformation und Landentwicklung Baden-Württemberg (LGL) in Zusammenarbeit mit dem Schwäbischen Albverein e. V.; Wanderkarten mit Radwegen Balingen und Umgebung Blatt 49-534 und Albstadt Gammertingen Blatt 51-534, 1:25 000, NaturNavi

hechingen-tourismus.de

Bus bis Boll Haltestelle Kirche

Hechingen-Boll, Wanderparkplatz Hüttenwiesen, Ende des Zellerwegs, GPS 48.326026, 8.991725

an dem die bekanntesten Fotos von der Burg Hohenzollern gemacht wurden.

Danach folgen wir dem Weg durch den Wald. Am Waldrand werden wir nach links verwiesen. Kurz danach, am Anfang des Aufstiegs, sehen wir einige beeindruckende Baummethusaleme, die mit der Wellenlinie für Baumhabitate versehen sind. Nach etwas weiterem Aufstieg sind wir am **Backofenfelsen** (933 m). Wir folgen noch etwas dem Weg am Trauf bis zum **Trauffelsen** (922 m) 5. Hier biegen wir rechts ab und wandern über die Wiesen zum bereits sichtbaren **Aussichtsturm**. Dort haben wir am Schild „Raichberg“ (965 m) den höchsten Punkt der Wanderung erreicht. Wir gehen nun hinab zum **Nägelehaus** (952 m) 6, wo wir links abbiegen.

Gleich danach kommen wir wieder in den Wald, in dem wir hinab zu einem querenden Weg und dem Schild „Dohle“ (901 m) wandern. Wir biegen rechts ab und verlassen bald den Wald. Wo der Schotterweg nach rechts zieht, können wir einen 100 Meter langen Abstecher nach links zu einem Aussichtspunkt machen; ansonsten gehen wir am Schild „Raichberg Ost“ (903 m) geradeaus auf einem Wie-

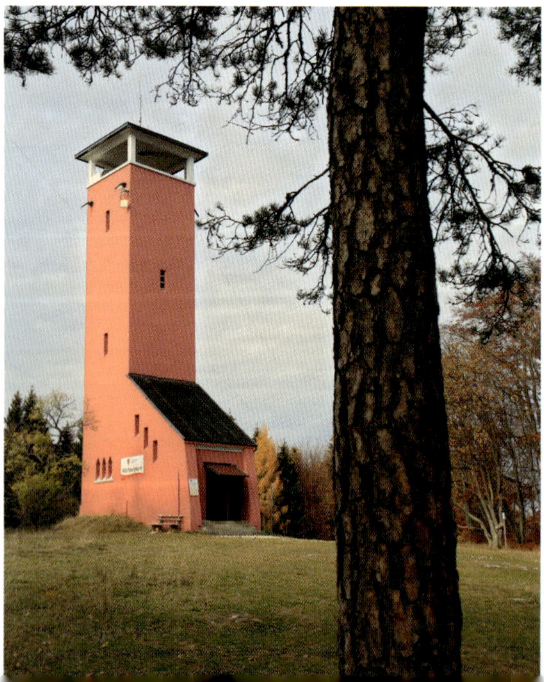

Die Besteigung des Aussichtsturms auf dem Raichberg lohnt sich.

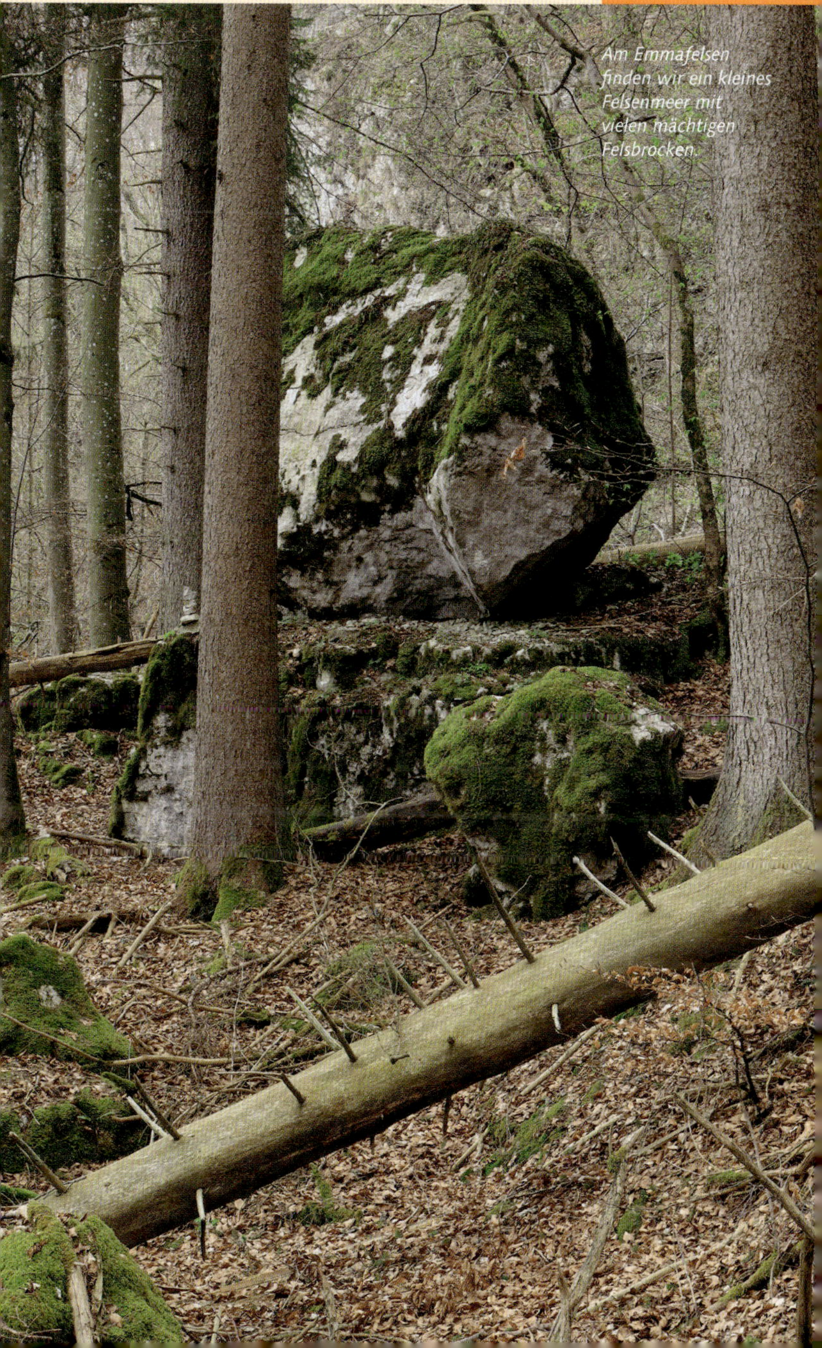

Am Emmafelsen finden wir ein kleines Felsenmeer mit vielen mächtigen Felsbrocken.

senweg weiter. Nach etwas bergab biegen wir am Schild **„Kohlwinkel West“** (888 m) 7 links ab in den Wald.

Nun fällt es steil ab und bald fallen uns die umherliegenden Felsbrocken auf, ein kleines Felsenmeer, durch das ein teilweise wilder Weg führt. Vorbei am Schild **„Emmafelsen“** 8 geht es hinab zum Schild „Zugang Emmafelsen“ (804 m). Hier halten wir uns links. Nach weiterem Bergab kommen wir zum Schild „Oberes Bärentäle“ (765 m). Hier folgen wir dem breiten Forstweg nach rechts.

Am nächsten Querweg biegen wir links ab und wandern hinab zum Rast- und Grillplatz bei der **Schumacher-Hütte** (691 m) 9. Links der Hütte gehen wir weiter bergab, bis wir den Wald verlassen und es nur noch mäßig fallend, dann eben weitergeht. Nach dem Schild „Oberes Reichenbachtal“ (603 m) wandern wir am Hof Friedrichstal und dem **Obelisken** 10 vorbei. Er geht auf ein Jagdschloss der Hohenzollernfürsten im 19. Jahrhundert zurück; die Inschriften sind noch gut lesbar.

Später biegen wir vor den ersten Häusern am Schild „Ziegelhütte“ (552 m) links ab und erreichen nach einem Fachwerkhaus das bekannte Schild „Hüttenwiesen“. Links davon liegt unser Ausgangspunkt.

Peter Beck, 1. Vorsitzender des Fördervereins Mariazell, verrät ein paar Fakten zu seiner liebsten Wallfahrtskirche:

„Die Wallfahrtskirche Mariazell liegt am Nordhang des ‚Zellerhornes‘ unweit der Burg Hohenzollern und geht vermutlich auf eine Mönchszelle des Klosters St. Gallen zurück. Sie gilt als besonderer Ort der Marienverehrung. Mehrere Erdbeben fügten der Kirche über die Jahre große Schäden zu, doch durch Spendenaktionen konnten diese behoben werden. Von 2014–2017 erfolgte eine Komplettsanierung der Kirche mit Innensanierung, Neueindeckung des Daches sowie der Sanierung des Kirchturmes. Im Glockenturm befinden sich zwei Glocken, wovon eine als die wohl älteste noch läutbare Glocke des Landes Baden-Württemberg gilt. Mariazell ist jährlich von Mai bis November an Sonn- und Feiertagen für Besucher geöffnet, lesenswerte Eintragungen im ausliegenden Fürbitt- und Gästebuch bezeugen auch heute eine tiefe Volksfrömmigkeit.“

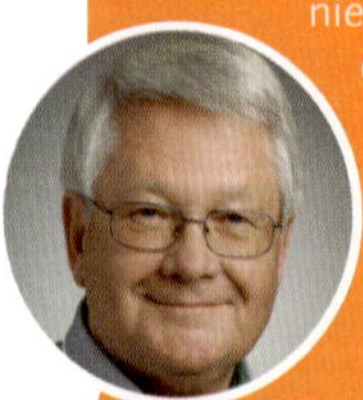

Wallfahrtskirche Mariazell

Die **Wallfahrtskirche Mariazell** geht vermutlich auf eine Mönchszelle des Klosters St. Gallen zurück, das im Jahr 789 ein Hofgut „am Abhange" eines hohen Berges bei Hechingen geschenkt bekommen hat. Daraus entwickelte sich eine Zell genannte Siedlung mit einem Ortsadel der Herren „von Zell" sowie einer dem hl. Gallus geweihten Pfarrkirche. Zell wurde 1255 erstmals mit einem Werner von Zell genannt. Die Bezeichnung „Mariazell" taucht erstmals um das Jahr 1700 auf. Die 1631 zerstörte Kirche wurde im selben Jahrhundert wieder aufgebaut, danach 1757 unter der Leitung des Haigerlocher Baumeisters Christian Großbayer erweitert und umgebaut. Aus der Zeit vor diesen Baumaßnahmen stammen noch drei Gemälde, dazu zieren weitere Bilder und Skulpturen die Kirche. Info: www.mariazell-boll.de

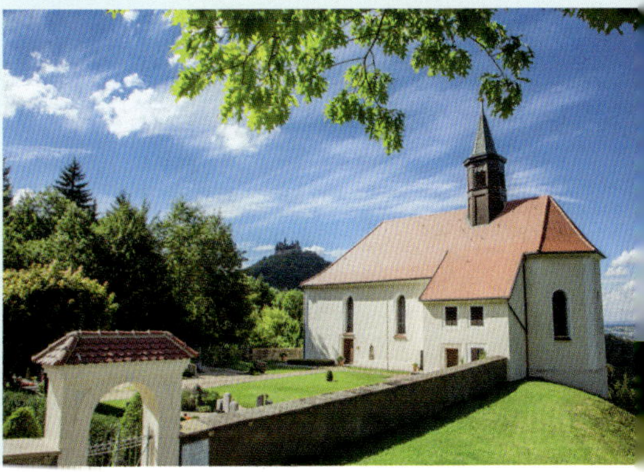

Hirschguldenweg

12

Hinauf auf die Höhe

3½ Std

9,4 km

350 Hm

Dürrwangen – Mammutbäume – Burgfelden – Böllat – Dürrwangen

Die Tour verläuft auf festen Wegen und Naturwegen, die teilweise auch steil sind. Wegen der Steilabstürze im Wald sollte man schwindelfrei sein. Bei Nässe oder im Winter ist die Wanderung nicht empfehlenswert.

Aussichten, Mammutbäume, Wald

Dürrwangen, Burgfelden

Der Hirschguldenweg führt von Dürrwangen durch den Wald hinauf zum Albtrauf. Er hat seinen Namen von einer alten Sage. Zum Wandern auf ihm lockt aber vielleicht eher die prächtige Natur, die auch Bemerkenswertes zu bieten hat: Wir kommen an einer Gruppe von Mammutbäumen vorbei, und als Höhepunkt kann man einen Abstecher zum Böllat machen, einem der grandiosen Aussichtspunkte auf der Westalb. Hier können wir uns an einem herrlichen Blick zu den Albbergen hinter dem Eyachtal und ins Albvorland erfreuen.

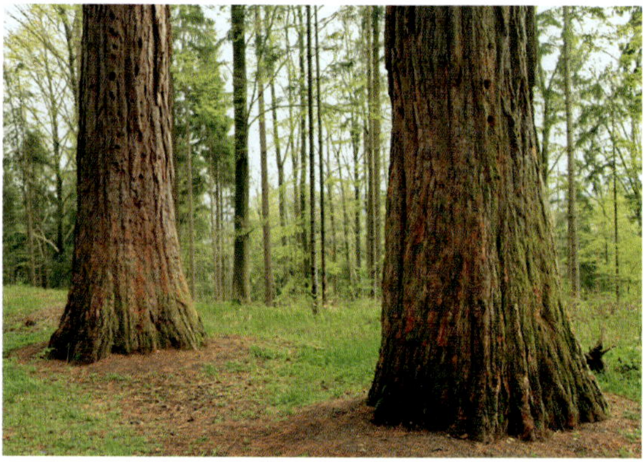

Bei den Mammutbäumen. Sie haben eine interessante Geschichte.

Wir starten am **Haus der Volkskunst**, Ebinger Straße 52–56 (1), das in einem mächtigen Fachwerkgebäude untergebracht ist. Dort folgen wir der nach Stockenhausen und Zillhausen führenden Stockenhauser Straße. Etwas später weist uns das Zeichen des Hirschguldenwegs nach rechts (2).

Gleich danach halten wir uns links in die Bronnäckerstraße. Nach einem Rechtsknick geht sie in die Kühwasenstraße über. Mit etwas bergauf wandern wir zu einem Wendeplatz vor **Haus Nr. 42** (3). Nun orientieren wir uns links.

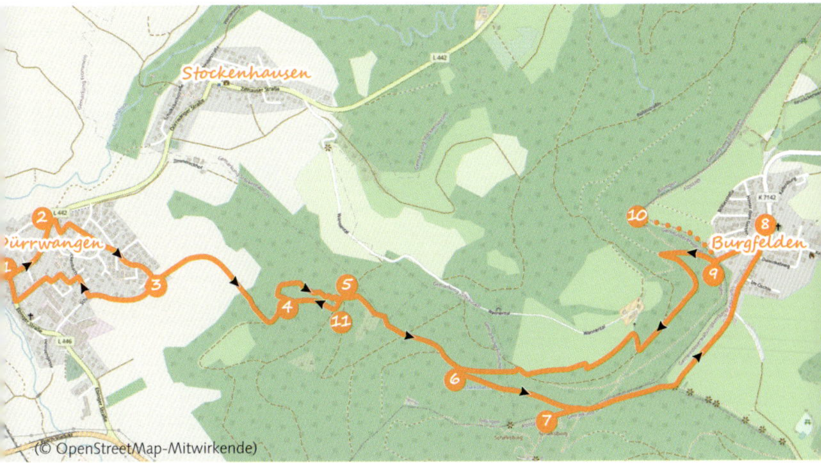

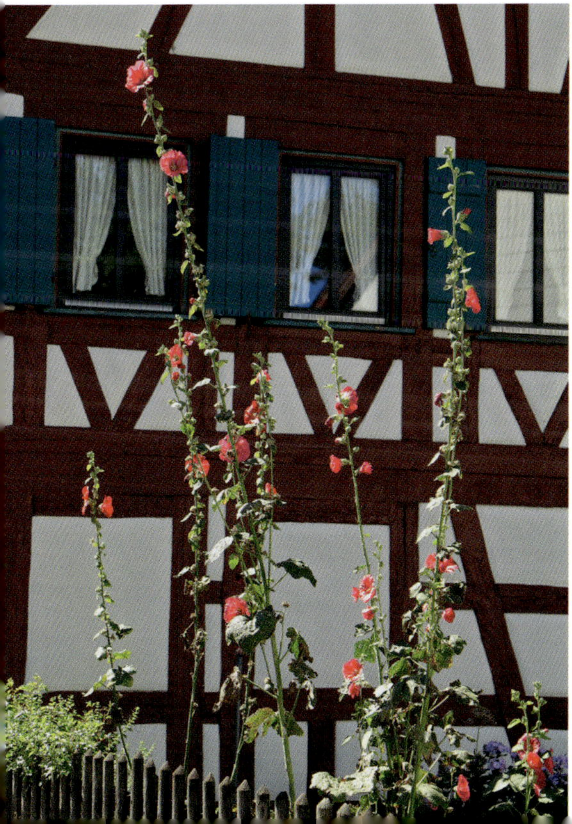

Fachwerkhaus in Burgfelden.

INFOS

Wanderkarte W241 Rottenburg am Neckar, 1:25 000, Landesamt für Geoinformation und Landentwicklung Baden-Württemberg (LGL) in Zusammenarbeit mit dem Schwäbischen Albverein e. V.; Wanderkarte mit Radwegen Balingen und Umgebung Blatt 49-534, 1:25 000, NaturNavi

balingen.de

Balingen-Dürrwangen, Wanderparkplatz gegenüber dem Haus der Volkskunst, hinter dem Restaurant Catrina, Ebinger Straße 55, GPS 48.240304, 8.888635

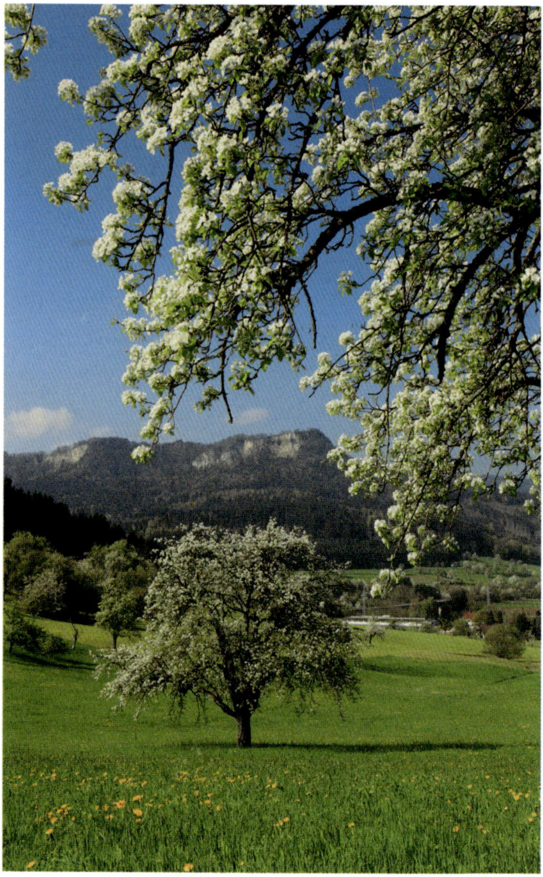

Blühende Obstbäume sind immer ein schöner Anblick. Hier stehen sie im Albvorland vor den Bergen des Albtraufs.

Wir wandern jetzt durch Streuobstwiesen, der Weg zieht nach rechts und wir erreichen den Wald. Dort folgen wir nach einer Rechtskurve den Zeichen nach links 4. Nachdem wir einen Bach überquert haben, geht es auf einem schmalen Pfad steil nach oben zum nächsten **Querweg** 5.

Wir orientieren uns links, dann rechts, und gleich wieder links, als Richtung ist „Mammutbäume" angeschrieben. Der nächste querende Forstweg würde nach links zum „Hofgut Wannental" führen. Wir gehen aber weiter bergauf in Richtung „Mammutbäume Schalksburg Burgfelden". Kurze Zeit später stehen links drei Mammutbäume und zwei Douglasien.

Etwas später weist uns das Zeichen nach rechts zur **„Schalksburg“** 6, auf dem linken Weg kommen wir später wieder zurück. Nach weiterem steilen Anstieg und der vermeintlichen Quelle des Schalksbachs geht der Weg in einen schmalen Steig über. Hier müssen wir aufpassen, denn links des Weges fällt es steil ab.

Oben angekommen, folgen wir dem Schild nach rechts zur „Schalksburg“; ein Abstecher lohnt sich, man kann nach dem zum Aussichtsturm umgebauten **Bergfried** 7 sogar noch einen Abstecher in Richtung „Aussichtspunkt“ machen und dabei gleich den Bergsporn umrunden. Unterwegs passieren wir zwei Aussichtspunkte sowie einen Mauerrest der Burg.

Wieder zurück zum ursprünglichen Pfad wandern wir auf einem scharfen Grat weiter. Nach etwas Anstieg kommen wir aus dem Wald. Nun gehen wir nach links durch Wiesen nach **Burgfelden**, wo wir dem Burgweg bis zu einer **Kreuzung** folgen 8. Hier weist uns der Wegweiser in Richtung „Böllat Hofgut Wannental Haus der Volkskunst“ nach links in die Straße Im Gässle.

An der Verzweigung nach den Häusern bietet sich ein lohnenswerter Abstecher an. Hierzu halten wir uns rechts 9

Lustige Begegnung unterwegs.

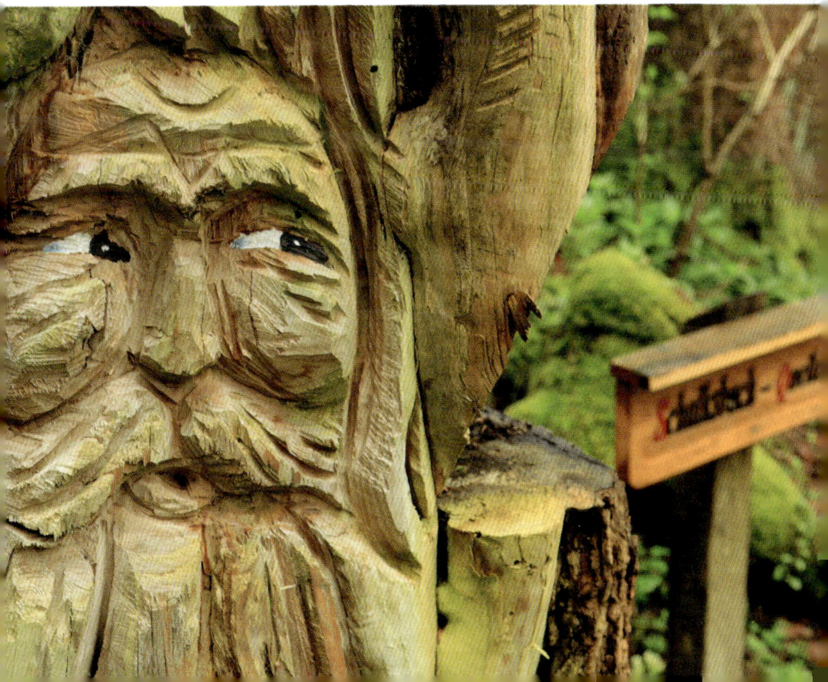

und wandern entlang des Steilhangs zum **Böllat** 10, wohl einem der herrlichsten Aussichtspunkte der Gegend.

Zurückgekehrt zu der Verzweigung 9, halten wir uns an den rechts abgehenden Weg in Richtung „Haus der Volkskunst"; jetzt fällt es steil ab. Danach folgen wir im Wald dem an der Verzweigung rechts abgehenden Weg, überqueren bald einen unbefestigten, breiten Weg und erreichen nach weiterem Bergab einen Schotterweg. Hier orientieren wir uns links.

Wir folgen eine Zeit lang dem Forstweg, biegen dann aber rechts auf einen schmalen Steig in Richtung „Haus der Volkskunst" ab. Nach dem Wald halten wir uns vor den Wiesen des Hofguts mit dem Zeichen des Traufgangs Felsenmeersteig links. Der Pfad führt uns nun immer am Waldrand entlang. Auch hier kann man wieder eine prächtige Aussicht genießen: in Gehrichtung zum Albvorland und später nach rechts hinauf zum Böllat.

Sage vom Hirschgulden

Hintergrund der **Sage vom Hirschgulden** ist der Übergang der Herrschaft Schalksburg samt Balingen von Hohenzollern 1403 an Württemberg. Balingen gehörte nun zu Württemberg und wurde später evangelisch, war aber von Hohenzollern und Vorderösterreich umgeben, die katholisch geblieben waren – damals eine wichtige Sache. Nach einer Erzählung von Wilhelm Hauff warteten die Herren von Hohenzollern und der Schalksburg auf den Tod ihres Bruders und das Erbe. Er erfuhr aber davon und vermachte seinen Besitz um einen Hirschgulden den Württembergern. Diese Münze wurde aber später abgewertet und so erhielten seine Brüder letztendlich nichts.

Die auch Mammutbaum genannte **Wellingtonie** wurde erst um 1850 in der Sierra Nevada (Kalifornien) entdeckt. Nachdem die ersten Bäume 1853 nach Europa kamen, kaufte auch König Wilhelm I. deren Samen. Ein Großteil der Pflanzen erfror aber, die restlichen wurden, im ganzen Land verteilt, sodass man heute überall welche sieht: im Wald, in Parks, aber auch in Privatgärten.

Auf der 1100 entstandenen **Schalksburg** lebten ab dem 12. Jahrhundert die Herren von Schalksburg, aus denen die Grafen von Zollern hervorgingen. Sie wurde 1403 von Graf Friedrich von Zollern an Württemberg verkauft, 1464 aber von Graf Niklas von Zollern belagert und zerstört. Später verfiel sie, sodass sie 1624 als „ein alt abgegangen Schloß" benannt wurde. Um 1960 errichtete der Schwäbische Albverein anstelle des Bergfrieds den heutigen Aussichtsturm.

Wo wir auf einen festen Forstweg treffen, gehen wir praktisch in Gehrichtung weiter. Wir orientieren uns am Wegweiser in Richtung „Mammutbäume" und kommen an Punkt 6 vorbei. Danach geht es mit einer Ausnahme auf bekanntem Weg wieder zurück zum Ortsrand von Dürrwangen. Wir gehen dazu an Punkt 5, wo wir beim Aufstieg heraufgekommen sind, noch kurz geradeaus weiter bis Punkt 11 und biegen dort nach rechts ab. Bei Punkt 4 vereinigen sich die Varianten wieder.

Weiter zu Punkt 3 wandern wir wieder auf bekanntem Weg. Hier biegen wir bei **Haus Nr. 42** 3 aber nicht rechts ab, sondern gehen noch kurz geradeaus weiter. Nach Haus **Nr. 40** folgen wir mit schönem Blick über die Wiesen zu den Albbergen der oberhalb der Wiesen verlaufenden Schalksburgstraße.

Später halten wir uns rechts in die Heckenbachstraße, dann links in die Beginenstraße. Sie knickt danach rechts, links und wieder rechts ab. Danach spazieren wir in der Franziskanerstraße zurück zur Ebinger Straße und dort nach rechts zum Ausgangspunkt.

Manfred Stingel, Leiter „Haus der Volkskunst", an welchem diese Tour startet, ist zu Recht stolz auf sein Herzensprojekt:

„Zwei vom Abriss bedrohte Bauernhäuser haben wir mit Jugendlichen ab 1980 in mehr als 20 000 Stunden Eigenleistungen zu einem Jugendhaus und Zentrum für Schwäbische Kultur umgebaut. Internationale Jugendbegegnungen bringen junge Künstler aus aller Welt in das Haus, zusammen mit jungen Schwaben wird traditionelle Volkskunst gelebt und bewahrt. Der völkerverbindende Aspekt des seit 40 Jahren stattfindenden Jugendaustauschs ist beachtlich. Zudem bietet das Haus ein breit gefächertes Kulturangebot und ist für viele der 90 000 Mitglieder des Schwäbischen Albvereins Wanderstützpunkt und wichtiges Kultur- und Informationszentrum. Die Gastwirtschaft wird von Kennern der schwäbischen Küche geschätzt, der gut geführte Übernachtungsbetrieb hat Platz für Seminare, Jugendfreizeiten, Familienfeiern etc. Als Non-Profit-Organisation werden alle finanziellen Beträge des gastronomischen Betriebs und der Beherbergung ausschließlich für den Erhalt der denkmalgeschützten Häuser und die kulturelle Jugendarbeit im Haus der Volkskunst verwendet."

Berg & See

13

Vom Stausee auf den Berg

4 Std
13,1 km
400 Hm

Schömberg – Wallfahrtskirche Palmbühl – Stausee – Plettenberg/ Schafhaus – Traufweg – Ratshausen – Stausee – Schömberg

Die Wanderung verläuft auf festen Wegen, zum Teil auch auf Pfaden. Steiler, alpin anmutender Abstieg vom Plettenberg. Hier sollte man festes Schuhwerk anhaben, trittsicher und schwindelfrei sein; das relativ kurze Wegstück ist aber durch Geländer gesichert. Wanderstöcke sind zu empfehlen. Bei Nässe und im Winter sollte man die Wanderung nicht unternehmen.

Diese Wanderung hat verschiedene Höhepunkte zu bieten. Zuerst wandern wir vom Schömberger Zentrum zur Wallfahrtskirche Palmbühl, die eine Besichtigung lohnt. Danach führt uns der Weg erst entlang des Stausees, danach steil hinauf auf den Plettenberg. Dort haben wir eine sensationelle Aussicht hinab ins Albvorland und weiter bis zum Schwarzwald und zu den Alpen. Nach steilem Abstieg erreichen wir das idyllische Schlichemtal, wo wir über Ratshausen und wieder entlang des Stausees zurück zum Ausgangspunkt kommen.

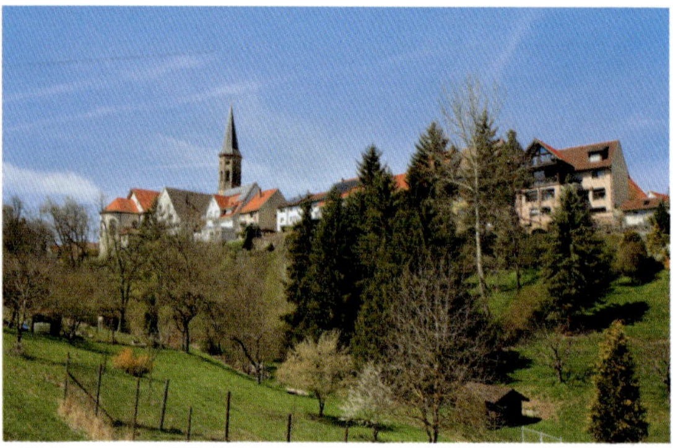

Wir gehen am **Parkplatz** (677 m) am Marktplatz 1 in der Hauptstraße in Richtung „Palmbühl". Gleich danach halten wir uns links in die Schulgasse, danach vor dem Fachwerkhaus rechts in die Gaberstallgasse. Sie zieht nach rechts zur querenden Alten Hauptstraße, der wir nach links abwärts folgen. Sie geht in die Haldenstraße über und bringt uns zum Wanderschild **„Haldenstraße"** (634 m) 2.

Hier halten wir uns rechts, gleich darauf am Schild „Staudamm" (635 m) links in Richtung „Palmbühl". Etwas später folgen wir am Schild „Palmbühl Kreuzweg" (638 m) dem Kreuzweg nach rechts hinauf. Nach einer kleinen Kapelle,

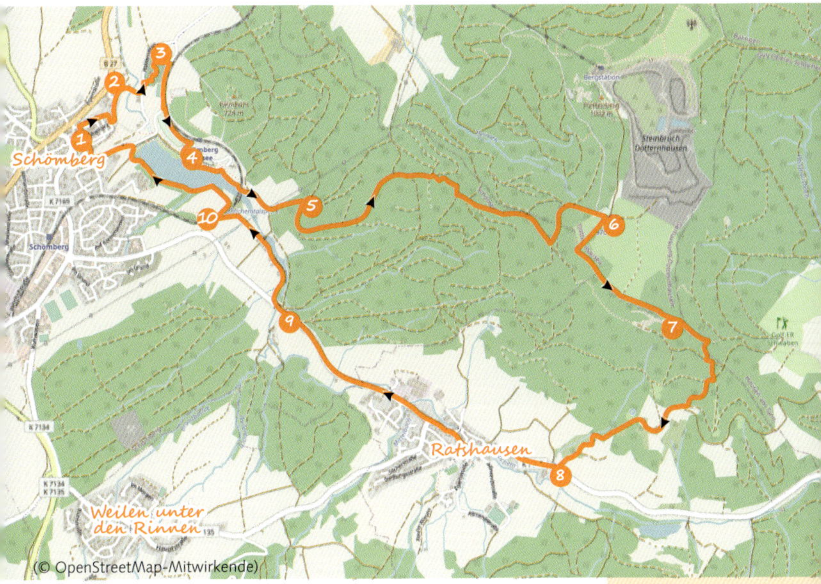

die außen mit Votivgaben verziert ist, erreichen wir die **Wallfahrtskirche Palmbühl** (663 m) 3. Sie besitzt eine sehenswerte Inneneinrichtung.

Hinter der Kirche und vor dem Parkplatz gehen wir nach rechts zur Straße und wandern nach rechts. Wo sie nach rechts abwärts zieht, gehen wir in der Stauseestraße links des Campingplatzes geradeaus weiter bis zum Ende des Campingplatzes, der Gaststätte und dem Schild „Bahnhaltepunkt Palmbühl Stausee" (657 m). Hier biegen wir rechts ab und gehen links der Gaststätte in Serpentinen hinab zum **Stausee** 4. Dort halten wir uns links und wandern, vorbei am Schild „Stausee Waldschenke" (646 m), am See entlang.

Bald unterqueren wir den Viadukt. Dahinter biegen wir am Schild „Beim Bahnviadukt" (650 m) rechts ab. Kurz danach halten wir uns am Schild „Abzw. Schömberg" (647 m) links und kommen in den Wald. Dort biegen wir etwas später am Schild **„Holzinger Berg West"** (655 m) 5 rechts ab. Ab jetzt steigt es an. An einem Querweg halten wir uns rechts, gleich danach vor einer Rechtskurve folgen wir an der Verzweigung den Wanderzeichen nach links. An der nächsten Verzweigung beim Schild „Holzinger Berg

Stausee, Schömberg, Schlichemtal, Aussicht vom Plettenberg

Schömberg, verschiedene Möglichkeiten am Stausee, Ratshausen

INFOS

Wanderkarte W250 Spaichingen, 1:25 000, Hrsg.: Schwäbischer Albverein e. V., Kartographie: Landesamt für Geoinformation und Landentwicklung Baden-Württemberg (LGL); Wanderkarte mit Radwegen Balingen und Umgebung Blatt 49-534, 1:25 000, NaturNavi

stadt-schoemberg.de

Bus bis Schömberg Haltestelle Marktplatz

Schömberg, Marktplatz, Alte Hauptstraße, GPS 48.211128, 8.760564

Weitere Ausgangspunkte: etwas unterhalb am Friedhof an der Kreuzung Schillerstraße/Kirchgasse/Suppenlochgasse/Stauseestraße, Wallfahrtskirche Palmbühl, Parkplatz Stausee Schömberg, Parkplatz Stausee Kiosk Schömberg, Wanderparkplatz Ratshausen

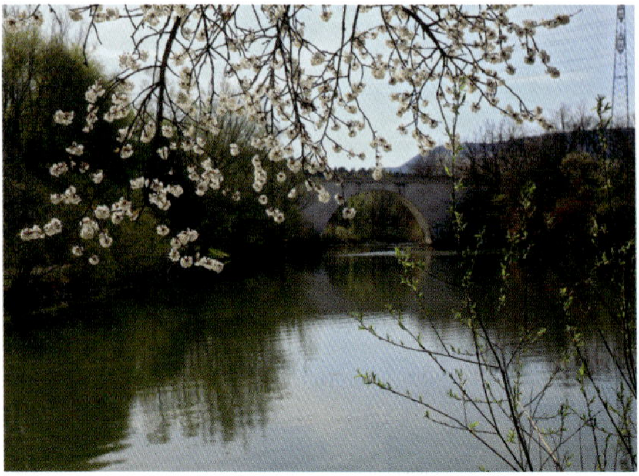

Der Stausee wird zwar als Badesee und zum Bootfahren benutzt, weist aber auch ruhige und idyllische Ecken auf.

Ost" (730 m) nehmen wir den rechten Pfad, der nun recht steil aufwärts zieht.

Am Schild „Ulgen" (790 m) folgen wir dem breiten Forstweg nach links und gehen gleich danach am Schild „Ulgen" (800 m) geradeaus weiter bergauf. Anschließend biegen wir am Schild „Am Plettenkeller West" (891 m) links ab auf einen Pfad. Er bringt uns hinauf zum Schild „Am Plettenkeller Ost" (895 m), wo wir dem breiten Forstweg relativ eben nach links folgen.

Am Schild „Brunnen Schaftränke" (905 m) steigt es nach rechts wieder auf einem Pfad an bis zur Straße und dem Schild „Schafhaus West" (965 m). Wir gehen nach rechts zum **Schafhaus** 6 und biegen vor ihm rechts ab. An seiner Ecke folgen wir mit den Wanderzeichen rotes Dreieck und Balken dem nach rechts führenden Wiesenweg. Er bringt uns zum **Steilabfall**, von dem aus sich uns eine herrliche Sicht hinab ins Albvorland bietet. Wir sehen den Stausee, Schömberg, Ratshausen und sogar den Testturm in Rottweil.

Hier geht es nach links auf einem Pfad weiter. Immer wieder folgen Aussichtspunkte, aber wir sollten vorsichtig gehen, denn rechts geht es senkrecht hinab. Später passieren wir den Platz der ehemaligen Burg Plettenberg. Danach folgt ein **Aussichtspunkt**, an dem man auf die andere Seite des Berges sehen kann 7, dann folgt ein zwar relativ kurzes, aber außergewöhnlich steiles Wegstück. Hier sollte man vorsichtig gehen, der Weg ist aber durch Geländer gesichert. Nach einem schmalen Grat, an dem es links und rechts des Weges steil bergab geht, kommen wir zum Wanderschild „Im Steilaufstieg“ (917 m). Nun ist das anstrengendste Wegstück geschafft.

Wir halten uns rechts und erreichen einen breiten Forstweg mit dem Schild „Steilaufstieg“ (866 m). Hier biegen wir links ab. Gleich darauf biegen wir rechts ab und gehen auf

Nach Ratshausen kommen wir an einer kleinen Kapelle vorbei.

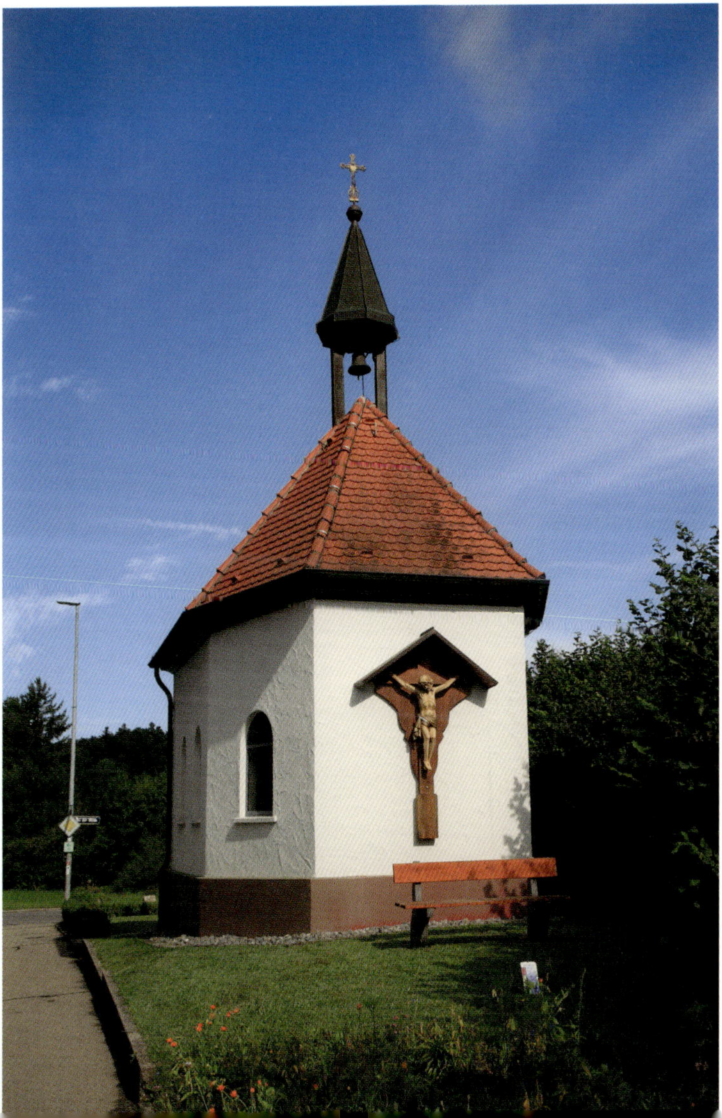

einem Pfad zu einem Forstweg. Dort halten wir uns kurz rechts, dann gleich wieder links auf einen Pfad. Etwas später verlassen wir den Wald und gehen auf einem Wiesenweg nach rechts. Nach links haben wir jetzt immer einen schönen Blick hinab ins Schlichemtal.

Fachwerkhaus in Schömberg.

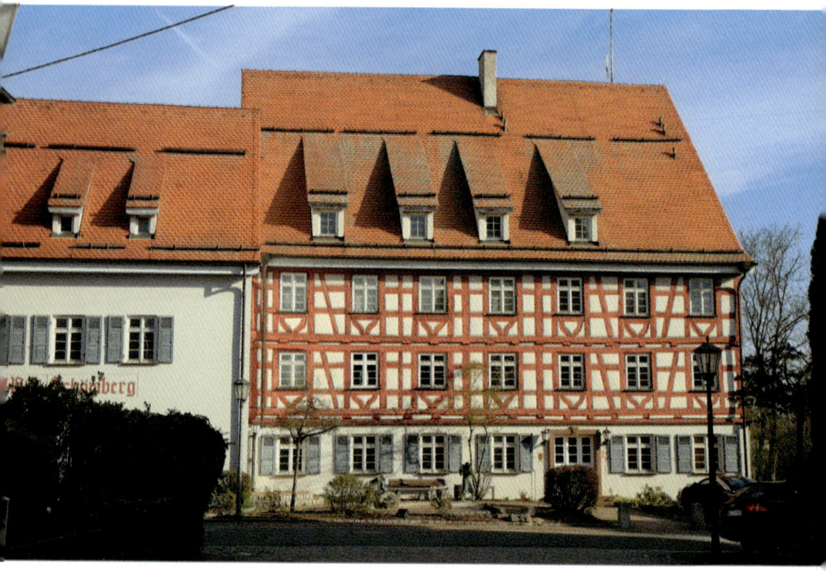

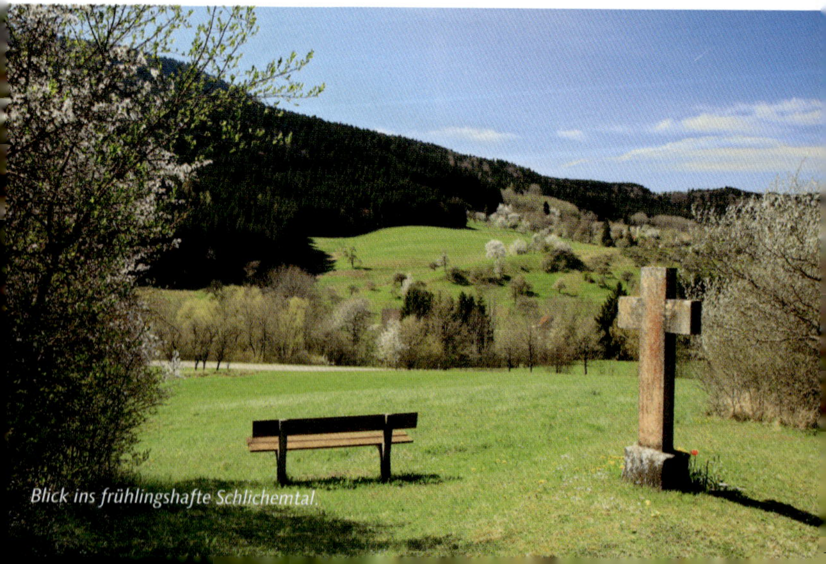

Blick ins frühlingshafte Schlichemtal.

Der Pfad mündet kurz darauf in einen asphaltierten Weg. Hier biegen wir am Schild „Naturschutzgebiet Tiefer Weg“ (784 m) rechts ab. Nach einer Weile passieren wir das Schild „Tanzwasen“ (791 m), danach einen Park- und Rastplatz und kommen zur Straße mit dem Schild **„Ratshausen Ortsausgang“** (684 m) 8. Nun spazieren wir nach rechts nach Ratshausen hinein und in der Durchgangsstraße durch den Ort hindurch. Danach müssen wir nach der kleinen Kapelle auf der linken Straßenseite weitergehen.

Am Schild **„Obere Säge“** (654 m) 9 überqueren wir die Straße und halten uns gleich danach links. Etwas später kommen wir zur Gaststätte Ölmühle und dem rechts stehenden Schild „Untere Säge“ (648 m). Hier gehen wir geradeaus weiter. Bald überqueren wir beim Schild **„Palmbühl-Viadukt“** (656 m) 10 die Bahngleise. Etwas später wandern wir links des Stausees bis vor die Staumauer. Hier gehen wir auf der Straße nach links hinauf und an der Kreuzung auf der linken der beiden rechts abgehenden Straßen (Suppenlochgasse) zurück zum Marktplatz.

Zur Geschichte des Stausees weiß Immo Opfermann vom Arbeitskreis „Wüste“, der die Geschichte der Zwangsarbeitslager und des Ölschieferabbaus während der Nazi-Zeit im Raum Balingen aufarbeitet, Interessantes zu berichten:

„Für das 1939 in Dotternhausen gegründete Portland-Zementwerk benötigte sein Gründer, Rudolf Rohrbach, Wasser. Als ein in der Region prominenter Nationalsozialist konnte er den Bau des Zementwerkes im Krieg nur weiterführen, wenn gleichzeitig ein Ölschieferschwelwerk zur Produktion von Schieferöl errichtet wurde. Das Nutz- und Fabrikationswasser für dieses Werk war neben dem Hochwasserschutz Grund für den damaligen Bau der Schlichemtalsperre. Mittels einer Turbine kann hier bis heute Strom produziert werden. Aufgrund des kriegsbedingten Arbeitskräftemangels wurden viele Kriegsgefangene beim Bau der Talsperre eingesetzt. 1948 verkaufte Rohrbach die Schlichemtalsperre dem Land Württemberg-Hohenzollern. Vor über 80 Jahren zur Strom- und Wasserversorgung gebaut, prägt der Stausee heute das Bild der Stadt. Das Zementwerk ist noch in Betrieb und heißt heute Holcim (Süddeutschland) GmbH.“

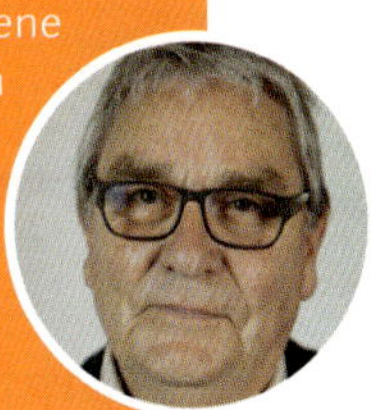

Ortenbergtour

14

Eine Sage und Aussichtspunkte

3 ½ Std
11 km
330 Hm

Ratshausen – Palmbühlsteige – Schlichemtalblick – Rainer – Aussichtspunkt Ortenberg – Deilingen – Ratshausen

Wir wandern meist auf festen Wegen, teilweise auch auf steilen Pfaden. Bei Nässe und im Winter nicht zu empfehlen.

Aussichtspunkte, Landschaft

Ratshausen

Diese Wanderung hat ihren Namen nicht nur von einer Erhebung im Wald, an der wir vorbeiwandern und wo wir auch einen der prächtigen Aussichtspunkte dieser Wanderung finden, sondern ist auch einer alten Sage gewidmet. Meist führt uns die Tour durch den schattigen Wald, aber wir erreichen ab und zu einen Aussichtsplatz, von dem wir ins Tal und in die Ferne sehen können.

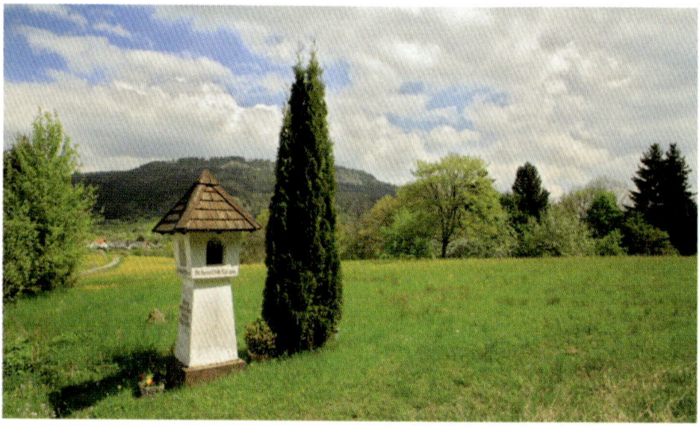

Hinter dem Bildstock erhebt sich der Plettenberg.

Wir gehen vom **Parkplatz** (1) zur Durchgangsstraße mit dem Wanderschild „Ratshausen Rathaus" (671 m) und folgen ihr als Hohnerstraße nach links. Kurz darauf biegen wir am Schild „Allmendstraße" (667 m) rechts ab in diese Straße. Nun steigt es an und wir kommen an den Sportplätzen vorbei. Danach haben wir nach rechts einen prächtigen Blick über die Wiesen nach Schömberg und weiter ins Albvorland.

Danach kommen wir in den Wald, wo es steil ansteigt. An einem querenden Weg wandern wir nach links weiter, nun relativ eben. Am Schild **„Tannbühl"** (770 m) (2) biegen wir rechts ab. Anfangs steigt es wieder an, dann führt der Weg eben weiter. Später biegen wir mit den Wanderzeichen rote Raute und Sagen-Wanderweg 3 rechts ab (3) auf einen unbefestigten und steil ansteigenden Weg. Oben se-

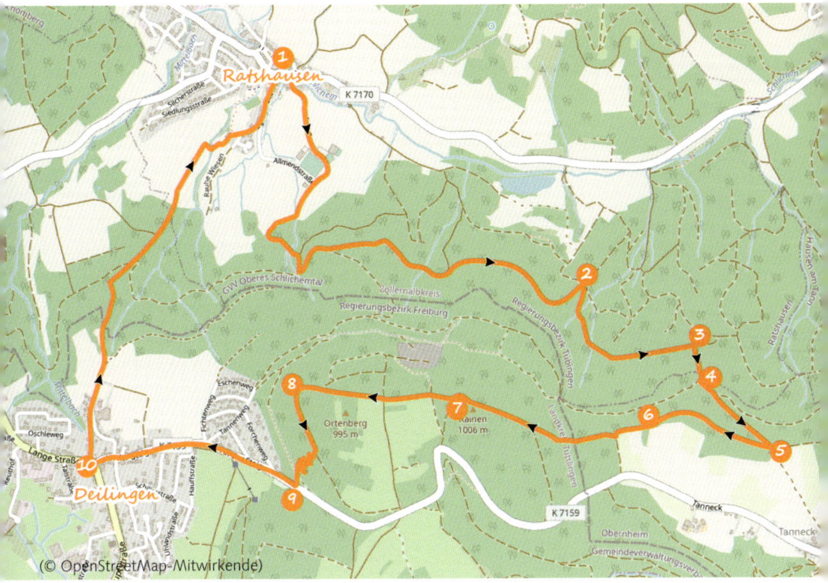

hen wir links eine **Metalltafel** 4, auf der die Geschichte der frommen Frauen beschrieben ist.

Gleich danach treffen wir auf einen breiten Forstweg, in den wir links einbiegen, halten uns aber kurz darauf am

Sage „Vom Rosenkranzwald und dem Geschenk des frommen Fräuleins"

Der „Rosenkranzwald" ist ein Waldstück, das inmitten der Gemarkung von Ratshausen liegt, aber schon seit langer Zeit im Besitz des Städtchens Schömberg ist. Einst gehörte dieser Wald, auch „Schömberger Tann" genannt und unterhalb des Weilers Tanneck gelegen, zwei adligen Fräulein, die auf einer Burg im Wald lebten und wegen ihrer Frömmigkeit überall geachtet waren. Als sie alt wurden und ihr Ende kommen sahen, befürchteten sie, dass sich nach ihrem Tod niemand um ihr Seelenheil kümmern würde. Sie machten der Gemeinde Ratshausen den Vorschlag, ihr einen vierzig Hektar großen Wald zu schenken, wenn auf alle Ewigkeit jeden Sonntag für sie ein Rosenkranz gebetet werden würde. Die Ratshausener schlugen jedoch das Angebot aus. Daraufhin machten die Fräulein den Schömbergern das Angebot, und diese gingen darauf ein. Und das ist der Grund, warum ein großes Stück des Waldes bei Ratshausen zu Schömberg gehört.

INFOS

Wanderkarte W250 Spaichingen, 1:25 000, Hrsg.: Schwäbischer Albverein e. V., Kartographie: Landesamt für Geoinformation und Landentwicklung Baden-Württemberg (LGL); Wanderkarte mit Radwegen Balingen und Umgebung Blatt 49-534, 1:25 000, NaturNavi

ratshausen.de

Bus bis Ratshausen

Ratshausen, Schlosshof 4, vor dem ehemaligen Rathaus, GPS 48.193948, 8.795270

Schild „Palmbühlsteige" (865 m) rechts. Nun geht es auf einem schmalen Pfad weiter bergauf bis zu einem querenden **Forstweg** 5. Ihm folgen wir nach rechts. Wir wandern durch einen lichten Wald, bis wir in einer Lichtung rechter Hand den Aussichtspunkt **Schlichemtalblick** 6 sehen. Er bietet einen prächtigen Blick in das genannte Tal und ins Albvorland, außerdem auf den direkt gegenüber liegenden Plettenberg.

Danach wandern wir weiter über die Lichtung, bis der breite Weg am Schild „Tann" (994 m) nach links zieht, wir gehen aber geradeaus auf einem Naturweg in den Wald hinein. Der schmale Pfad steigt wieder an und bringt uns zu einem breiten Forstweg, dem wir weiter ansteigend nach rechts folgen. Bald steht links des Weges ein kleines Metallschild mit der Beschriftung „Region der 10 Tausender Rainer 1006,1 m ü.NN" 7.

Nach dieser höchsten Stelle fällt der Weg wieder ab. Gleich danach zweigen wir in einer Linkskurve rechts ab auf einen Pfad. Er bringt uns aus dem Wald hinaus, wir überqueren einen Weg und wandern danach am Waldrand entlang. Beim Schild „Steinbruch" (987 m) überqueren wir einen weiteren Weg. Etwas später kommen wir wieder in den Wald. An einem querenden Forstweg wandern wir in Gehrichtung weiter bis zu einer Linkskurve, wo wir das Schild **„Ortenberg"** (995 m) 8 sehen. Rechts des Weges befindet sich ein weiterer Aussichtspunkt, von dem aus wir hervorragend ins Albvorland sehen können.

Wir folgen weiter dem Weg bis zum Schild „Sommerhalde" (981 m). Hier werden wir nach rechts verwiesen. Nun erwartet uns ein schmaler, steiler Pfad mit einer alpinen

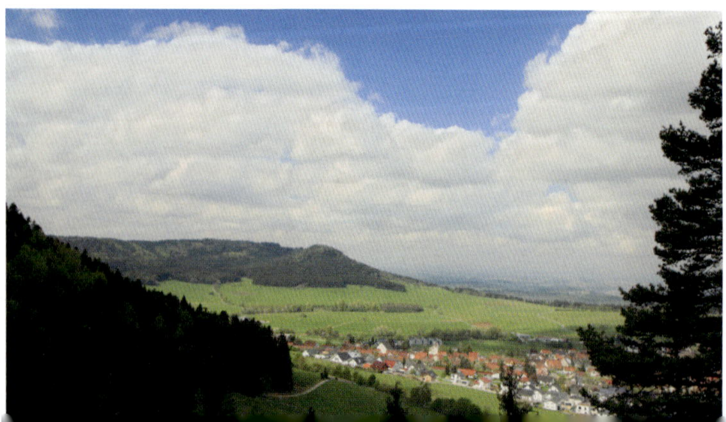

Blick vom Aussichtspunkt auf dem Ortenberg ins Albvorland.

Anmutung, der uns in Serpentinen hinab zu einer Straße und dem Schild **„Abzweigung Steilaufstieg"** (923 m) 9 bringt. Nach rechts führt sie uns nach Deilingen hinein. An der querenden Durchgangsstraße (Hauptstraße links/ Lange Straße rechts) biegen wir am Schild **„Deilingen Rathaus"** (825 m) 10 rechts ab in die Rinnenstraße. Am Ortsende geht sie am Schild „Rinnenstraße" (825 m) in die Plettenbergstraße über.

Wo die Asphaltstraße kurz darauf nach rechts zieht, gehen wir geradeaus und an dem Feldkreuz vorbei weiter. Gleich danach halten wir uns am Schild „Rinnen" (820 m) links. Wir kommen in den Wald, jetzt geht es eine ganze Weile bergab. Wir passieren die Schilder „Rohr" (745 m) und „Bei den Grabhügeln" (725 m) und verlassen nach einiger Zeit den Wald. Hier sehen wir nicht nur einen **Bildstock**, der an solche in Kärnten erinnert, sondern haben auch einen schönen Blick auf Ratshausen und den Plettenberg.

Wir wandern nun zwischen den Wiesen weiter, halten uns bei einem kleinen Flurkreuz und dem Schild „Rinnenwald" (688 m) rechts und kommen zum Schild „Egert" (686 m). Hier biegen wir links ab und spazieren in der Egertstraße hinab zum Ausgangspunkt.

Dietmar Walter ist Experte für Wanderungen im Oberen Schlichemtal. Bei der Ortenberg-Tour findet er vor allem die Sage „Vom Geschenk des frommen Fräuleins" spannend:

„Am südlichen Ende des Plettenbergs stand im 12. Jahrhundert die Burg Plettenberg, von der nur noch die Burggräben zu erkennen sind. Von dort führt uns diese Wanderung mit nur wenigen Steigungen aufwärts zum Handlungsort der Sage ‚Vom Geschenk des frommen Fräuleins'. In der Anekdote wird schelmisch davon berichtet, wie die Ortschaft Ratshausen das Geschenk des ‚Rosenkranzwalds' vergab und es der Stadt Schömberg überließ. Das besagte Waldstück, von dem die Sage handelt, gehörte einst zwei adligen Fräulein, die wegen ihrer Frömmigkeit weithin geachtet waren. Bis heute ist das Waldstück im Besitz der Stadt Schömberg und liefert dieser zuverlässig wertvolles Trinkwasser. Wer neugierig geworden ist, findet auf einer Wandertafel entlang der Tour die Hintergründe zum unseligen Starrsinn der Ratshausener."

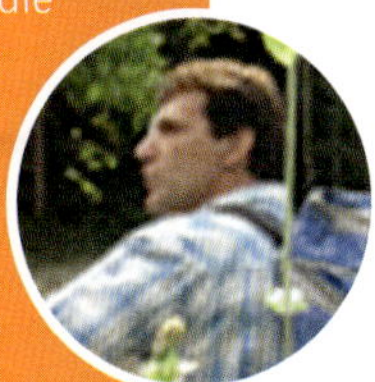

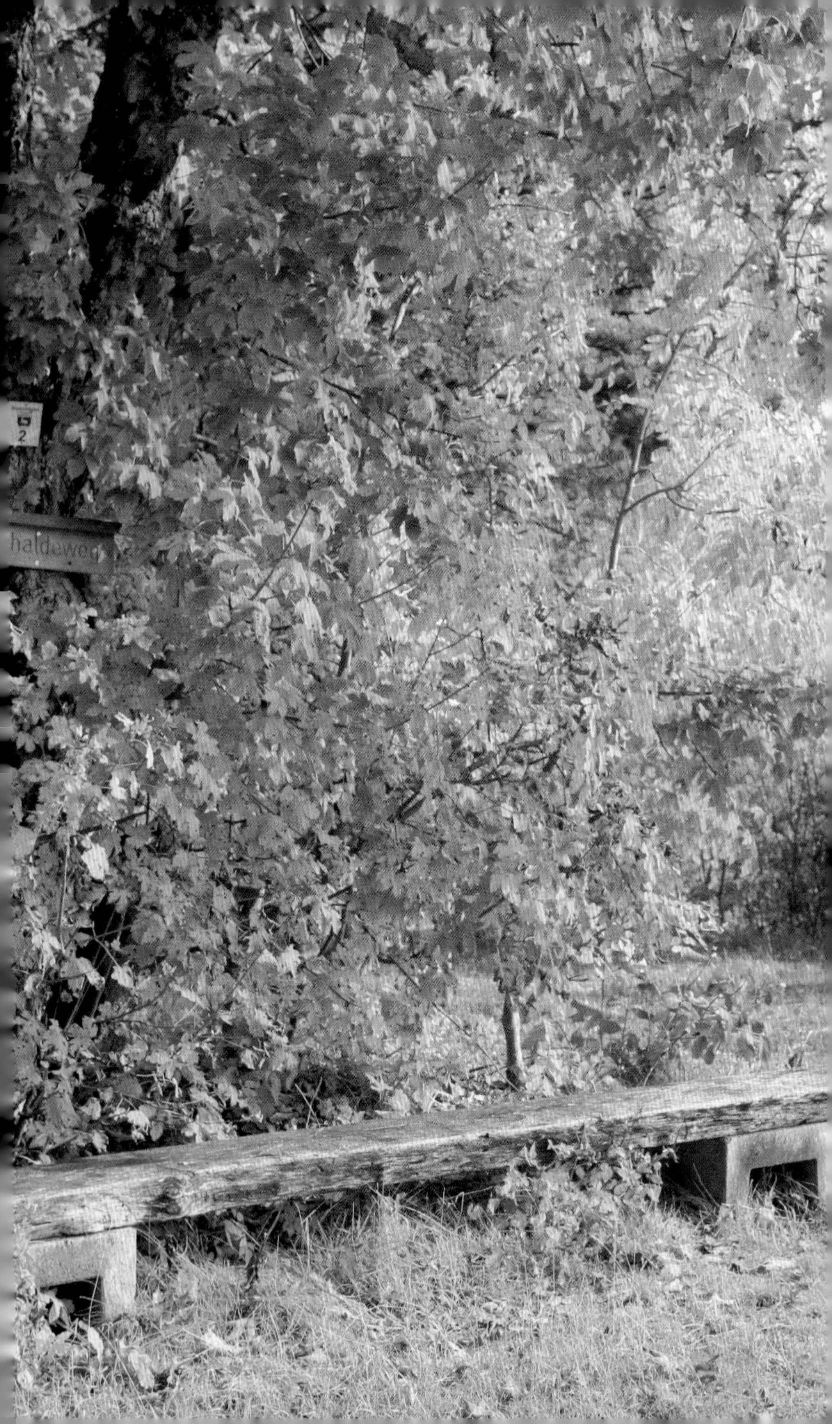

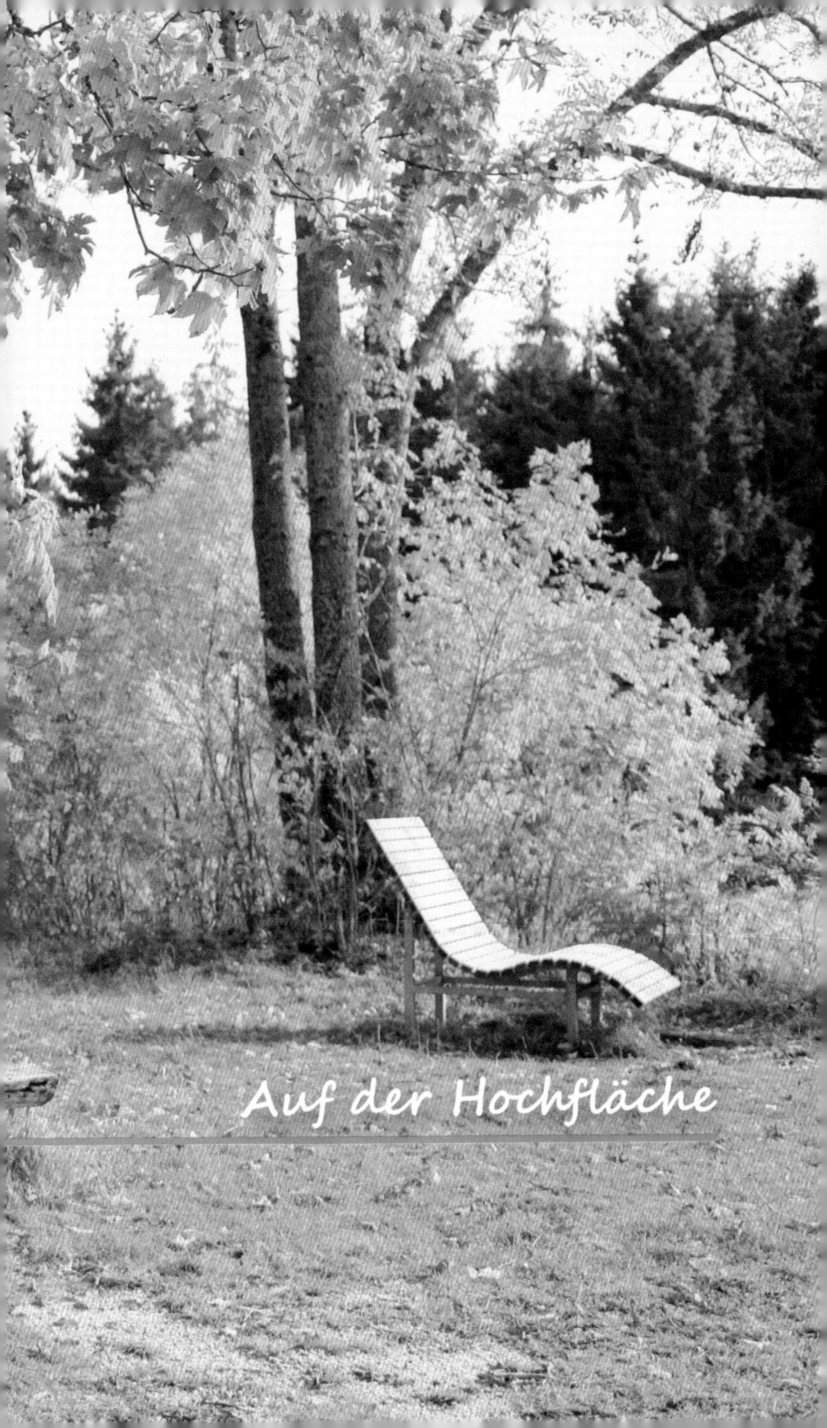

Auf der Hochfläche

Kornbühl-Schild-Rundweg

15

Von der Kapelle zu Aussichtspunkten

3 ¼ Std

11,6 km

160 Hm

Salmendingen/ Parkplatz Kornbühl – St. Anna-Kapelle – Wanderparkplatz Schluchten – Schild – Brunnengrat – Parkplatz Viehweide – Parkplatz Kornbühl

Die Tour verläuft auf festen Wegen, am Trauf entlang aber auf einem schmalen Pfad am Steilabhang. Hier wie auch beim Abstieg von der Kapelle sollte man vorsichtig gehen, insbesondere bei Nässe und im Winter.

Kapelle, Aussicht

Salmendingen

Die St. Anna-Kapelle auf dem Kornbühl, umgangssprachlich auch als Salmendinger Kapelle bekannt, ist eines der beliebtesten und bekanntesten Ausflugsziele auf der Schwäbischen Alb. Man hat von ihr aber auch eine herrliche Aussicht, ebenfalls aber von den beiden anderen Aussichtspunkten dieser Wanderung, dem Schild und dem Brunnengrat.

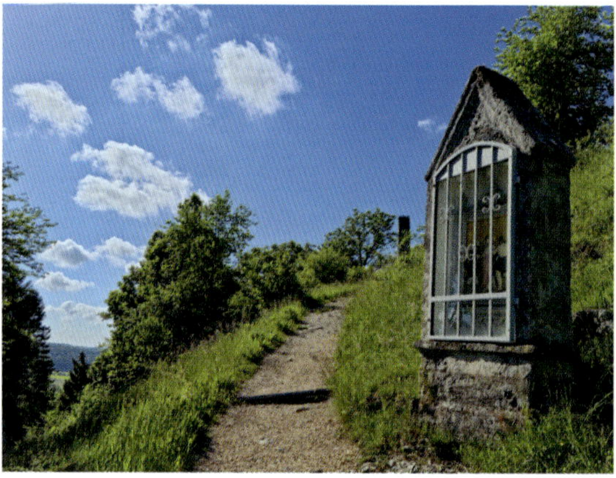

Hinauf zur Kapelle führt ein Kreuzweg.

Wir gehen vom **Parkplatz** 1 aus auf dem steil ansteigenden Weg den Berg hinauf. Erst geht es immer geradeaus, ab dem Wanderschild „Kornbühl" (853 m) im Zickzack vollends hinauf zur **Kapelle** 2, wobei wir an der Skulptur eines Einsiedlers vorbeikommen. Oben sollten wir zuerst die herrliche Aussicht genießen und uns in die Geschichte der Kapelle einlesen; sie ist in der Kapelle zu lesen.

Nun haben wir auch den meisten Anstieg der Wanderung geschafft. Danach gehen wir wieder zurück zum Wanderschild „Kornbühl" (853 m), wo wir links abbiegen. Ein Naturweg bringt uns zu einem Abzweig nach rechts, wo wir nach rechts in Richtung Dreifürstenstein auf einen

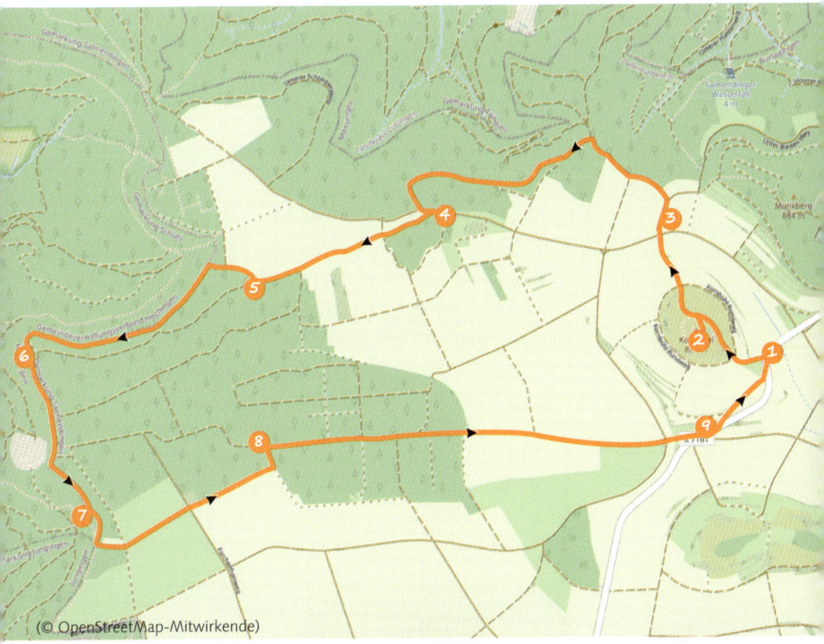

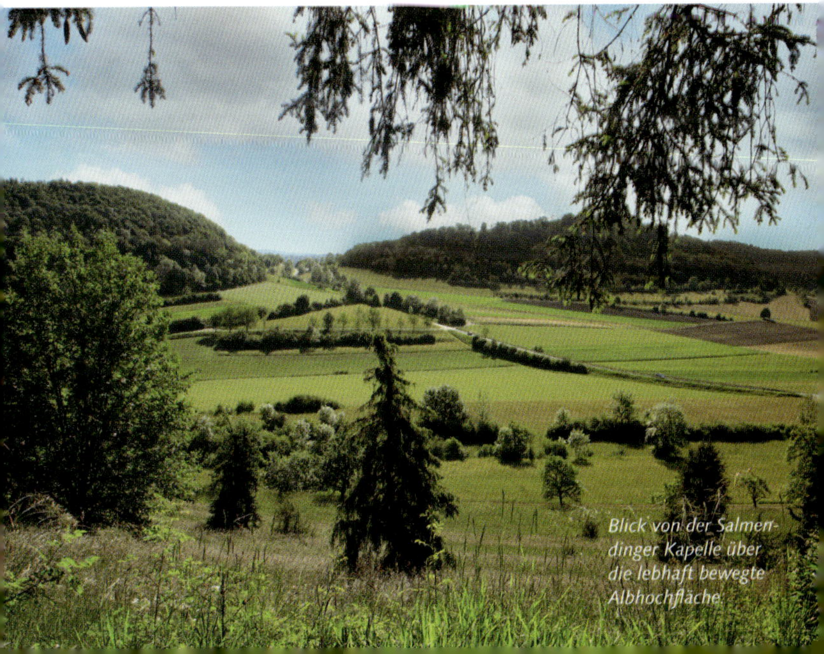

Blick von der Salmendinger Kapelle über die lebhaft bewegte Albhochfläche.

INFOS

Wanderkarte W242 Sonnenbühl, 1:25 000, Landesamt für Geoinformation und Landentwicklung Baden-Württemberg (LGL) in Zusammenarbeit mit dem Schwäbischen Albverein e. V.; Wanderkarte mit Radwegen Hechingen Mössingen Blatt 50-536, 1:25 000, NaturNavi

burladingen.de

Bus bis Haltestelle Salmendingen Kornbühlhalle

Salmendingen, Parkplatz Kornbühl, GPS 48.352954, 9.103177

Die Wanderung führt über die Albhochfläche.

Grasweg – Vorsicht!, er kann rutschig sein – abbiegen. Wir wandern bergab bis zu einem Feldweg, dem wir bis zu einem querenden Sträßchen folgen. Hierbei passieren wir das Schild „Am alten Hechinger Weg" (806 m).

Wir gehen erst geradeaus weiter, dann halten wir uns an der Verzweigung beim Schild **„Salmessenweg"** (806 m) 3 in den linken, geradeaus weiterführenden Weg. Nun wandern wir erst am Waldrand entlang. Dann halten wir uns an einem Querweg rechts und kommen, immer noch entlang des Waldrands, in den Wald. Am Schild „Zollerbergle" (805 m) biegen wir links ab. An der nächsten Verzweigung nehmen wir den rechten Läublesgrundweg. Nach einem Linksknick und dem **Wanderparkplatz Schluchten** (832 m) erreichen wir ein Sträßchen. Ihm folgen wir nach links, dann biegen wir gleich darauf am Schild **„Vogelbaum"** (830 m) 4 rechts ab. Erst auf einem schmalen Pfad, dann auf einem Feldweg kommen wir zum Wanderschild **„Breitheck"** (837 m) 5. Hier halten wir uns erst rechts, dann werden wir dort, wo der Weg nach rechts abknickt, nach links in den Wald ver-

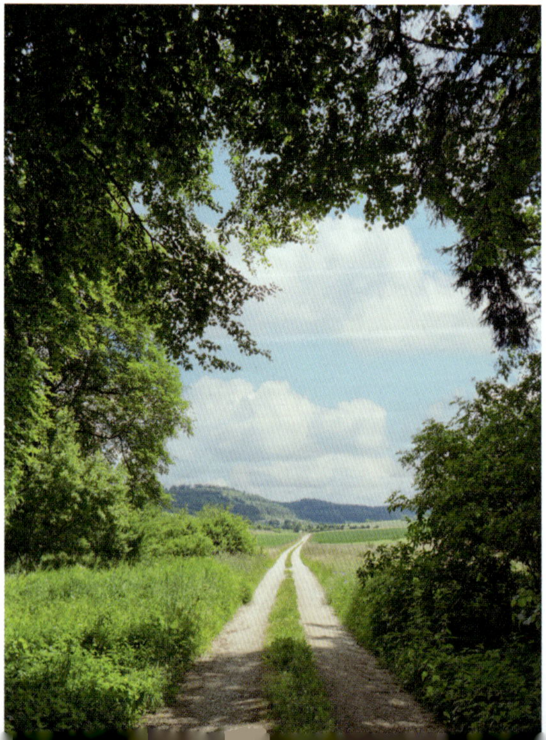

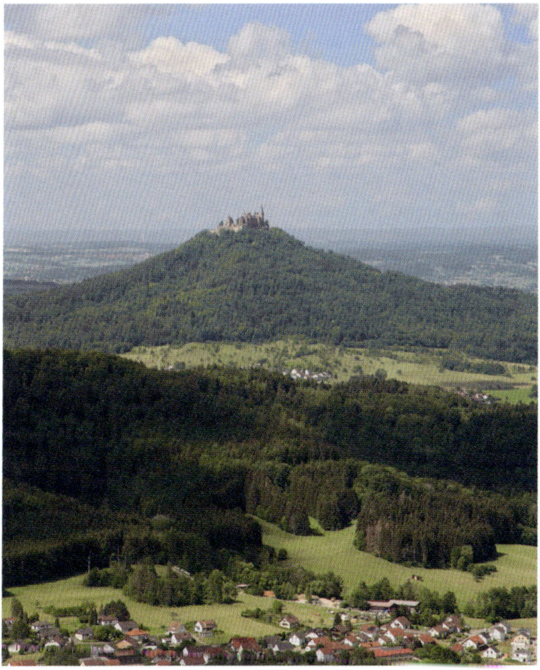

Von den Aussichtsfelsen bietet sich ein prächtiger Blick zum Hohenzollern.

wiesen. Dort treffen wir auf das Schild „Eschle". Hier orientieren wir uns links und wandern mit dem Wanderzeichen rotes Dreieck auf einem Pfad durch den Wald am Trauf entlang zum Aussichtspunkt **Schild** (850 m) 6. Hier bietet sich ein herrlicher Blick ins Albvorland.

Wir folgen ab dem Schild weiter dem Traufweg und erreichen etwas später den Aussichtspunkt **Brunnengrat** (850 m) 7. Danach gehen wir weiter auf dem Dreiecksweg, bis wir die Verzweigung beim Schild „Birklesberg Nord" erreichen. Wir nehmen den geradeaus eben weiterführenden Weg und erreichen kurz danach das Schild „Birklesberg Süd" (850 m).

Hier biegen wir links ab und verlassen auf dem mit der roten Gabel markierten Weg den Wald. Nun wandern wir zwischen Feldern und mit schönem Blick zum Kornbühl bis zum Schild „Birklesberg Nord" (834 m). Hier gehen wir nach links in den Wald, halten uns aber etwas später am Schild **„Heiligenwald"** (829 m) 8 rechts. Diesem Weg folgen wir eine ganze Weile, erst im Wald, dann zwischen Wiesen und Feldern, bis zum **Parkplatz Viehweide** (772 m) 9.

Hier gehen wir nach links in die Wiese und folgen dort dem Pfad in Gehrichtung. Er trifft bald auf die Straße, dann zieht er nach links hinauf und wird zu einem breiteren Weg. Auf ihm kommen wir zurück zum Ausgangspunkt.

Vor der Kapelle stehen markant drei Kreuze.

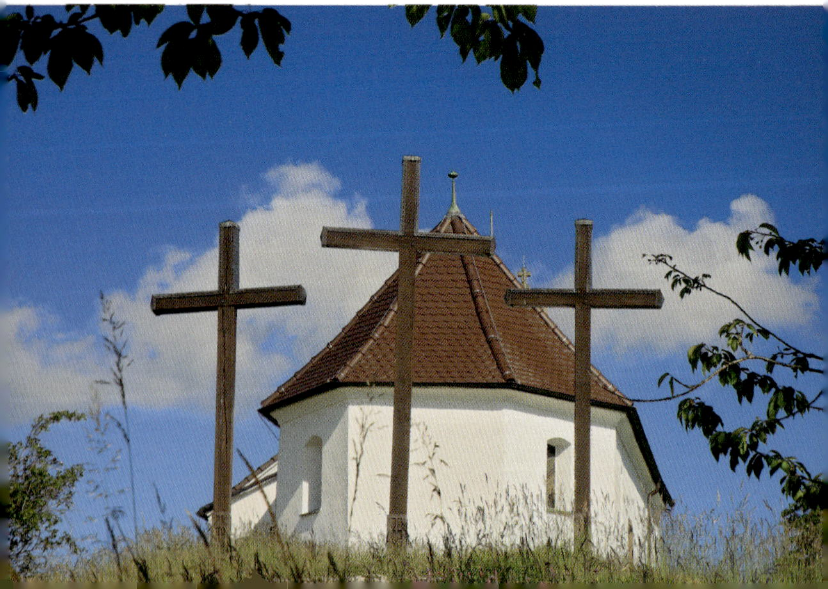

Sankt-Anna-Kapelle und Kornbühl

Auf dem 886 Meter hohen Kornbühl steht die 1507 erstmals erwähnte Sankt-Anna-Kapelle, eher als Salmendinger Kapelle bekannt. Charakteristisch sind die drei Holzkreuze als Symbol für einen Kalvarienberg. Hier lebte auf dem Platz, auf dem heute eine Skulptur steht, ab 1705 ein Eremit als Hüter des Heiligtums in seiner Klause. Sie ging erst 1872 ab. Seit 1885 führt ein Kreuzweg mit 14 Stationen zu der Kapelle.

Der Kornbühl selbst ist ein Umlaufberg, ein Zeugenberg der Weiß-jura-delta-Stufe. Dieses Schwammriff konnte wegen seiner Härte nicht abgetragen werden. Der mit Eschen, Ahornbäumen, Ulmen, Linden, Buchen und der kleinen Wacholderheide bewachsene Berg steht seit 1983 unter Naturschutz. Hier herrschen besondere klimatische Verhältnisse, was auf seine kreisrunde Form und seine Steilheit zurückzuführen ist. Insbesondere auf der Südseite findet man verschiedene Bewuchsarten, vom gehölzfreien Trockenrasen über eine kleine Wacholderheide bis zum Wald, sowie eine Vielzahl seltener und vom Aussterben bedrohter Tierarten, vor allem aus der Insektenwelt. Man hat einmal 341 Tierarten (darunter 15 Heuschrecken- und 29 Tagfalterarten) und 199 Pflanzenarten gezählt.

Dr. Egon Viesel, Autor „Salmendinger Kapelle, Kornbühl und Heufeld", verspricht zur Rundwanderung Kornbühl-Schild:

„Dies ist eine Tour zum Schauen. Vom Parkplatz steigt man, an 14 Kreuzwegstationen vorbei, hinauf zur Salmendinger Kapelle. Oben wird man zunächst gefesselt vom vielgerühmten Rundblick über das große Heufeld nach Süden bis zur Alpenkette und nach Norden bis zum Schwarzwald. Weihevolle Stille empfängt dann den Besucher im Innern der 500 Jahre alten Kapelle. Einst war sie ein beliebter Wallfahrtsort, betreut von Eremiten, die in einer Hütte neben der Kapelle wohnten. An sie erinnert eine moderne Bronzestatue. Ist man anschließend westwärts über die Heufeldebene bis zum Aussichtspunkt Schild am Albtrauf hinausgewandert, überrascht einen der burggekrönte Zollerberg auf der anderen Seite des Killertals. Auf dem Rückweg prägt sich der Blick auf den wohlgerundeten Kornbühl noch einmal unvergesslich ein."

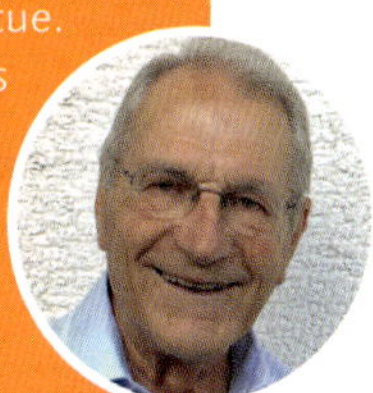

Kreuzfelsenweg

16

Aussicht und drei Ruinen

3 ¼ Std

11 km

260 Hm

Burladingen – Höllenstein – Kreuzfelsen – Ruine Ringelstein – Ruine Hohenringingen – Burladingen

Die Wanderung verläuft auf festen Wegen, aber auch schmalen Pfaden. Steiler Anstieg zu Beginn.

Aussicht, Ruinen, Höllenstein

Burladingen, Ringingen

Am Anfang der Wanderung haben wir vor allem vom Kreuzfelsen aus eine herrliche Aussicht hinab nach Burladingen und ins Fehlatal. Danach führt uns die Tour abwechslungsreich durch naturnahe Waldgebiete und zwischen Felder. Interessant sind die beiden Ruinen unterwegs, zu denen man kurze Abstecher machen kann.

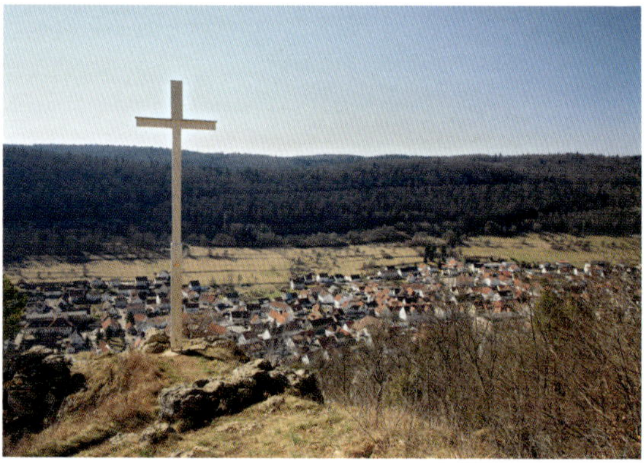

Blick vom Kreuzfelsen ins Fehlatal und auf Burladingen.

Wer am **Bahnhof** 1 startet, geht in der Bahnhofstraße nach Westen zur querenden Ambrosius-Heim-Straße und hält sich dort rechts. Vom Friedhofsparkplatz aus geht man nach Westen bis zur Straße Eichhalde, biegt rechts in sie ein und geht hoch bis zur querenden Albstraße. Hier hält man sich links bis zur Kreuzung mit der Ambrosius-Heim-Straße (links) und der Straße Hochsteig (rechts) **nach der Schule** 2. Hier vereinigen sich beide Varianten.

Wir halten uns rechts in die Straße Hochsteig. Nun steigt es stark an. Nach der Schule gehen wir kurz über einen Wiesenweg zum bereits sichtbaren Wanderschild **„Hohe Wacht“** (777 m) 3. Hier biegen wir rechts ab. Wer am Parkplatz „Bäbeloch“ gestartet ist, trifft ebenfalls an diesem Schild ein und folgt ab hier geradeausgehend der Wan-

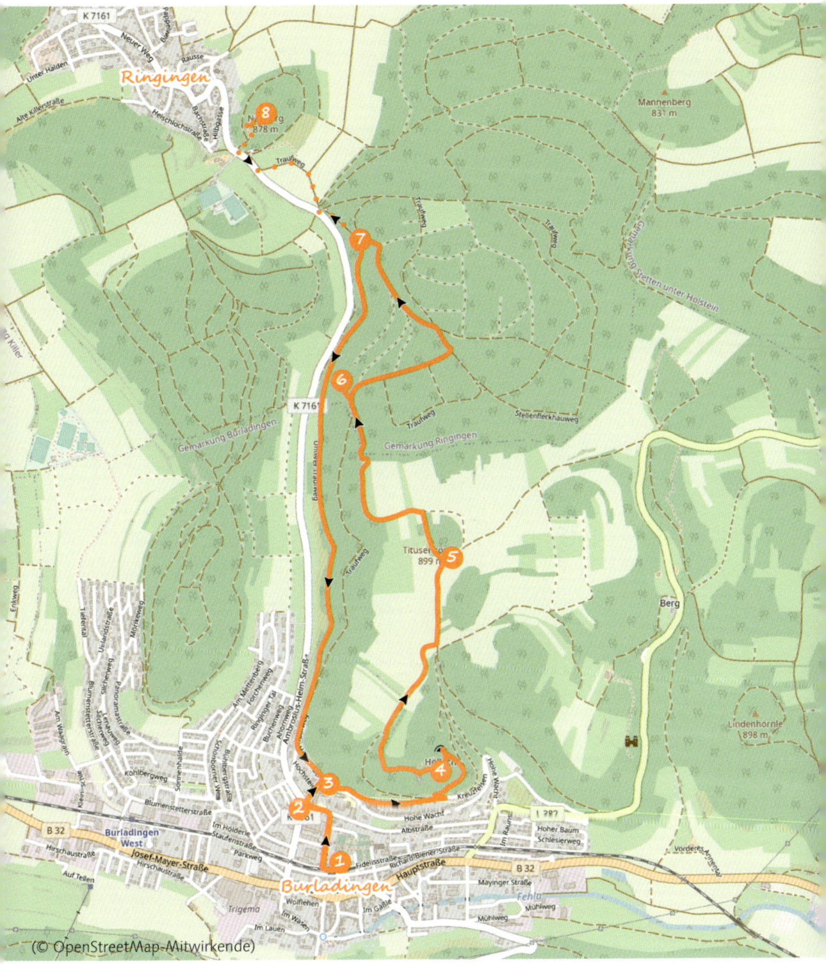

derbeschreibung. An der nächsten Verzweigung folgen wir dem Wanderzeichen gelber Ring für unseren Rundweg nach links, nun wieder etwas ansteigend. Nach **Haus Nr. 21** biegen wir am Schild „Abzweig Kreuzfelsenpfad" (794 m) scharf links ab.

Nun steigen wir durch den Wald an. Bald erreichen wir den **Höllenstein**, einen mächtigen Felsklotz mit einer Karsthöhle mit vorgeschichtlichen Funden aus der späten Keltenzeit (2./1. Jh. v. Chr.).

INFOS

Wanderkarte W242 Sonnenbühl, 1:25 000, Landesamt für Geoinformation und Landentwicklung Baden-Württemberg (LGL) in Zusammenarbeit mit dem Schwäbischen Albverein e.V.; Wanderkarten mit Radwegen Hechingen Mössingen Blatt 50-536 und Albstadt Gammertingen Blatt 51-534, 1:25 000, NaturNavi

burladingen.de

Bahn bis Burladingen

Burladingen, Friedhofweg, GPS 48.290573, 9.113349 Weitere Ausgangsmöglichkeiten sind der Bahnhof in Burladingen, Bahnhofstraße, wo man auch parken kann, und der Wanderparkplatz Bäbeloch kurz vor der Ruine Hohenringingen. Dieser hat den Vorteil, dass man sich einen Teil des Anstiegs sparen kann. Von dort aus geht es auf sichtbarem Weg zur Ruine Hohenringingen, die man auf dem bewalde-

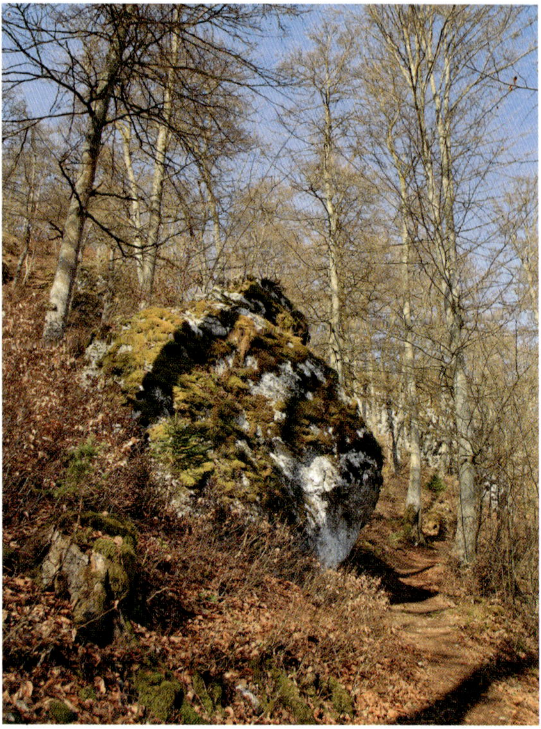

oben: Der Anstiegsweg ist von beeindruckenden Felsen begleitet.

unten: In der Höllensteinhöhle wurden Funde aus der frühen Keltenzeit gemacht.

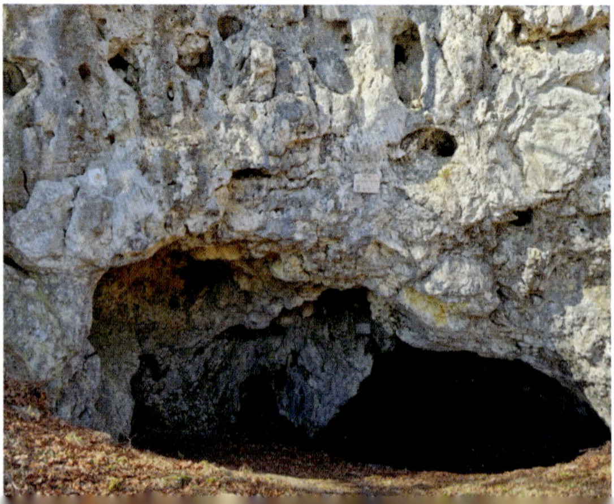

Hier halten wir uns links und erreichen nach weiterem Anstieg das Schild „Abzweig Hohenburladingen" (864 m). Hier gehen wir auf dem linken Weg weiter und erreichen kurz danach den links des Weges liegenden **Kreuzfelsen** 4. In der Nähe liegt auch die **Ruine Hohe Wacht**. Danach passieren wir das Schild „Beim Kreuzfelsen" (851 m).

Nach dem Wald geht es kurz auf einem Wiesenweg entlang des Zauns weiter, danach wandern wir wieder auf einem festen Weg. Am nächsten Querweg halten wir uns links. Kurz danach zweigen wir am Schild **„Titusenköpfle Süd"** (880 m) 5 links ab. Im Wald passieren wir am Titusenköpfle (899 m) einen Rastplatz mit einem kleinen Kreuz und Bänken, etwas später kommen wir zum Schild „Titusenköpfle Nord" (883 m). Hier wandern wir nach links weiter.

Erst zwischen Feldern marschieren wir bald wieder in den Wald. Der unbefestigte Weg führt uns zu einem festen Forstweg beim Schild „Ruine Ringelstein" (869 m). Hier wandern wir nach rechts weiter, zuerst sollten wir aber auf der anderen Seite des Forstwegs einen kurzen Abstecher zur **Ruine Ringelstein** 6 machen.

Am nächsten Querweg halten wir uns links (Gaertleweg). Wo danach von rechts ein Weg einmündet, nehmen wir mit dem Zeichen den links abgehenden unbefestigten Weg. Etwas später erreichen wir nach einer Linkskurve einen querenden festen Forstweg, hier sehen wir auch ein aufwendig gestaltetes Flurkreuz.

Wir gehen nach links bergab weiter und erreichen bald das Schild **„Oberes Ringinger Tal"** (830 m) 7. Hier haben wir zwei Möglichkeiten. Der schnellste Weg zurück führt hier nach links weiter. Wer aber noch die Ruine Hohenringingen aufsuchen möchte, geht noch kurz geradeaus weiter bis zum **Parkplatz Bäbeloch** (830 m) und von dort aus geradeaus weiter zur bereits auf dem bewaldeten Höhenrücken sichtbaren **Ruine Hohenringingen** 8. Dann wandert man zurück zum Schild „Oberes Ringinger Tal" und hält sich dort rechts.

ten Bergrücken bereits aus den Bäumen hervorstehen sieht. Als Zuweg zur Wanderung folgt man von hier aus dem gegenüber ansteigenden Weg bis zum Wanderschild „Oberes Ringinger Tal". Dort zweigt man rechts ab und folgt der Wanderbeschreibung.

Mitten im Wald sieht man einen aufwendig gearbeiteten Bildstock.

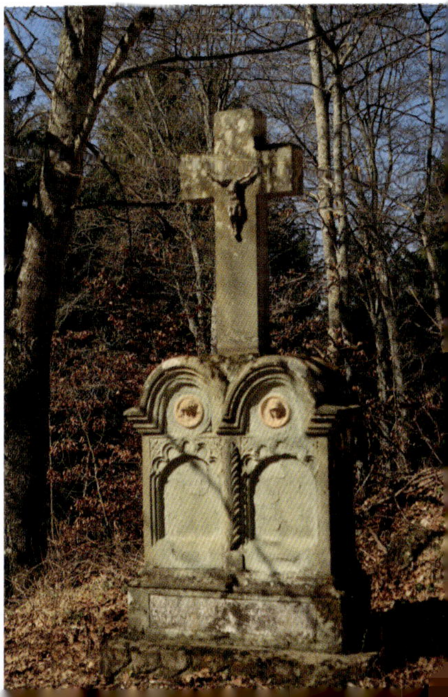

Ruine Ringelstein

Die **Ruine Ringelstein** wurde Mitte des 12. Jahrhunderts erbaut und bis ins 14. Jahrhundert bewohnt. Sie war die Stammburg des „Affenschmelz" genannten Ritters Heinrich von Killer (†1413), der in Italien als Reiterführer diente. In der Martinskirche von Ebingen steht sein Grabmal.

Der Name der auch Ruine Näh-berg genannten **Ruine Hohenringingen** (878 m) kommt vielleicht von „Ringo" = „der Gepanzerte". Ein Ritter Dietrich und ein Otto von Ringingen wurden 1180 urkundlich erwähnt. Die Herren von Ringingen waren Ministerialen der Herren von Neuffen und gehörten im 13. Jahrhundert als Edelfreie zur Familie von Entringen. So sind auch Schenkungen an das Kloster in Bebenhausen bekannt. Um 1400 erwarben die Schwelher von Wielandstein die Burg, 1455 weiß man von den letzten Bewohnern, und 1508 wurde sie bereits als Burgstall bezeichnet. Der einzige übrig gebliebene Bauteil der Kernburg ist der 15 Meter hohe Bergfried. Der Eingang lag einst rund 1,20 Meter hoch und wurde vom Wehrgang aus erschlossen.

Der Turm ist tagsüber geöffnet. 70 Stufen führen hinauf zur Plattform, die eine herrliche Sicht über die Felder in Richtung Kornbühl gestattet. Eine Grillstelle gibt es ebenfalls am Turm.

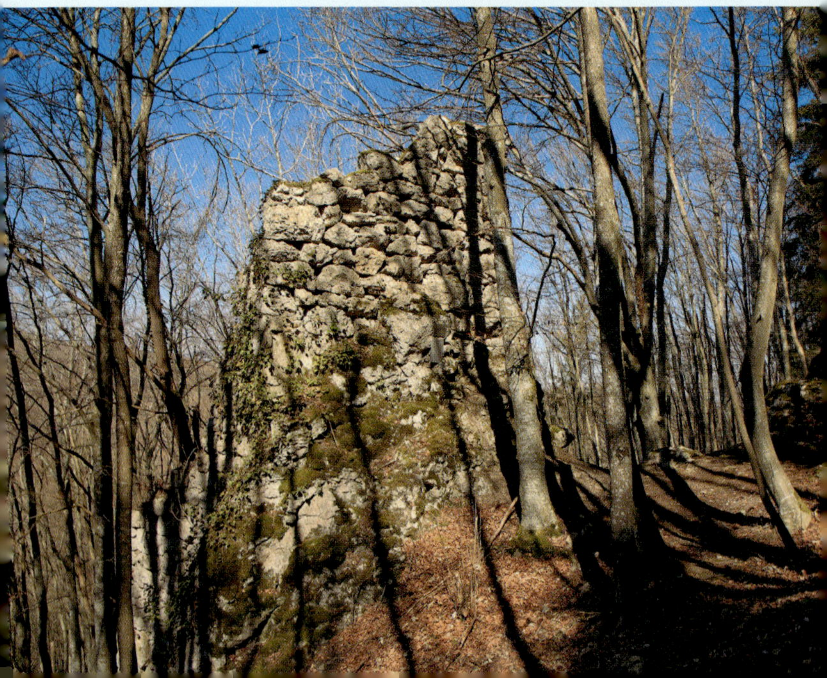

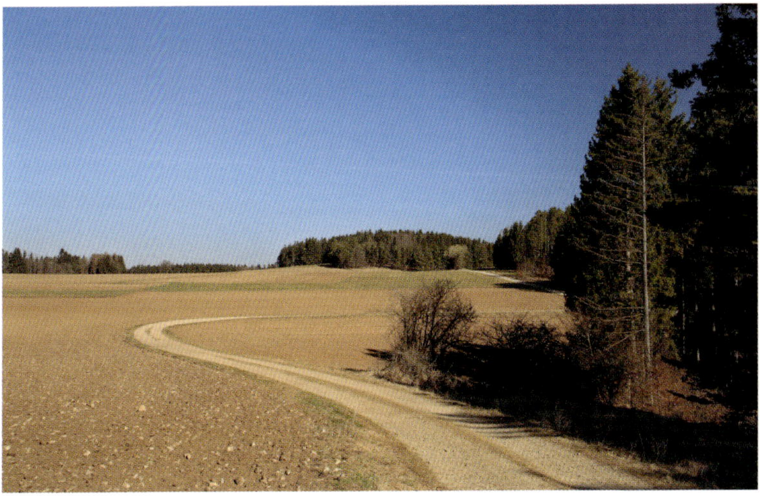

Nun geht es auf einem bequemen Forstweg, dem Unteren Traufweg, und vorbei an einer Quelle bis zu den ersten Häusern von Burladingen. Dort biegt man links in die Straße Hohe Wacht ein. Kurz darauf ist man beim Schild **„Hohe Wacht"** (7// 11) 5. Hier gehen wir auf bekanntem Weg nach rechts hinab zum jeweiligen Ausgangspunkt. Wer am Parkplatz Bäbeloch gestartet ist, behält jedoch hier seine Richtung bei und folgt der Wanderbeschreibung.

Zwischen den Wäldern führt uns die Tour durch eine Felderlandschaft.

Werner Liebald, Ortsgruppe Burladingen vom SAV, verrät zu seiner Lieblings-Tour Kreuzfelsenweg:

„Highlights der Tour sind die schöne Karsthöhle Höllenstein mit ihren vorgeschichtlichen Funden aus der späten Keltenzeit (2./1. Jh. v. Chr.) und die Ruine Hohe Wacht auf 894 Metern. Diese Burg des Ortsadels von Burladingen entstand um 1100 und ging gegen Mitte des 13. Jahrhunderts ab. Auch der namensgebende Kreuzfelsen mit seinem herrlichen Ausblick auf Burladingen und das Fehlatal macht diese Tour besonders. Hier kann ich die Gedanken in die Ferne schweifen lassen und die Ruhe genießen. In den Bergen, die für uns die Welt umarmen, gelangen wir zur faszinierenden Erkenntnis, dass wir ein Teil des Ganzen sind."

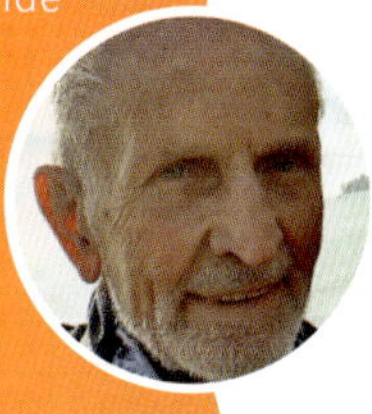

Traufgang Wiesenrunde

17

Naturschutzgebiet und Zollernblick

3 ½ Std
10,6 km
300 Hm

Albstadt/Parkplatz Zitterhof – Irrenberg – Hörnle – Naturschutzgebiet Roschbach – Parkplatz Pfeffingen – Parkplatz Zitterhof

Wir wandern auf festen Wegen und Naturwegen. An den Steilabhängen sollte man bei feuchtem Wetter und im Winter aufpassen. Auch auf Kinder sollte hier geachtet werden.

Irrenberg, Aussicht, Landschaft

Albstadt-Onstmettingen und Albstadt-Tailfingen

Diese Tour bietet einige Besonderheiten. Die größten sind wohl die herrlichen Blicke auf die Burg Hohenzollern, insbesondere vom Irrenberg aus hat man einen grandiosen Blick auf die Anlage, die wie eine Krone auf dem einzeln stehenden Berg sitzt, und auf den Hundsrücken. Aber auch die malerische Wiesenlandschaft mit ihren uralten knorrigen Bäumen sowie die Naturschutzgebiete Irrenberg – das mit 36 Hektar größte Naturschutzgebiet des Zollernalbkreises – und Roschbach mit ihrer seltenen Flora können den Naturfreund bezaubern. Besonderheiten in der Flora sind unter anderem Hufeisen-, Wund- und Hornklee, das Berghähnlein, Mädesüß oder die Kratzdistel sowie eine Vielzahl an Orchideen.

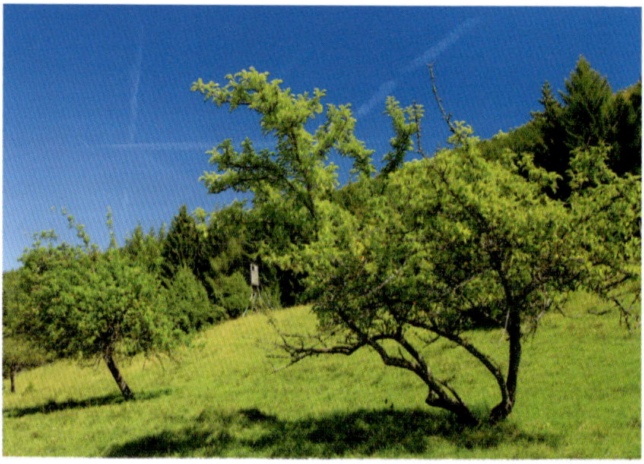

Wälder und Wiesen wechseln sich bei dieser Tour ab.

Vom **Wanderparkplatz Pfeffingen** 1 aus geht die Tour gleich mit einem steilen Anstieg los: Wir folgen einem Wiesenweg, der uns hoch zu einer Kurve der Landstraße führt. Dort biegen wir links ab in den Kurzwünschtalweg. Gleich danach halten wir uns noch einmal links. Wir überqueren einen asphaltierten Weg und folgen einem Wiesenweg hoch zum **Waldrand** 2.

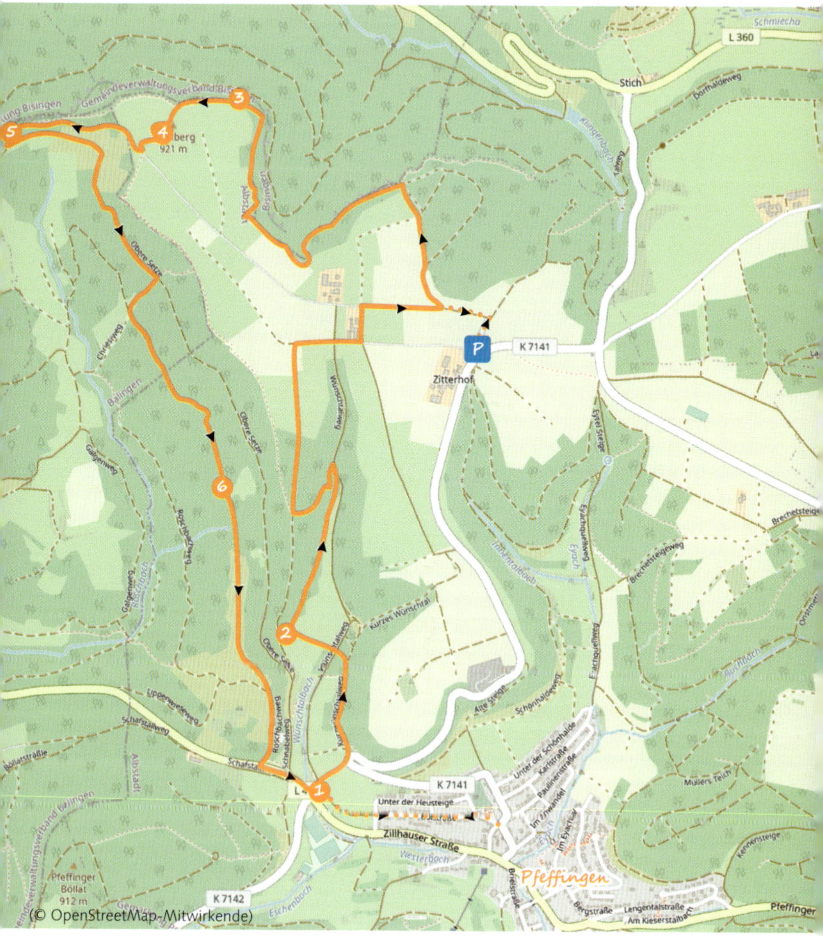

Dort halten wir uns rechts und kommen etwas später in den **Wald**. Am nächsten querenden Weg biegen wir rechts ab. Er führt uns als Pfad zu einem asphaltierten Weg, wo wir uns links in den weiter ansteigenden Wünschbergweg orientieren. Bald sind wir auf einem Höhenrücken, wo wir an einem Querweg nach rechts weitergehen. Nach dem Wald wandern wir zwischen Wiesen und Feldern zu einem querenden Weg. Wir halten uns rechts, anschließend nach dem **Zitterhof** links. Den bald nach links ziehenden asphaltierten Weg verlassen wir auf einem rechts abgehenden Wiesenweg.

INFOS

Wanderkarte W241 Rottenburg am Neckar, 1:25 000, Landesamt für Geoinformation und Landentwicklung Baden-Württemberg (LGL) in Zusammenarbeit mit dem Schwäbischen Albverein e.V.; Wanderkarten mit Radwegen Balingen und Umgebung Blatt 49-534 und Albstadt Gammertingen Blatt 51-534, 1:25 000, NaturNavi

traufgaenge.de

Bahn bis Albstadt-Ebingen, dann Bus bis Pfeffingen Lamm. Von dort auf der Zillhauser Straße (Richtung „Balingen") ortsauswärts bis zum Parkplatz. Der Zubringerweg ist ausgeschildert.

Albstadt-Pfeffingen, Zillhauser Straße 63, Wanderparkplatz Wünschtal, GPS 48.256535, 8.953687 Ein alternativer Startpunkt ist der Parkplatz Zitterhof, GPS 48.273810, 8.963324. Er liegt allerdings auf der Höhe, sodass man

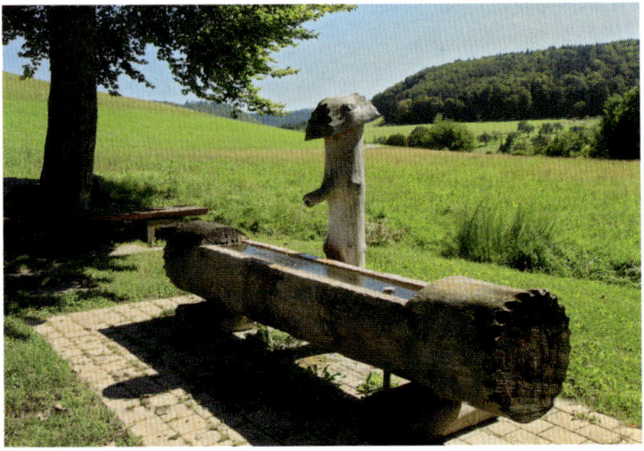

Wer zurück zum Parkplatz Zitterhof muss, weil er dort gestartet ist, wandert am nächsten Schild geradeaus weiter zum bereits sichtbaren Parkplatz Zitterhof. Diejenigen Wanderer, die vom Parkplatz Pfeffingen kommen, halten sich hier nach links in Richtung „Irrenberg". Danach erreichen wir den **Waldrand**. Ihm folgen wir bis zu einem querstehenden Wald. Wir gehen in ihn hinein, orientieren uns aber gleich darauf links. Der Weg führt uns nun entlang des Waldrands und vorbei an verschiedenen Aussichtspunkten.

Vor einer Scheune kommen wir aus dem Wald und gehen nach rechts weiter. Erst dem Waldrand folgend betreten wir später wieder den Wald. Ihn verlassen wir nach einem für die 1889 verunglückte A. Marie Strobel vom Zitterhof errichteten **Gedenkstein**. Danach erreichen wir den **Aussichtspunkt Zollerburg-Blick** 3. Dort sehen wir den in einen Baumstamm geschnitzt Kopf des „Keaweible", von den es eine alte Sage gibt.

Danach wandern wir nach links bis zum **Wasserbehälter**. An ihm gehen wir rechts vorbei. Anschließend halten wir uns links und kommen zu einem Sträßchen. Hier geht es nach rechts weiter. Danach orientieren wir uns an der Linkskurve und dem Schild **„Naturschutzgebiet Irrenberg"** in Richtung „Hörnle" rechts, nun wandern wir immer bergab entlang des **Hangs des Irrenbergs** 4.

Im Wald können wir einen 100 Meter langen Abstecher nach rechts zum **Aussichtspunkt Steinhofen** 5 machen. Dort finden wir eine Tafel des Geologischen Wanderwegs Zillhausen, die über die Entstehung der Landschaft infor-

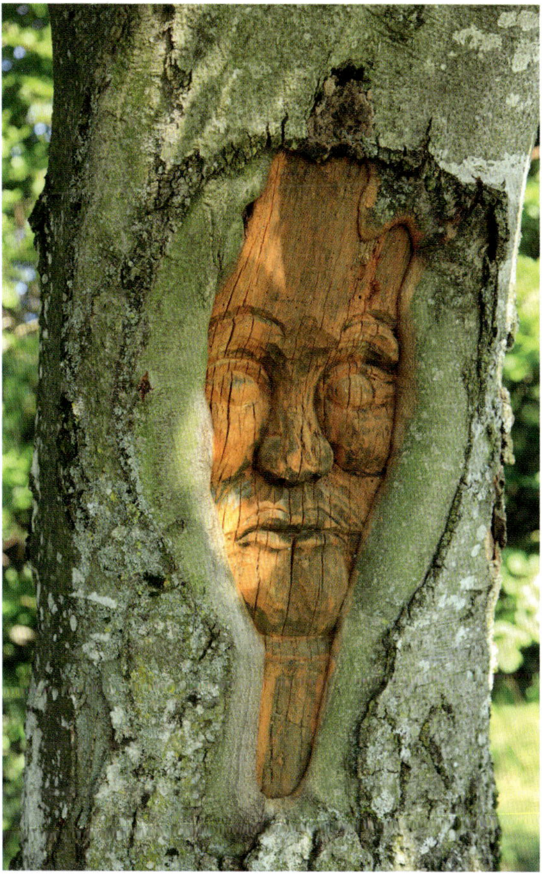

am Ende der Tour noch einmal einen Anstieg bewältigen muss. Von dort aus geht man am Ende des Parkplatzes nach links und am nächsten Schild auf dem Schotterweg nach rechts (geradeaus führt der Wiesenweg weiter; auf dem man am Schluss zurückkommt).

Vom Keaweible gibt es eine alte Sage.

Irrenberg

Der **Irrenberg** wurde früher als Holzwiesen genutzt. Sie dienten außer als Waldweide auch zum Holzeinschlag. In den 1960er Jahren sollten die Wiesen allerdings mit Nadelbäumen aufgeforstet werden. Für den Schwäbischen Heimatbund war dies der Anlass, sie aufzukaufen, um die Landschaft zu erhalten. Sie werden jedes Jahr von ehrenamtlichen Helfern gemäht, damit der Kalkmagerrasen und dadurch der alpine Charakter der Natur erhalten bleibt – an seltenen Pflanzen wachsen hier zum Beispiel Küchenschellen, Traubenhyazinthen, Berghähnlein, Gelber Enzian und Arnika. Besonderheiten der Fauna sind verschiedene Schmetterlingsarten, Eidechsen und Vögel.

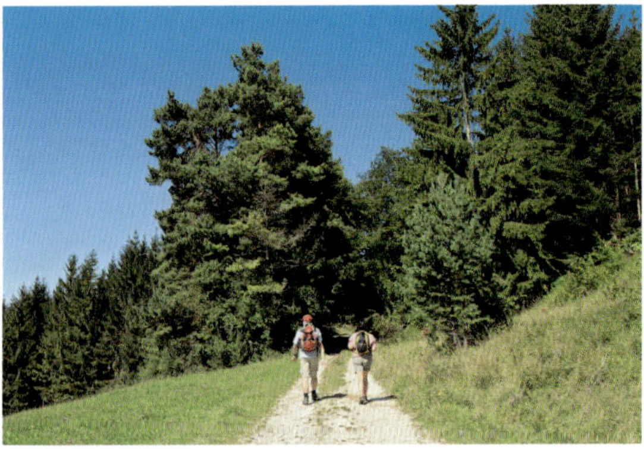

Auf dem Weg zum Irrenberg.

miert. Anschließend gehen wir weiter hinab zu einer **Informationstafel** zum Naturschutzgebiet Irrenberg. Hier orientieren wir uns links und wandern gemütlich durch eine idyllische Wiesenlandschaft. Nach einer Rechtskurve geht es in einen urtümlich wirkenden Wald, in dem wir teilweise auf einem breiten Forstweg, aber auch auf einem Pfad wandern.

An der **Tafel 9** des Geologischen Wanderwegs halten wir uns rechts in den Crieseweg (= Kirschenweg). An einem

Traufgänge-Scout Dennis Joe Lausch liebt das Naturschutzgebiet Irrenberg auf dem Traufgang Wiesenrunde:

„Wer auf dem Traufgang Wiesenrunde durch das Naturschutzgebiet Irrenberg wandert, dem wird vor allem die Stille an diesem Ort auffallen. Von dieser Abgeschiedenheit profitieren die Wiesen hier schon lange, weil sie durch sie von der intensiven Landwirtschaft verschont blieben. Hier kann man vor allem in den Monaten Mai und Juni einiges von der schwäbischen Flora und Fauna entdecken. Viele Pflanzen, die die mageren Wiesen am Irrenberg schätzen, wie zum Beispiel der Kleine Wiesenknopf, der Gelbe Enzian, aber auch unterschiedliche Orchideenarten, findet man hier. Auf den Blüten und am Wegesrand kann man die unterschiedlichsten Schmetterlingsarten bei ihrem Sonnenbad beobachten. Wer besonders aufmerksam ist, hört Eidechsen hastig durch die Wiesen rascheln."

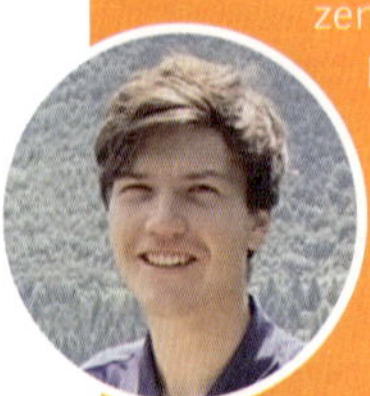

querenden Weg können wir uns anhand der **Tafel 10** des Geologischen Wanderwegs informieren, dann gehen wir nach links weiter. Nach dem Wald erreichen wir das **Naturschutzgebiet Roschbach** 6.

Nachdem wir den Wald verlassen haben, durchqueren wir eine Schneise. Sie ist mit Obstbäumen und Wacholder bewachsen. Danach biegen wir kurz vor der Straße links ab und kommen zurück zum Parkplatz Pfeffingen.

Himmelsliegen laden zu einer gemütlichen Rast ein.

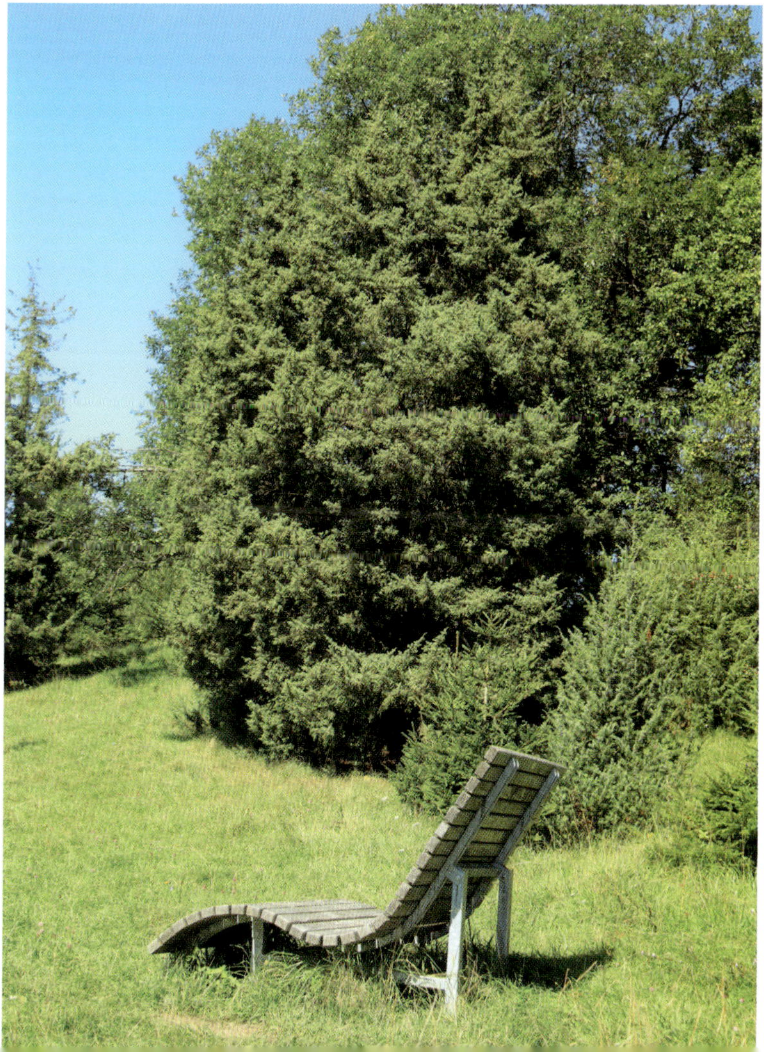

Rundweg Bitzer Hilb

18

Zum Abschluss eine Höhle

1 ¼ Std
4,8 km
70 Hm

Bitz/Parkplatz – Wald – Hof Hermannslust – Höhle Hohler Fels – Parkplatz

Wir wandern meist auf asphaltierten und geschotterten Wegen, streckenweise aber auch auf unbefestigten Naturpfaden, die bei Nässe und im Winter glatt und rutschig sein können.

Neue Hülbe, Wald, Höhle Hohler Fels

Schützenhaus; im Hof Hermannslust gibt es einen Hofladen mit Bioprodukten

Das Highlight dieser Wanderung erreichen wir erst gegen Ende: die prächtige Karsthöhle Hohler Fels. Davor wandern wir großenteils durch einen dunkel und ernst wirkenden Wald, der aber bei näherem Hinsehen aus einer interessanten Mischung von verschiedenen alten Baumbeständen und Nadel- und Laubbäumen besteht und immer wieder schöne Szenen zeigt. Interessant sind auch die zahlreichen Informationstafeln, die uns viel über die Geschichte und Natur der Gegend berichten.

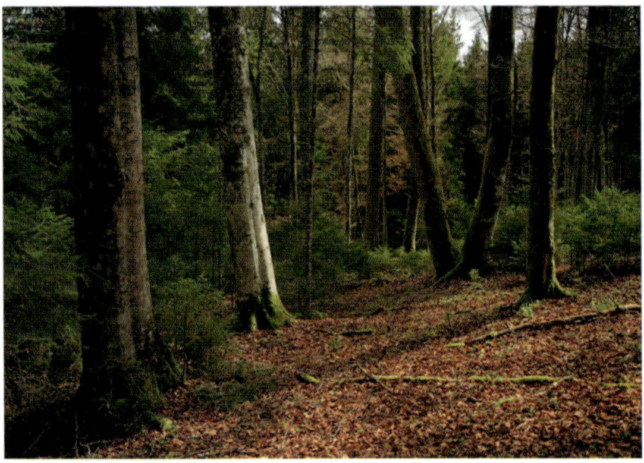

Der Weg führt durch idyllische Waldstücke.

Wir gehen vom **Parkplatz** (1) aus zum Wanderschild „Parkplatz Neue Hülbe" (810 m). Hier finden wir nicht nur die idyllische und von mächtigen alten Bäumen umstandene Hülbe, sondern auch Tisch und Bank, die sich zu einer Rast nach der Tour anbieten.

Dann biegen wir rechts ab und wandern im asphaltierten Harthausertalweg zum Wald und nach links an dessen Rand entlang. Nach etwas sanftem Bergab biegen wir am Schild **„Brotacker"** (800 m) (2) rechts ab auf einen geschotterten Forstweg. Als Hohenbirkenweg, später Dürrenbühlweg, führt er uns nun durch den Wald und an einer Wie-

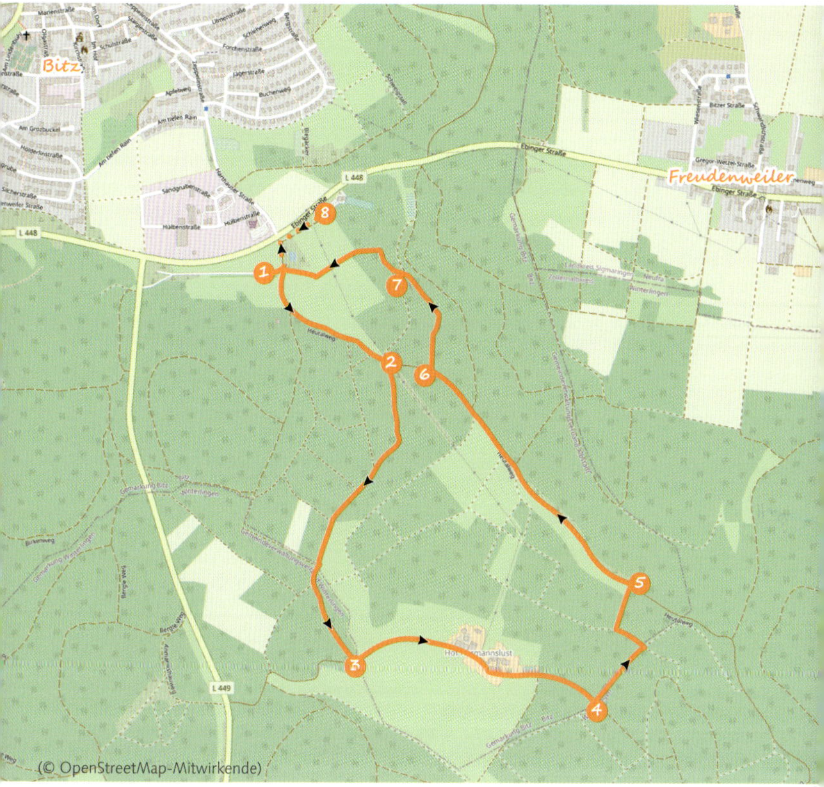

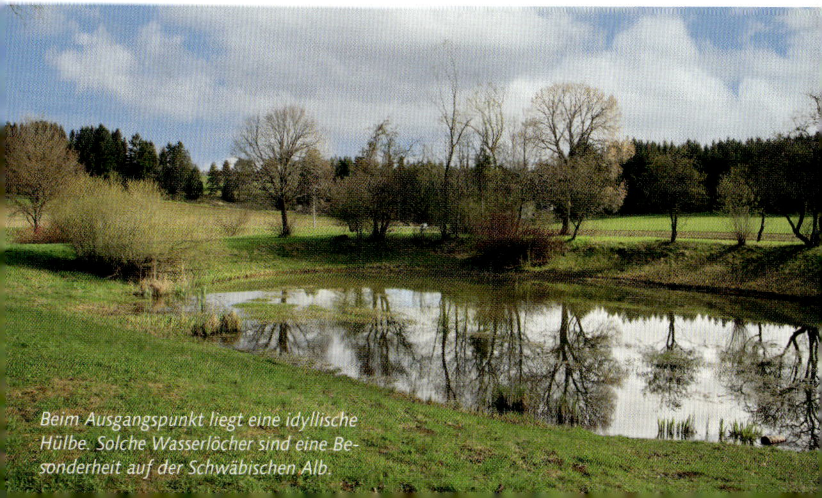

Beim Ausgangspunkt liegt eine idyllische Hülbe. Solche Wasserlöcher sind eine Besonderheit auf der Schwäbischen Alb.

senfläche vorbei. Nach dem nächsten Waldstück kommen wir zum Schild **„Dürrenbühl"** (888 m) 3. Hier können wir auf dem Schild lesen, dass an dieser Stelle einst ein Römerweg verlief.

Nun biegen wir links ab und wandern durch eine große Lichtung mit Weideflächen zum **Hof Hermannslust** und durch ihn hindurch. Danach bringt uns der Schorrenweg wieder in den Wald, wo wir bald darauf am Schild **„Schorren"** (840 m) 4 links abbiegen.

INFOS

Wanderkarte W242 Sonnenbühl, 1:25 000, Landesamt für Geoinformation und Landentwicklung Baden-Württemberg (LGL) in Zusammenarbeit mit dem Schwäbischen Albverein e.V.; Wanderkarte mit Radwegen Albstadt Gammertingen Blatt 51-534, 1:25 000, NaturNavi

bitz.de

Bus bis Bitz, Haltestelle Harthauser Straße

Bitz, Parkplatz Neue Hülbe, Harthauser Straße 22 (der Parkplatz liegt auf der anderen Seite der L448), GPS 48.236273, 9.099893

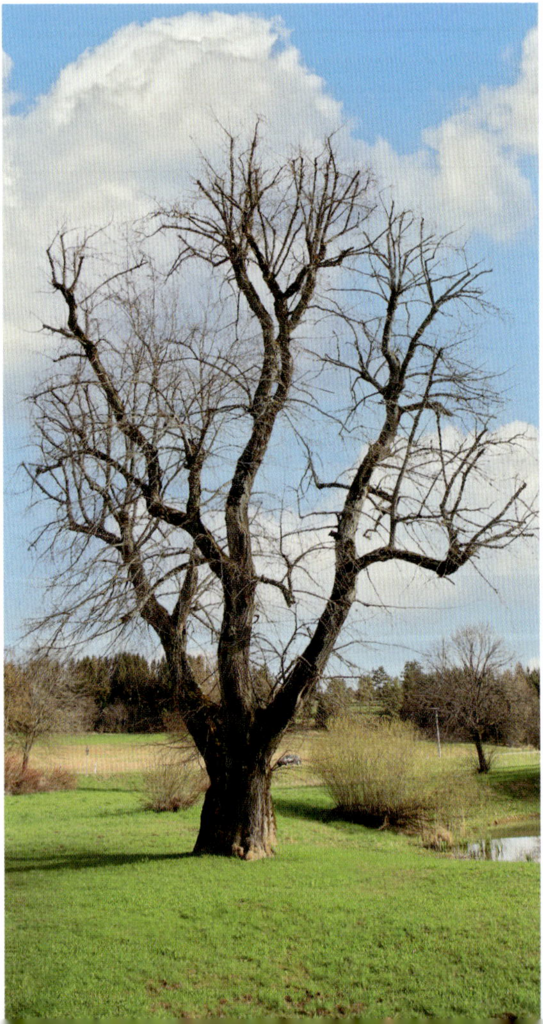

Am Ausgangspunkt stehen mächtige alte Bäume.

Der Hohle Fels

Der **Hohle Fels** ist eine typische Karsthöhle in einem ehemaligen Korallen- oder Schwammriff im Jurameer. Hier fand man Knochen aus der Eiszeit wie zum Beispiel vom Fellnashorn oder vom Wildpferd, außerdem Reste von Keramiken aus der Bronzezeit und der Urnenfelderkultur. Aus späteren Zeiten fand man Stücke eines Steinschlossgewehrs, das wohl aus der Zeit des Dreißigjährigen Krieges stammte.

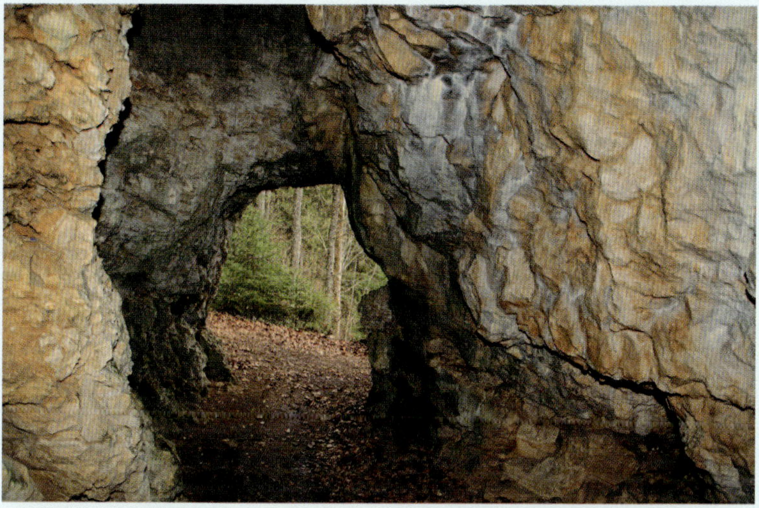

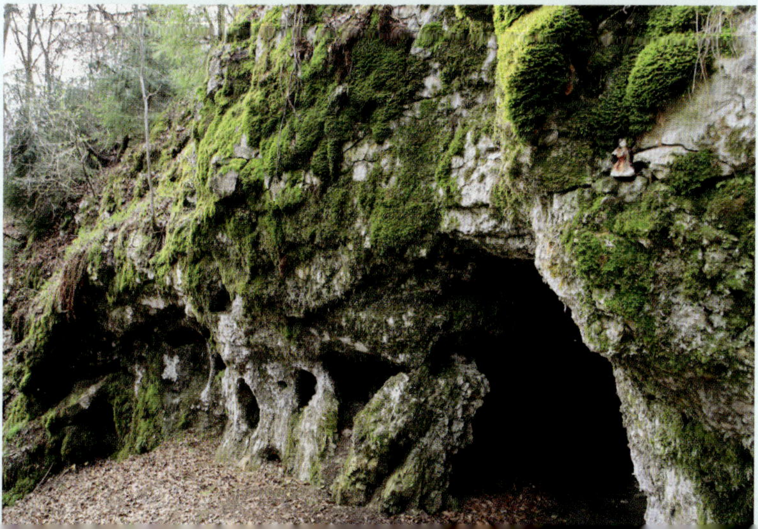

Nun geht es auf einem steilen, unbefestigten Pfad bergab bis zum Schild „Orthalde“ (804 m). Hier kann man auf der Informationstafel lesen, dass entlang des querenden Weges einst die Grenze zwischen den Ländern Württemberg und Hohenzollern verlief. Nun folgen wir dem breiten, aber immer noch unbefestigten Weg eben nach links. Am nächsten Querweg halten wir uns rechts, nun wieder bergab, bis zum aphaltierten Harthausertalweg und dem Schild **„Harthauser Tal“** (779 m) 5.

Wir orientieren uns links in das albtypische Trockental, passieren das Schild „Bräunenen“ (787 m) und kommen zum Schild **„Felsstaig“** (791 m) 6. Hier biegen wir rechts ab. Ein paar Minuten später werden wir auf einen schmalen Pfad verwiesen, der steil hinauf zu einem kleinen Felsmassiv führt. Am Ende der Felsen liegt die Höhle **Hohler Fels** 7.

Am Schild „Hohler Fels“ (806 m) folgen wir dem nach rechts ziehenden Pfad. Er bringt uns nach einer Linkskurve aus dem Wald. Nun wandern wir über die Wiese zurück zum Ausgangspunkt.

Wer jetzt zum **Schützenhaus** 8 will, um dort einzukehren, geht vor bis zur L 448 und vor ihr auf dem Pfad

Roland Göttle, Kulturwart der Ortsgruppe Bitz im Schwäbischen Albverein, berichtet geschichtlich Interessantes zu diesem Weg:

„Er beginnt bei der letzten von ehemals 5 Hülben, eine im Bereich der Schwäbischen Alb gebräuchliche Bezeichnung für die hier typischen Teiche, die vor dem Jahr 1900 lebenswichtig waren für Orte ohne fließendes Wasser. Wo das Tal sich verengt, wird daran erinnert, wie hier einst ein Bauer in einer Hungersnot seinen Acker gegen einen Laib Brot tauschte. Bei der Zufahrtstraße zum Hof wird die ehemalige Römerstraße berührt, welche vom Kastell Laiz herkommend mitten durch das heutige Dorf Bitz nach Burladingen führte. Es grüßen die Kühe vom Hof Hermannslust, der vom ersten Bitzer Aussiedler Hermann Letsch im Jahr 1878 erbaut wurde. Im Trockental des Flüsschens Scher, das einst nördlich von Bitz seinen Ursprung hatte, faszinieren die Hohlen Felsen am linken Talhang. Hier hinterließen seine Bewohner Spuren von der Jungsteinzeit bis zum Dreißigjährigen Krieg.

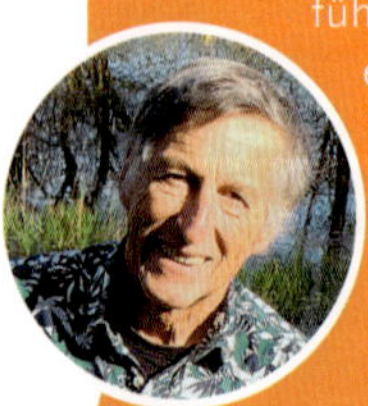

nach rechts zum bereits sichtbaren Schützenhaus und auf demselben Weg wieder zurück. Man kann es aber auch anfahren.

Stille, dunkle Nadelwälder begleiten die Wanderung.

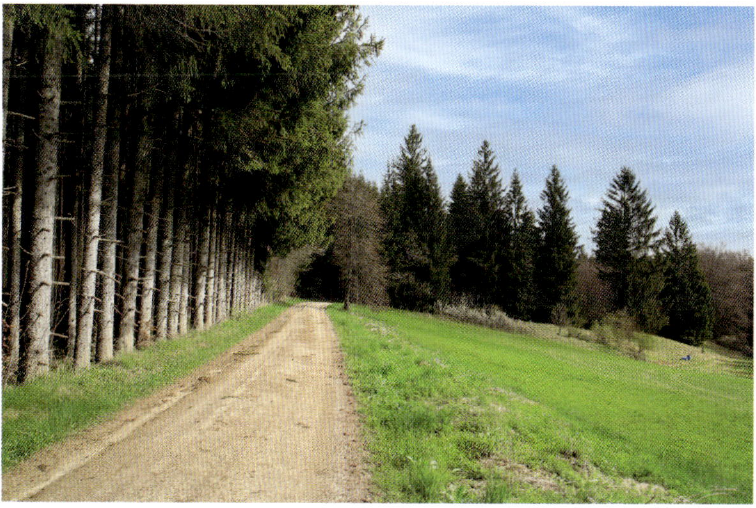

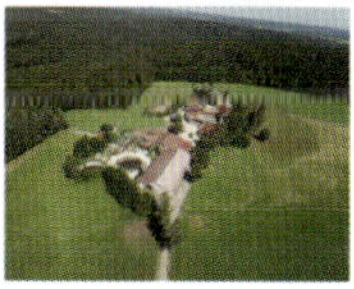

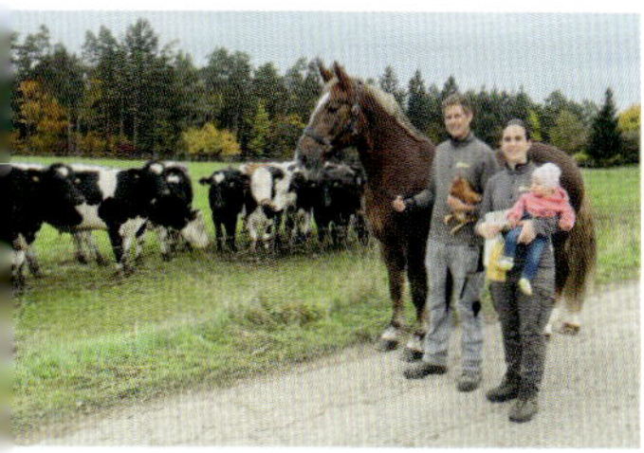

Traufgang Ochsenbergtour 19

Hoch über dem Tal mit Alpenblick

3½ Std
10 km
370 Hm

Albstadt-Ebingen/ Parkplatz Kälberwiese – Schnecklesfels – Heidensteinhöhle – Alpenblick – Ochsenberg – NSG Mehlbaum – Parkplatz Kälberwiese

Wir wandern überwiegend auf Naturwegen, stellenweise auf geschotterten Wegen.

Wald, Aussicht, Heidensteinhöhle

Höhengaststätte Ochsenhaus – Restaurant; hier gibt es auch einen schönen Spielplatz.

An einem heißen Sommertag wird jeder Wanderer froh sein um diesen Wandervorschlag, führt er doch zu großen Teilen durch schattigen Wald. Trotzdem bietet er zahlreiche Aussichtspunkte. Von ihnen aus kann man schöne Blicke auf Ebingen und in die Täler genießen. Es gibt sogar einen „Alpenblick", der eine Aussicht bis zu den Bergriesen der Alpen bietet – gute Sichtverhältnisse vorausgesetzt. Historisch interessant dafür ist die Heidensteinhöhle, in der sich unsere Vorfahren aufgehalten haben, und albtypischen landschaftlichen Genuss bieten die Wacholderheiden am Alpenblick und am Mehlbaum.

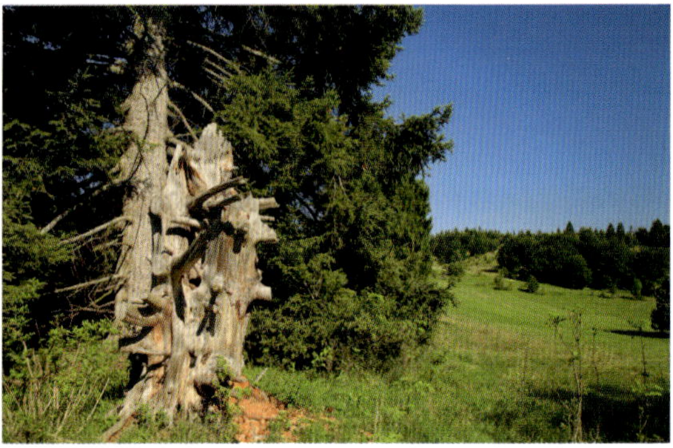

Der Stumpf eines abgegangenen Baumes ist ein markantes Element in der Wiesenlandschaft.

Am Startpunkt **Parkplatz Kälberwiese** ① halten wir uns an das Wanderschild zum „Schnecklesfels". Der Weg verläuft kurz auf einem Schotterweg, dann führt er uns über eine Wiese nach rechts zum Wald. Etwas später halten wir uns rechts und kommen zum ersten Aussichtsfels dieser Wanderung, der sogar von einem Kreuz gekrönt ist. Etwas später folgen wir einem Pfad nach rechts und wandern leicht abwärts bis zu einem breiten Weg. Nicht lange danach geht es nach rechts zum **Schnecklesfels** ②. Er bietet uns einen prächtigen Blick hinab nach Ebingen.

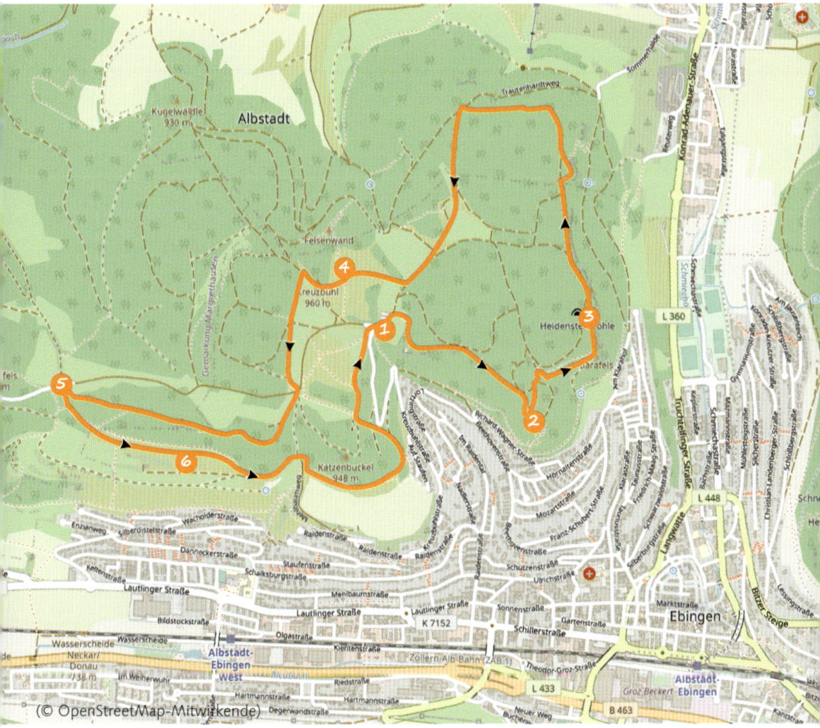

Wie man auf einem Schild lesen kann, siedelten im 5. bis 7. Jahrhundert v. Chr. hier Kelten. Danach gehen wir zurück zu dem breiten Forstweg.

Hier folgen wir auf der anderen Seite dem Zeichen, das uns auf einen Pfad in Richtung „Heidensteinhöhle" weist. Auf dem nächsten Forstweg gehen wir nach rechts, danach halten wir uns noch einmal rechts, dann geht es nach links weiter. Nun führt uns ein Pfad zum Klarafels, von dem wir gut zum Schlossfels sehen können.

Danach knickt der Pfad links ab. Noch etwas später können wir nach links einen 100 Meter langen Abstecher zur **Heidensteinhöhle** 3 machen, indem wir etwas hinauf zu einem Forstweg gehen. Hinter ihm finden wir die Höhle.

Danach gehen wir zurück auf den Weg und biegen links ab in Richtung „Aussichtspunkt Alpenblick". Vorbei am Martinsfels kommen wir zum Forstweg, kurz danach folgen wir aber wieder dem Pfad. Später kommen wir wieder

INFOS

Wanderkarte W251 Albstadt, 1:25 000, Hrsg.: Schwäbischer Albverein e. V., Kartographie: Landesamt für Geoinformation und Landentwicklung Baden-Württemberg (LGL); Wanderkarte mit Radwegen Albstadt-Gammertingen 51-534, 1:25 000, NaturNavi

traufgaenge.de

Mit dem Bus von Haltestelle Albstadt-Ebingen Bürgerturm H1 zur Haltestelle Albstadt-Ebingen, Raidental. Zuweg ca. 0,4 km

Albstadt-Ebingen/ Parkplatz Kälberwiese, GPS 48.224430, 9.006700 Ein alternativer Ausgangspunkt ist das Gasthaus Ochsenberg.

kurz auf den Forstweg, zweigen aber gleich darauf wieder rechts ab zum nächsten Aussichtspunkt. Bald wandern wir ganz auf dem Forstweg, zweigen kurz nach einer Linkskurve links ab und erreichen nach einer Lichtung eine Kreuzung. Wir halten uns rechts, kommen an einer Hütte mit einer Grillstelle vorbei und wandern etwas hinab bis zu einer großen Lichtung.

Dort halten wir uns an dem querenden Forstweg rechts, wobei wir aber nicht den scharf rechts abgehenden Weg nehmen. Wo die rechter Hand liegende Lichtung endet, gehen wir mit dem Wegweiser nach rechts. Nun bringt uns ein Wiesenweg durch eine Wacholderheide hoch zum **Aussichtspunkt Alpenblick** 4. Hier lässt sich an einen Tisch und auf Bänken gut rasten, wobei man bei klarer Sicht die Alpenkette von Eiger und Säntis bis zur Zugspitze sieht. Anschließend wandern wir hinunter zu einem breiten Weg.

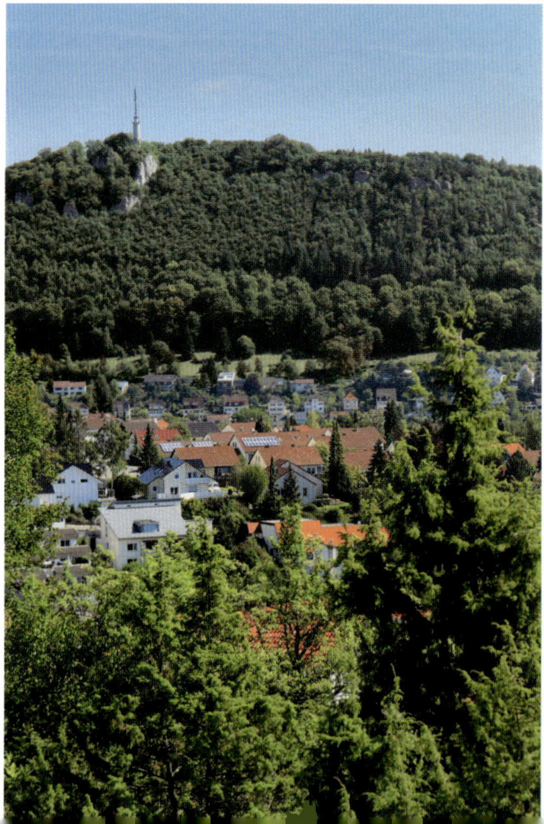

Blick zum Schlossfels auf der anderen Talseite.

Ihm folgen wir nach rechts, folgen gleich aber dem Schild zum „Parkplatz Ochsenberg" nach links.

Es geht erst entlang des Waldrands, dann überqueren wir einen Asphaltweg und folgen danach einem Schotterweg. Kurz danach werden wir nach links auf einen Naturweg verwiesen. Er führt uns auf den Kamm eines Höhenrückens, dann geht es wieder hinunter. Weiter mit munterem Auf und Ab erreichen wir schließlich den **Parkplatz und die Gaststätte Ochsenberg** 5.

Heidensteinhöhle

Die **Heidensteinhöhle** ist eine für die Schwäbische Alb typische Höhle. In dieser 40 Meter langen Jurahöhle hat man prähistorische Gegenstände gefunden. Sie wurde während der letzten Eiszeit, der Würmeiszeit, von altsteinzeitlichen Menschen bewohnt. Bedeutsam ist sie auch, weil sie eine von fünf Fundstellen in Deutschland ist, in der man Relikte von Menschenaffen fand.

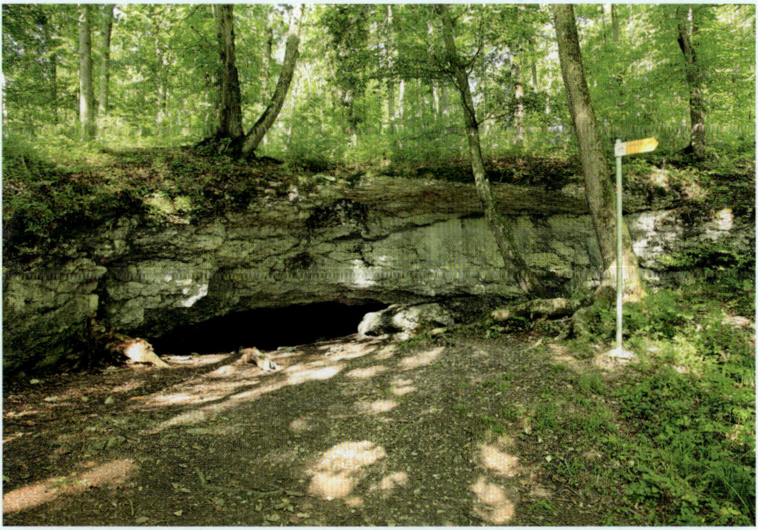

Kälberwiese

Seit 2012 ist auf der benachbarten Kälberwiese ein vor- und frühgeschichtlicher Skulpturenpfad eingerichtet. Dabei sind unter anderem eine „Einbaum"-Installation und ein „Keltisches Hügelgrab" zu sehen.

Links der Gebäude schickt uns das Wanderzeichen auf eine Treppe, die uns hinab zum Wegweiser „Naturschutzgebiet Mehlbaum“ bringt. Wir halten uns links, dann kommen wir aus dem Wald und wandern auf einem Pfad durch das idyllische **Naturschutzgebiet Mehlbaum** 6. Neben zahlreichen seltenen Pflanzen können wir uns an der Aussicht ins Tal und auf Ebingen erfreuen. Nach der Heide stoßen wir auf einen breiten Weg. Ihm folgen wir nach links, werden aber an einer Rechtskurve nach links in den Wald geschickt.

Wir verlassen ihn bald wieder, nun wandern wir durch die Wacholderheide am Abhang des Katzenbuckels. Nach rechts haben wir einen Blick zum Schlossfels und zum Schnecklesfels. Danach kommen wir wieder in den Wald, wo wir links abzweigen. Nun geht es kurz steil hinauf. Wir sehen rechts zu einer Straßenkurve, steigen aber weiter geradeaus den Berg hoch. Oben angelangt, halten wir uns rechts und gehen noch etwas hinauf. Danach wandern wir durch eine Heide hinunter zu unserem Ausgangspunkt **Parkplatz Kälberwiese**.

Jürgen Scheff, ehrenamtlicher Beauftragter des Landesamts für Denkmalpflege Baden-Württemberg sowie Kulturrat für Bodendenkmäler im SAV, empfiehlt geologisch interessierten Wanderern einen Abstecher zur Heidensteinhöhle:

„Die Heidensteinhöhle ist wahrlich ein einzigartiger geologischer Hotspot dieser Tour. Funde daraus sind im Museum im Kräuterkasten in Albstadt-Ebingen zu sehen. Die Höhle belegt eine frühe Verkarstung der Alb im Zeitalter des Tertiärs (Obermiozän). Im 19. Jahrhundert fanden Eisenerzgräber im bohnerzführenden Höhlenlehm die fossilen Reste einer 12 bis 10 Millionen Jahre alten Fauna. Unter subtropischem Klima lebten damals der Menschenaffe Dryopithecus, das dreizehige Steppenpferd Hipparion, der Hauerelefant Deinotherium, das Mastodon sowie Nashörner auf der Alb. Aus jüngeren Höhlensedimenten des Quartärs konnten mit Höhlenbär, Mammut, Wildpferd, Riesenhirsch und Urrind Tiere der Würmeiszeit (vor 75 000–10 000 Jahren) geborgen werden. Auch die Anwesenheit des eiszeitlichen Menschen (Homo sapiens) in der Heidensteinhöhle ist durch den Fund zweier Feuersteinklingen gesichert.“

Vom Lochenstein zum Schafberg 20

Panoramatour vom Feinsten

2½ Std
7,4 km
220 Hm

Hausen am Tann/ Parkplatz Lochen – Lochenstein – Wenzelstein – Gespaltener Fels – Hoher Fels – Schafberg – Oberhausen – Parkplatz

Wir wandern teilweise auf festen Wegen, überwiegend aber auf Pfaden. Diese sind zum Teil steil und rutschig bzw. verlaufen am Steilabfall. Hier ist Vorsicht geboten. Bei Nässe und im Winter ist die Wanderung nicht zu empfehlen.

Landschaft, vor allem die Aussicht von sämtlichen Aussichtsfelsen

Aussicht vom Feinsten steht schon in der Überschrift dieser Wanderung. Und so ist es auch, es folgt ein Aussichtspunkt dem anderen, bis man schließlich ab dem Hofgut Oberhausen durch den Wald wieder zurück zum Ausgangspunkt geht. Aber auch die Feinheiten der Natur sollten beachtet werden – wir bewegen uns im Naturschutzgebiet Schafberg-Lochenstein, und zur Blütezeit erfreuen uns seltene Pflanzen, von der Küchenschelle bis zu Orchideen.

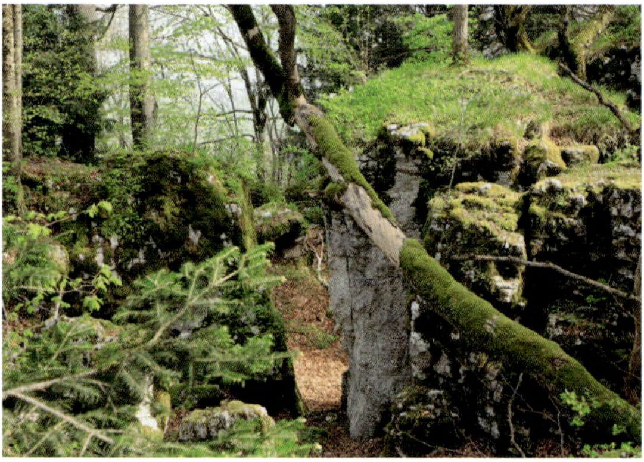

Wilde Natur am Gespaltenen Fels.

Wir gehen vom **Parkplatz** 1 aus etwas zurück in Richtung Straße, dann zweigen wir am Wanderschild „Wanderparkplatz Lochen" (885 m) links ab. Nun geht es vorübergehend auf einem felsigen Steig steil hinauf zum **Lochenstein** (963 m) 2, einem der wenigen Felsen der Schwäbischen Alb, der mit einem Kreuz versehen ist. Dann halten wir uns kurz links und zweigen in den abwärtsführenden Steig ein, der uns wiederum steil und felsig hinab zur Oberhauser Straße und dem Wanderschild **„Lochenstein West"** (870 m) 3 bringt.

Wir halten uns kurz rechts, dann nehmen wir bei den Figuren Schäfer und Schafe den aufwärtsführenden Weg. Vor-

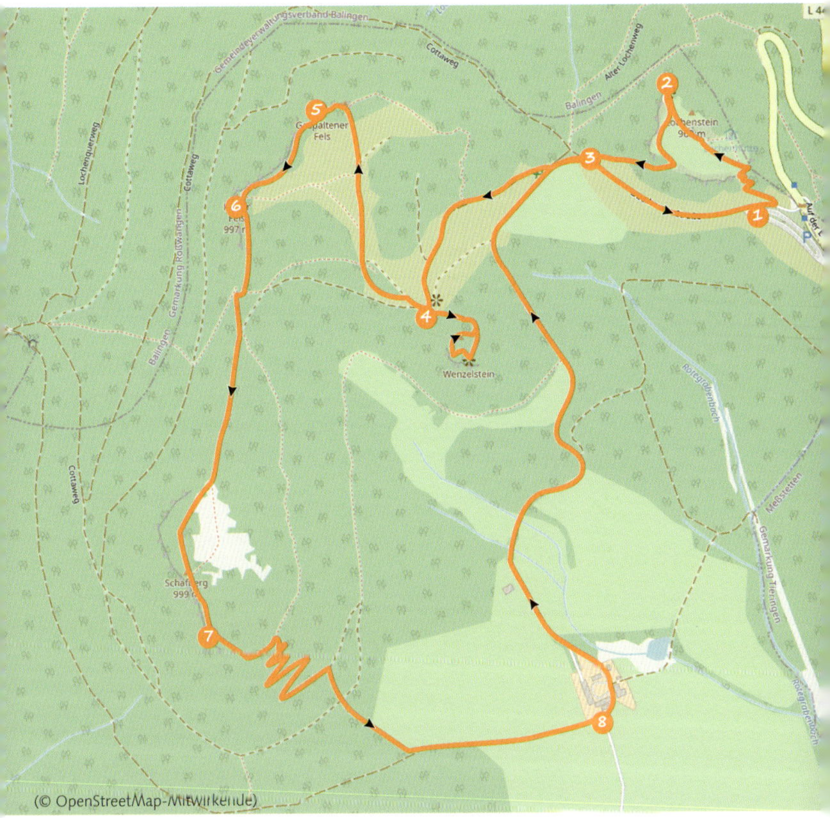

(© OpenStreetMap-Mitwirkende)

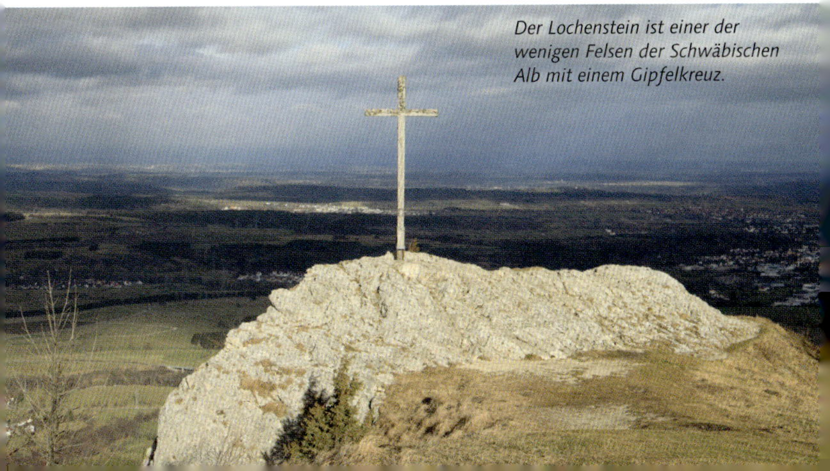
Der Lochenstein ist einer der wenigen Felsen der Schwäbischen Alb mit einem Gipfelkreuz.

bei an einem kleinen Brunnen kommen wir zu einem Sattel. Links steht das Wanderschild **„Wenzelstein"** (925 m) 4 . Hier biegen wir links ab und steigen, vorbei an einer kleinen Höhle, hinauf zum **Wenzelstein** (951 m). Von ihm aus bietet sich ein herrlicher Blick zum Hofgut Oberhausen – an dem wir später vorbeikommen – und ins Schlichemtal. Danach kehren wir wieder zurück zum Wanderschild.

Dort orientieren wir uns kurz rechts, dann nehmen wir aber mit den Wandermarkierungen den links abgehenden und ansteigenden Weg. An der Verzweigung kurz darauf halten wir uns links und wandern vorerst entlang des Steilhangs weiter aufwärts. Nach dem Wald geht es durch eine interessante Heidelandschaft bis zum nächsten Wald. In ihm treffen wir auf das Schild **„Gespaltener Fels"** (1000 m) 5, die beeindruckenden Felsformationen mit dem kleinen Tälchen dazwischen liegen hinter dem Schild.

INFOS

Wanderkarte W250 Spaichingen, 1:25 000, Hrsg.: Schwäbischer Albverein e. V., Kartographie: Landesamt für Geoinformation und Landentwicklung Baden-Württemberg (LGL); Wanderkarte mit Radwegen Balingen und Umgebung Blatt 49-534, 1:25 000, NaturNavi

hausen-am-tann.de

Bus bis Parkplatz Lochen Jugendherberge

Hausen am Tann, Parkplatz Lochen, GPS 48.218082, 8.851284

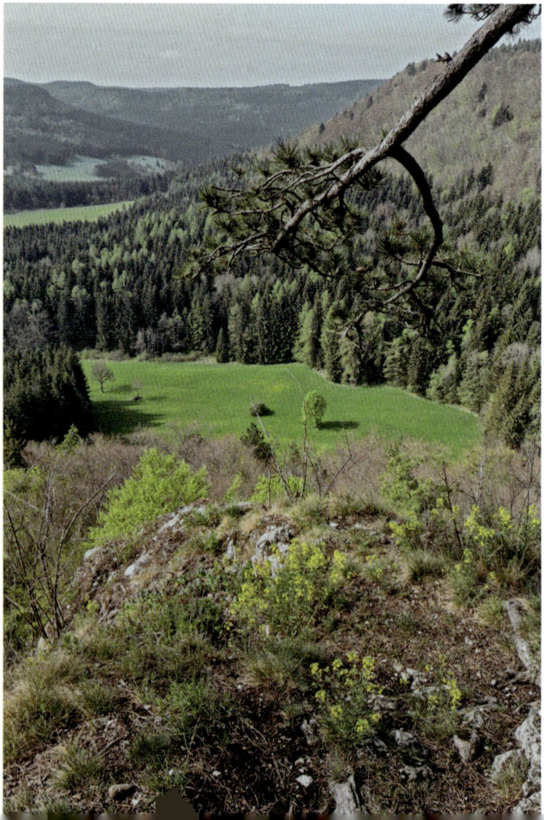

Vom Wenzelstein hat man einen prächtigen Tiefblick.

Naturschutzgebiet Schafberg-Lochenstein

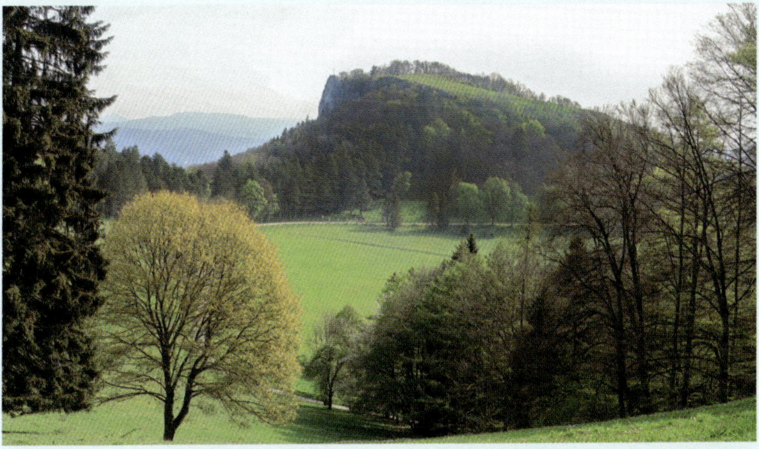

Das 102 Hektar große **Naturschutzgebiet Schafberg-Lochenstein** wurde wegen seiner abwechslungsreichen Landschaft mit den dazugehörigen Lebensräumen unter Schutz gestellt. Hier findet man unter anderem mit einer subalpinen Vegetation bewachsene Felsen und Kuppen. Die Wacholderheiden haben ihre Gestalt durch die Beweidung mit Schafen erhalten, hier wachsen die für Magerrasen charakteristischen Pflanzen. Dazu findet man naturnahe Hangwälder mit mächtigen alten Bäumen, die markantesten Gestalten wohl an der Abbruchkante. Der siebzig Meter hohe und kreuzgekrönte **Lochenstein**, einer der markantesten Felsklötze der Schwäbischen Alb, ist ein Schwammstotzen und fällt nach Norden und Westen senkrecht ab. Die archäologischen Funde von hier reichen bis in die Jungsteinzeit zurück. Auf dem Lochenstein befand sich auch eine altgermanische Kult- und Opferstätte und vor über 4000 Jahren soll auf dem Berg sogar ein Dorf mit festen Holzbauten und im 4. Jahrhundert eine alamannische Ringburg vorhanden gewesen sein.

Rittergut Oberhausen

1533 wurde Peter Scheer von Schwarzenberg (in Vorarlberg) mit dem ehemaligen **Rittergut Oberhausen** belehnt. Da er gleichzeitig auf württembergischem und auf österreichischem Staatsgebiet wohnen musste, ließ er den Hof an der Grenze zwischen beiden Staaten erbauen. Deren Grenze verlief zwischen der alten Scheune und dem Schloss. Auch die Kapelle ist historisch bedeutsam, wurde in ihr doch die Mätresse Herzog Eberhard Ludwigs, Wilhelmine von Gräfenitz, 1711 mit Graf Johann Franz Ferdinand von Würben getraut.

Nun biegen wir links ab. Etwas später erreichen wir den **Aussichtspunkt Hoher Fels** (997 m) 6, der uns einen beeindruckenden Blick zum Plettenberg mit dem Steinbruch und dem bekannten Sendeturm bietet. Das nächste Zwischenziel ist der **Schafbergsattel** (950 m), danach kommen

Am Aussichtspunkt Schafberg.

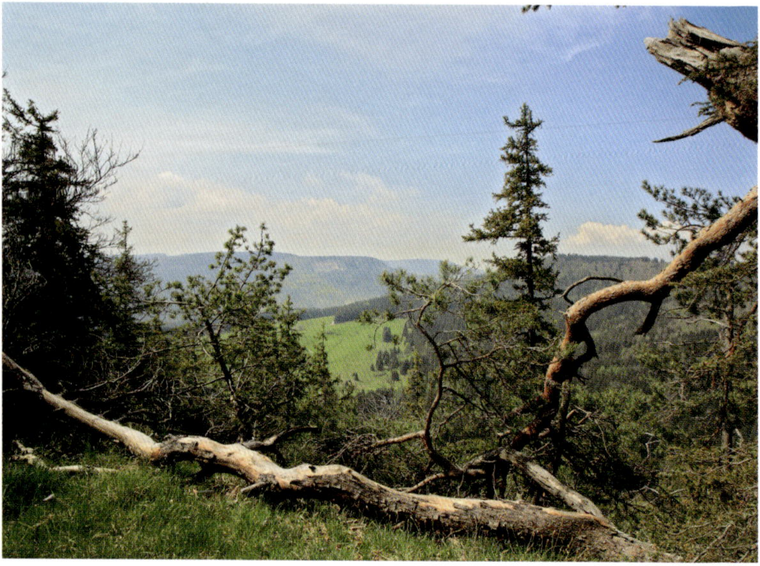

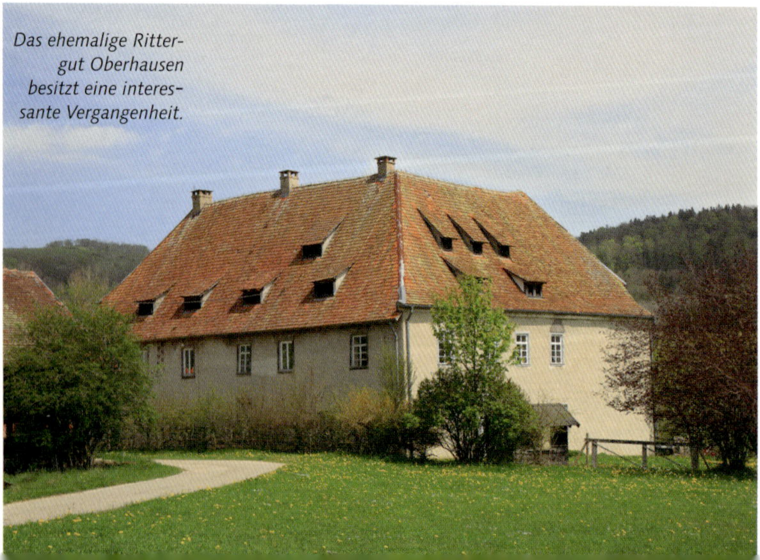

Das ehemalige Rittergut Oberhausen besitzt eine interessante Vergangenheit.

wir an einem in einen Baum geschnitzten Kopf vorbei. Nun steigt es wieder etwas an bis zum Aussichtspunkt **Schafberg** (988 m) 7. Etwas später geht es in Serpentinen steil hinab zum Schild **„Zick-Zack-Weg"** (863 m).

Wir gehen weiter bergab, verlassen bald den Wald und haben nach links einen schönen Blick zum felsigen Wenzelstein und dem rechts davon stehenden Lochenstein. Etwas später sind wir am Schild **„Oberhausen"** 8. Hier biegen wir links ab und durchqueren die Hofanlage.

Danach führt uns das Sträßchen im Wald nach oben. Nach dem Wald kommen wir am Lochenbrunnen vorbei, anschließend geht es auf bekanntem Weg zurück zum Ausgangspunkt.

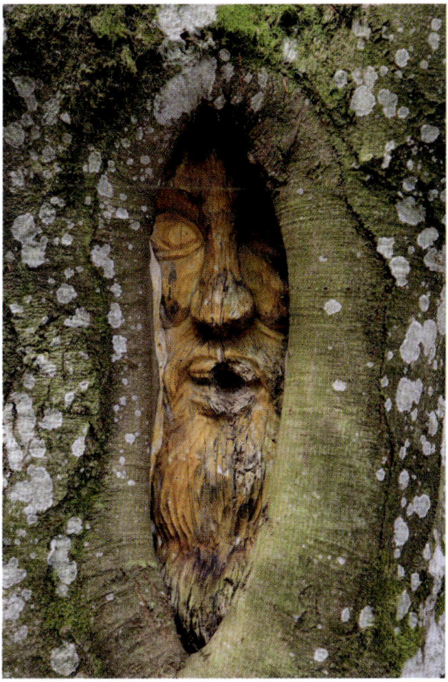

Trekking-Guide Ralf Wingert bietet Naturerlebnistouren auf der Zollernalb an. Dazu zählen Sonnenaufgangstouren, Teamevents und das Programm Back to Nature. Mit dem Lochenstein verbindet ihn eine besondere Beziehung:

„Mit dem Blick auf den Lochenstein bin ich aufgewachsen. Wenn es mir nach einer kleinen Auszeit in der Natur ist, ist dies meine erste Anlaufstelle. Diese Tour ist gespickt mit Highlights. Daher fällt es mir schwer, einzelne Spots hervorzuheben. So viele schöne Plätze zum Verweilen, zum Träumen und um den Spirit der Natur zu spüren. Deshalb plane ich immer genügend Zeit ein, um diese schönen Momente ausgiebig genießen zu können. An manchen Stellen fühlt man sich frei wie ein Vogel und fliegt förmlich über die Baumwipfel hinweg. Es macht einfach nur Spaß, die Gegend auf den schmalen Pfaden zu erkunden. Die Teilnehmer meiner Touren sind immer wieder erstaunt, wie schön es vor unserer Haustür ist."

Hochalbpfad Tieringer Hörnle

21

Mit Aussicht zur Schlichemquelle

3 ½ Std

10,5 km

200 Hm

Tieringen Schlichemhalle – Parkplatz Alte Steige – Hörnle – Hülenbuchwiesen – Parkplatz Stockäcker – Backofenfels/Höhle Hohler Backofen – Schlichemquelle – Tieringen

Wir wandern meist auf Pfaden. Vorsicht an den Steilabstürzen!

Aussicht, Hülenbuchwiesen, Höhle, Quelle, Schlichemtal

Tieringen

Viele prächtige Aussichtspunkte markieren das wesentliche Element dieser Tour, die die Wanderer für ihren Erlebniswert nicht einmal übermäßig konditionell fordert. Sie führt mit nur leichtem Auf und Ab durch die wunderschöne Landschaft zwischen Tieringen und dem gleich einem Schiffsbug vorgeschobenen Felsklotz des Hörnle. Mit den Hülenbuchwiesen, einem wilden Bannwald, der Schlichemquelle, einem schönen Hochwald und dem Barfußpfad erleben wir auf kurzer Strecke viele Besonderheiten.

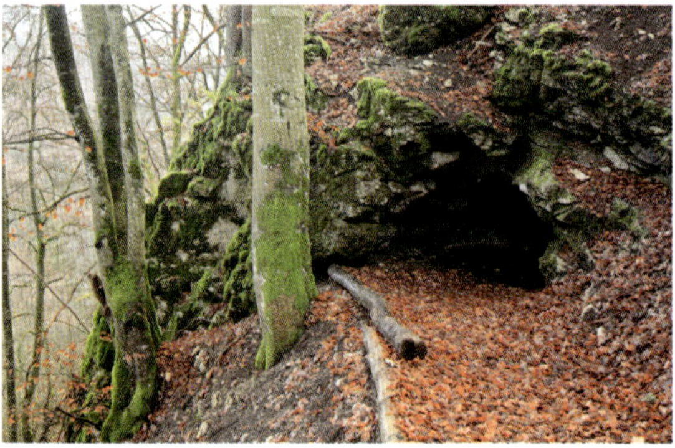

Ein kurzer Abstecher führt uns zur kleinen Höhle „Hohler Backofen".

Ausgehend vom Parkplatz bei der der **Schlichemhalle** 1 wandern wir in der Straße Hinter Burg nach links in Richtung „Hörnle". Kurz danach halten wir uns links in die Straße Am Hasenbrunnen und kommen zum Schild „Am Hasenbrunnen" (840 m). Hier orientieren wir uns rechts. Nun folgen wir etwas ansteigend, teilweise auch eben, einem unbefestigten Wiesenweg (Nackwegle) oberhalb von Tieringen. Ein Asphaltsträßchen bringt uns dann nach links hoch zum **Parkplatz Alte Steige**.

Wir überqueren die nach links zum Hörnleparkplatz führende Straße, danach geht es ohne Höhenunterschied über die Felderlandschaft. Bald knickt unser Weg links ab, dann

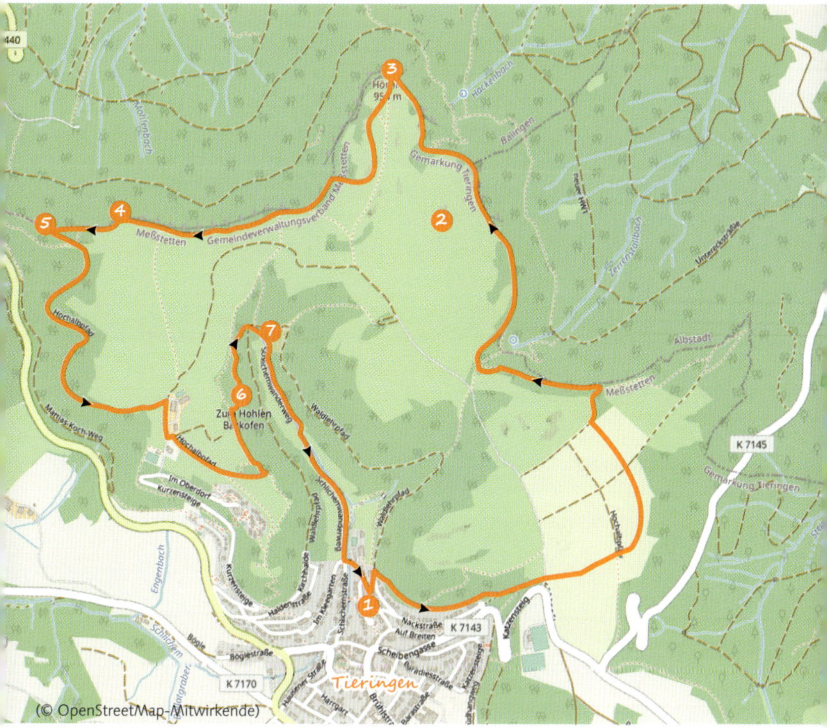

folgen wir am zweiten querenden Weg – einem unbefestigten Wiesenweg – dem Zeichen nach rechts. Er zieht vor dem Wald nach links, dann bringt er uns in den als **Bannwald** geschützten Wald.

Am Trauf werden wir nach links verwiesen, dann wandern wir auf einem schmalen Pfad vorsichtig entlang des Steilabfalls, wobei sich uns immer wieder eine Aussicht durch die Bäume bietet. Nach dem Wald halten wir uns rechts und passieren weitere Aussichtspunkte. Sie bieten uns schöne Blicke ins Eyachtal und zum markanten Gräbelesberg.

Der Weg führt uns über die **Hülenbuchwiesen** 2, wobei wir nach dem Hakenfels das **Hörnle** 3 erreichen. Auch von hier aus ist die Aussicht sensationell. Am Hörnle orientieren wir uns an der Beschilderung zum „Lochenstein Parkplatz Stockäcker". Kurz nach dem Hörnle passieren wir das Gefallenenehrenmal der 4. Gebirgsdivision/Enzian-Division, danach hält sich der Weg teilweise entlang des Traufs und teilweise entlang des Waldrands und über die Hülenbuchwiesen. Von den verschiedenen Aussichtspunkten sieht man ab und zu zum Plettenberg. Schließlich erreichen wir die **Schinderlucke** 4, ebenfalls einen prächtigen Aussichtspunkt.

Anschließend kommen wir in den Wald, wo wir bis zum Druckreglerhäuschen wandern. Hier geht es scharf nach links weiter 5. Ein Schotterweg windet sich zu einer Bank und einem Aussichtspunkt, von dem aus man bis zum Feldberg sehen kann.

Anschließend kommen wir zum Parkplatz Stockäcker, wo wir in Richtung „Schlichemquelle" rechts abbiegen. Gleich danach orientieren wir uns am Wanderschild „Am Kurzensteig" (929 m) erst links, dann rechts. Jetzt wandern wir gemütlich auf einem weichen Wiesenpfad oberhalb des Feriendorfes, wobei wir nach den Liegen scharf links abbiegen.

INFOS

Wanderkarte W250 Spaichingen, 1:25 000, Hrsg.: Schwäbischer Albverein e.V., Kartographie: Landesamt für Geoinformation und Landentwicklung Baden-Württemberg (LGL); Wanderkarte mit Radwegen Balingen und Umgebung Blatt 49-534, 1:25 000, NaturNavi

hochalbpfade.de

Bus nach Tieringen, Haltestelle Balinger Straße

Meßstetten-Tieringen, Schlichemhalle, GPS 48.203584, 8.876451
Alternativparkplätze findet man am Parkplatz Stockäcker, am Parkplatz Alte Steig und am Hörnleparkplatz. Vom Hörnleparkplatz aus geht man am besten zum Hörnle und beginnt die Tour dort.

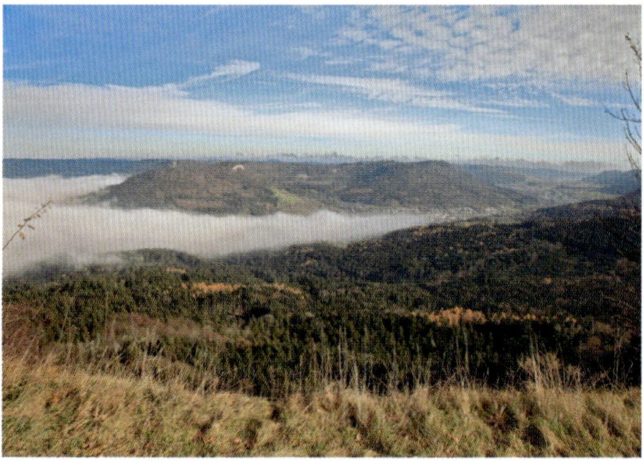

Wenn man Glück hat, kann man morgens noch die Nebeldecke in den Tälern beobachten.

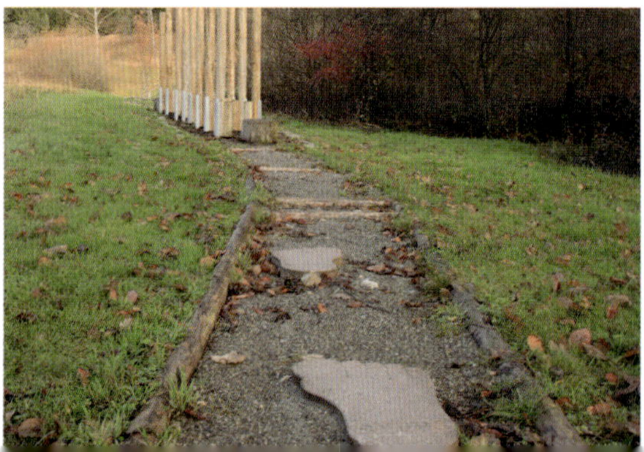

Der Barfußpfad bietet ein ganz anderes Gehgefühl als in den Wanderstiefeln.

Schlichem

Die **Schlichem,** ein rechter Nebenfluss des Neckars, entspringt auf 860 Metern Höhe oberhalb von Tieringen in der Nähe der Europäischen Wasserscheide. 33 Kilometer später mündet sie bei Epfendorf (570 m) in den Neckar. Davor hat sie sich eine beeindruckende Schlucht herausgearbeitet und wurde bei Schömberg zu einem beliebten Badesee aufgestaut.

Nach etwas Anstieg führt uns der Weg entlang des Steilabfalls, danach kommen wir hinab in den Wald. Hier geht es steil abwärts. Rechter Hand finden wir die kleine Kalksteinhöhle **„Hohler Backofen"** 6. Zu ihr lohnt sich ein kurzer Abstecher. Danach folgen wir dem Steig abwärts zu einem querenden Forstweg vor einer Lichtung mit Schutzhütte und Grillplatz. Das nächste Ziel ist die **Schlichemquelle** 7, zu der uns ein Pfad über eine Wiese führt.

Nun folgen wir einem Feldweg durch das Schlichemtal. Kurz vor dem Ausgangspunkt Schlichemhalle treffen wir auf den Barfußpfad. Er bietet unseren Füßen ein ganz anderes Gehgefühl, sodass es sich lohnt, die Wanderstiefel auszuziehen.

Christoph Eppler, Wanderwart des Heimatvereins Kohlraisle Tieringen e. V., verrät:

„Mein persönliches Highlight dieser Wandertour ist der 956 Meter hohe Bergkopf des Tieringer Hörnle, der sich wie ein Schiffsbug über das Albvorland und das Eyachtal erhebt. Die Albhochfläche ist die Landschaft der weiten Horizonte. An diesem Aussichtspunkt können wir an klaren Tagen einen Großteil des Albvorlandes überblicken und nach Westen hin den Schleier des Schwarzwaldes erkennen. Wir stehen auf einem Schwammriff aus Algen und Schwämmen, eines 170 Millionen Jahre alten Meeresgrundes des Jurameeres. Nach Osten hin wirkt das Tal der Eyach hingegen sehr beengend. Eindrucksvoll veranschaulicht das Tal die Kraft des Wassers, das buchstäblich in der Lage ist, die Albhochfläche zu zerschneiden. Ganz nach dem Motto ‚Warum in die Ferne schweifen, wenn das Gute liegt so nah' lädt uns dieser Punkt zum Nachdenken und Verweilen ein."

Hochalbpfad Hossinger Hochalb 22

Viel Aussicht, viel Geschichte

5 ½ Std

15 km

440 Hm

Hossingen/Parkplatz Heimberg – Triebfelsen – Gräbelesberg – Baienberg – Michelfeld – Lerchenbühl – Hossingen – Hossinger Leiter – Parkplatz

Die Wanderung verläuft meistens auf Pfaden, die aber bei und nach feuchtem Wetter schmierig und rutschig sind. Vorsicht walten lassen sollte man auch an den Steilstellen.

Landschaft, Hossinger Leiter, Aussicht vom Gräbelesberg, vom Triebfelsen, vom Baienberg und Spitzfelsen, vom Lerchenbühl, Weidelandschaft bei Michelfeld, Kleinbiotop oberhalb von Michelfeld, Burg Hossingen

Hossingen

Diese Wanderung ist nicht nur relativ lang und anstrengend, sondern bietet auch vieles: den historisch interessanten Gräbelesberg, die Reste der ehemaligen Burg Hossingen, die früher berüchtigte Hossinger Leiter und natürlich viel herrliche Natur. Es gibt immer wieder wunderbare Aussichtspunkte wie zum Beispiel den atemberaubenden Blick vom Gräbelesberg, der über das Albvorland bis zum Schwarzwald und im Osten bis zur Filderhochfläche vor Stuttgart reicht. Der Weg schlängelt sich malerisch am Albtrauf entlang, und zudem sehen wir immer wieder eine seltene Flora mit Primeln und Küchenschellen im Frühjahr, später mit Orchideen, Gelbem Enzian oder weißen Heckenrosen.

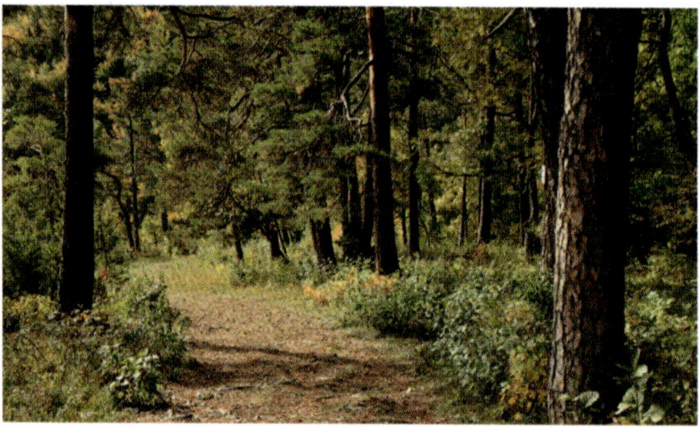

Am **Parkplatz Heimberg** 1 wenden wir uns nach Norden und gehen hinauf zum Wald. Dort biegen wir links ab, danach geht es an der Kreuzung beim Schild „Hinter dem Heimberg“ (880 m) geradeaus weiter in Richtung „Triebfelsen“. Der Weg führt uns erst nach links und etwas abwärts in einen Einschnitt, danach steigen wir wieder hoch zum Triebfelsen. Kurz danach folgen wir einem breiten Forstweg nach rechts und kommen zur **Erklärungstafel zum Gräbelesberg** 2.

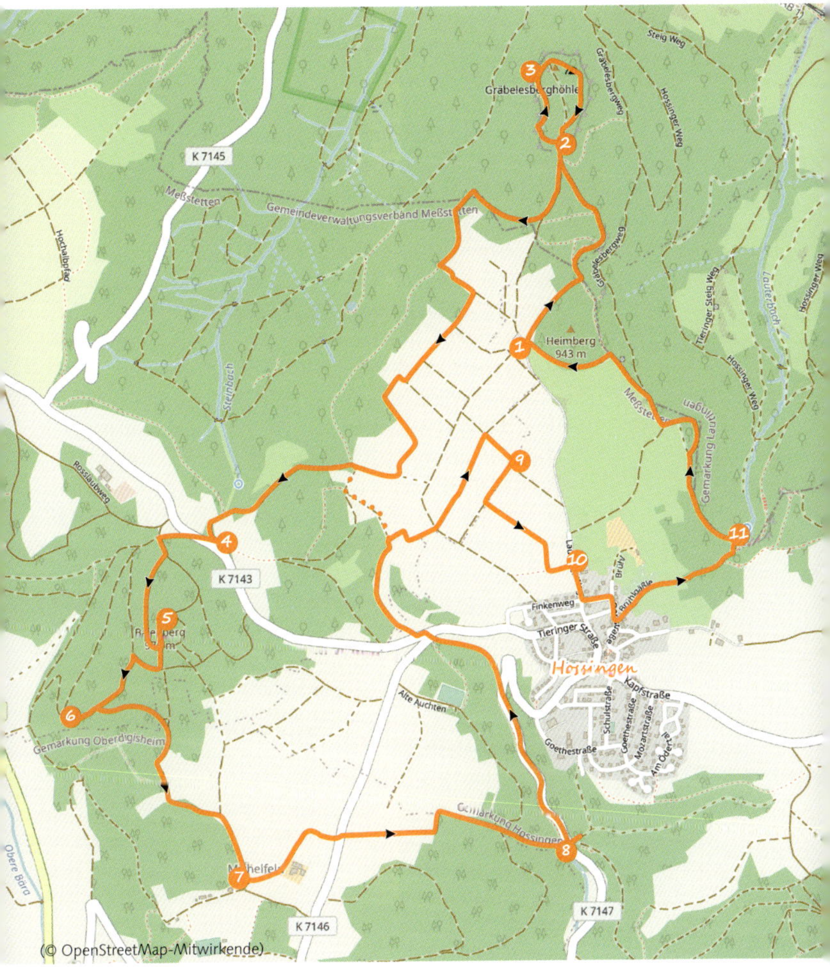

Hier nehmen wir den rechts abgehenden Rundweg (wer geradeaus weiterwandert, kommt direkt zum Aussichtsfelsen). Wir passieren einen Schacht, in dem wir Erweiterungen sehen, die an Höhlen erinnern. Danach erreichen wir aber auch den Aussichtsfelsen beim **Sendemasten** 3.

Wir folgen weiterhin dem Rundweg und kurz danach bietet sich uns ein prächtiger Blick zum Hörnle. Wo wir wieder auf den breiten Weg mit der etwas weiter rechts stehenden **Erklärungstafel** 2 stoßen, orientieren wir uns

INFOS

Wanderkarte W251 Albstadt, 1:25 000, Hrsg.: Schwäbischer Albverein e. V., Kartographie: Landesamt für Geoinformation und Landentwicklung Baden-Württemberg (LGL); Wanderkarte mit Radwegen Balingen und Umgebung Blatt 49-534, 1:25 000, NaturNavi

hochalbpfade.de

Bahn bis Albstadt-Ebingen, Bus bis Hossingen Haltestelle Rathaus

Hossingen, Parkplatz Heimberg, GPS 48.201653, 8.917378

Alternative Parkplätze finden wir am Dorfplatz Hossingen bei der Turn- und Festhalle, Ecke Schul-/Goethestraße, und bei der ehemaligen Burg Hossingen, GPS 48.184722, 8.920212

rechts; jetzt gilt für uns die Beschilderung zum „Baienberg". Etwas später erreichen wir eine ehemalige Schanze, heute einen Erdwall.

Am Schild „Schanze" (910 m) halten wir uns rechts, danach vor dem Wall am Schild „Schanze West" (907 m) noch einmal. Nun folgen wir dem Wall, bis er vor dem Steilabfall endet. Wir umgehen ihn, dann wandern wir entlang des Steilabfalls zu einem **Aussichtsfelsen**. Er bietet uns einen Blick über den Höllwald und zum Hörnle. Anschließend gehen wir etwas weiter links zwischen Wiesen und dem Waldrand weiter bis zu einer Waldecke.

Hier orientieren wir uns beim Schild „Höllwald" (910 m) links. Etwas später biegen wir am Schild „Enger Weg" (919 m) rechts in den Feldweg ab. Bald zieht der Weg nach links, hier folgen wir den Zeichen rechts am Waldrand entlang. Nun halten wir uns an einen Wiesenweg, der nach links auf Hossingen zu führt. Dann nehmen wir einen querenden Wiesenweg und wandern nach rechts zum Wald. Dort gehen wir am Schild „Schopfenloch" (910 m) geradeaus in den Wald hinein.

Kurz danach orientieren wir uns links. Der Weg führt uns durch den Wald und über Wiesen abwärts. An der **Straße** 4 gehen wir leicht nach rechts versetzt auf der anderen Seite auf einem schmalen, geschotterten Weg wieder in den Wald hinein. In ihm treffen wir auf einen asphaltierten Querweg; hier orientieren wir uns links. Anschließend steigen wir auf einem unbefestigten Weg steil aufwärts. Links oben erblicken wir bald ein kleines Felsmassiv: den Baienberg.

Geradeaus weiter marschierend erreichen wir das Schild „Unterm Baienberg" (953 m). Wer will, kann hier einen kurzen Abstecher von rund 200 Metern nach links hinauf zu einem Sendemasten und einem **Aussichtspunkt** 5 dahinter machen. Dort bietet sich uns eine weite Aussicht. Zurückgekehrt zum Schild, wandern wir in der vorigen Richtung weiter zu einem breiten Schotterweg.

Dort halten wir uns am Schild „Am Baienberg Süd" (938 m) rechts in Richtung „Spitzfelsen Michelberg". Es geht etwas bergab, dann halten wir uns links. Danach erreichen wir das Schild „Beim Spitzfelsen" (921 m); hier geht es hinaus zu einem **Aussichtsfelsen** 6, der uns einen schönen Blick über das Bäratal nach Tieringen bietet. Anschließend wandern wir auf unserem Weg weiter zu einem breiten Forstweg. Hier orientieren wir uns rechts und erreichen bald **Michelfeld** mit seinem Reiterhof 7.

Gräbelesberg

Eines der bedeutendsten archäologischen Denkmäler der Südwestalb ist der **Gräbelesberg**. Er bietet nicht nur eine prächtige Aussicht, sondern ist auch historisch bedeutsam, stand doch hier früher eine Fliehburg. Von ihr sieht man noch die Schanzanlage. Auf den Informationstafeln ist ihre Geschichte ausführlich beschrieben.

An der Landstraße dahinter gehen wir auf die andere Seite und wandern geradeaus über die Wiese weiter. Interessant sind die dolinenartigen Löcher, die wir links auf einem Hügel sehen. Anschließend kommen wir zu einem Rastplatz mit Liege, Tisch und Bänken. Hier können wir auch schön nach Hossingen sehen.

Weiter geht es geradeaus und abwärts bis zum Wald. Dort orientieren wir uns kurz links. Gleich danach am Schild „Fuchsloch" (887 m) geht es nach rechts in Richtung „Lerchenbühl" weiter. Nun folgen wir dem im Wald abwärtsführenden Weg, überqueren in einer Kurve den breiten Eichbühlweg und kommen hinab zur Straße.

Eigentlich müssen wir noch vor ihr dem Wanderweg nach links folgen. Trotzdem sollten wir aber zuerst zum **Burghügel** 8 gehen, den wir hinter der Straße finden. Wir wan-

Mitten im Wald liegt das Felsmassiv Baienberg.

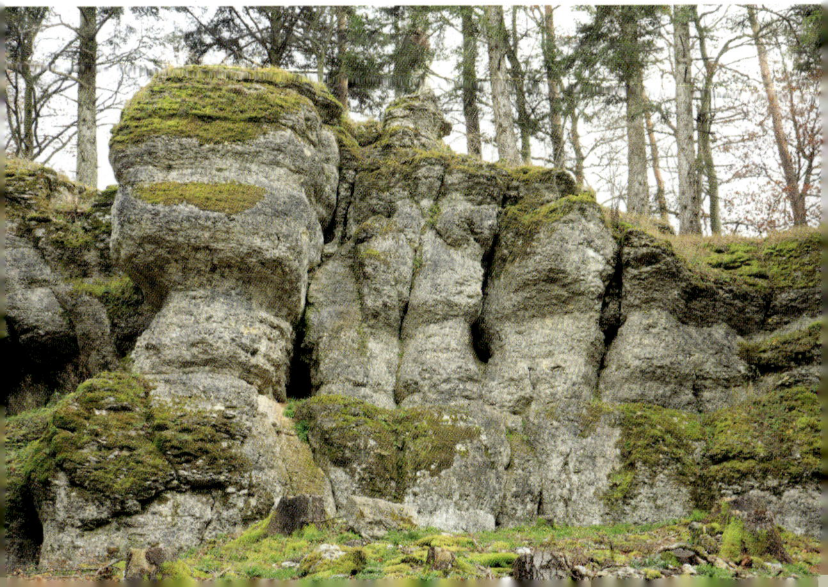

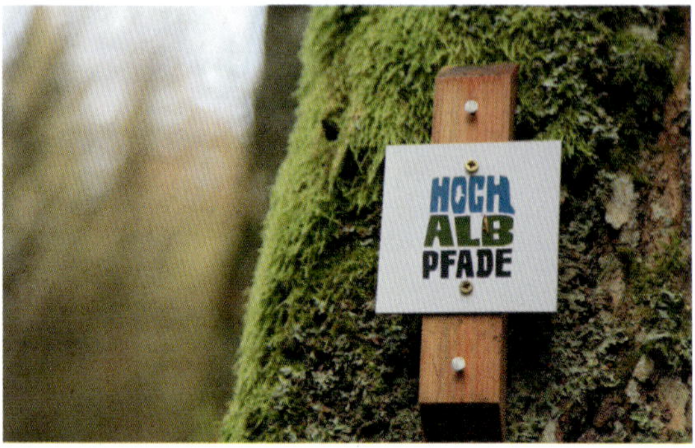

Verirren unmöglich: Der Weg ist wie alle Premiumwanderwege bestens markiert.

dern auf dem Weg links des Hügels etwas aufwärts, dann geht es bei der Schutzhütte nach rechts auf den Burghügel der ehemaligen Burg Ob dem Burtel/Hossingen hinauf. Von ihr ist zwar nichts mehr übrig, aber auf den Informationstafeln kann man interessante Erklärungen lesen. Über die Brücke erreicht man auch die höchste Stelle des Burghügels.

Anschließend folgen wir dem unbefestigten Weg, der parallel zur Straße verläuft und nach einer Weile nach links zieht. Wir erreichen die K 7143, hier wandern wir etwas nach links versetzt zwischen den Waldflanken in das Tal hinein. Nach einer Linkskurve halten wir uns rechts auf einen Wiesenweg.

Nun geht es hoch zu einem festen querenden Weg. Wir behalten unsere Richtung bei und kommen zum Schild „Lerchenbühl" (910 m). Hier orientieren wir uns an der Beschilderung zur „Hossinger Leiter". Wer aber abkürzen will,

Blick von der Höhe ins Eyachtal.

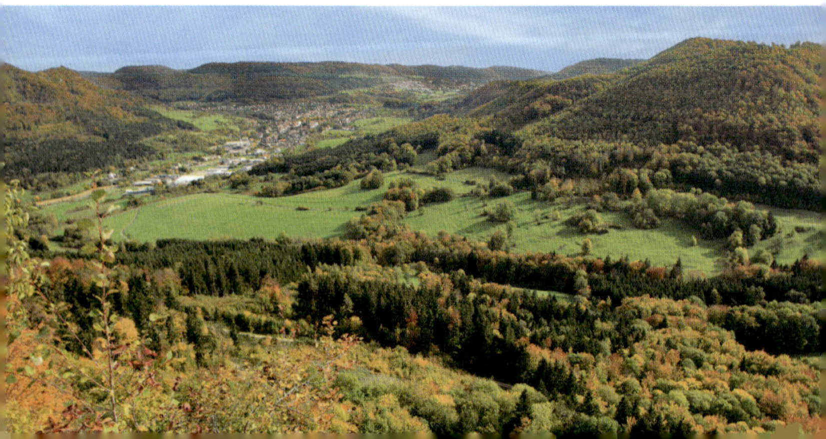

kann kurz danach am Schild **„Kochenäcker“** (918 m) 9 geradeaus zum Ausgangspunkt, dem Parkplatz Heimberg, gehen, den man bereits sieht.

Zur Hossinger Leiter orientieren wir uns rechts und kommen zu einer Kreuzung mit Liege, Tisch und Bänken. Hier kann man mit prächtigem Blick nach Hossingen rasten. Ansonsten nehmen wir den rechten Schotterweg und halten uns gleich links. Durch Wiesen und mit einem Rechts-, dann Linksknick erreichen wir die **Zufahrtsstraße** zum Parkplatz 10. Wir orientieren uns aber rechts und wandern nach **Hossingen**.

An der Kreuzung mit dem Schild „Hossingen Laufener Weg“ (900 m) halten wir uns links in die Hintere Gasse, kurz danach rechts in die querende Dorfgasse. Anschlie-

Hossinger Leiter

Wer heute die **Hossinger Leiter** sieht, kann sich keine Vorstellung davon machen, wie es früher hier aussah, als sie nicht so gut und sicher ausgebaut war. Das Problem war, dass sich abfließendes Wasser tief in die Felswand einschnitt und gerade an dieser feuchten Stelle eine hölzerne Leiter errichtet wurde. Zwangsläufig kam es hier immer wieder zu Unfällen. Aber der Weg und die Leiter waren wichtig, denn die Hossinger gelangten auf diesem Weg zum Bahnhof in Lautlingen, von dem aus sie zu ihren Arbeitsstellen fuhren. Die Holzleiter wurde später durch eine Eisenleiter ersetzt. Heute ist sie eine gut zu begehende Treppe.

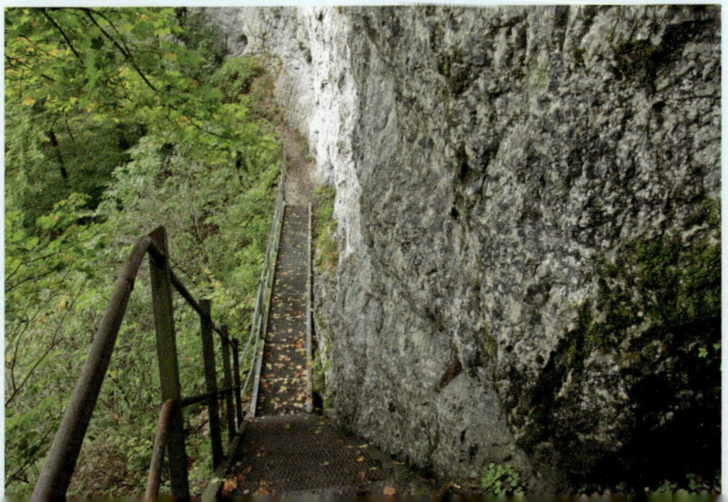

ßend geht es am Schild „Hossingen Brühlgässle" (883 m) nach links weiter. Der Weg führt uns durch Wiesen zum Wald und anschließend durch eine Lichtung zu einer Hütte mit Grillplatz. Gleich danach finden wir die berühmte **Hossinger Leiter** 11. Sie ist zwar nicht Bestandteil dieser Wanderung, aber es ist trotzdem interessant, wenn man ein Stück zu ihr hinabgeht. Danach steigen wir wieder hinauf zu der Hütte.

Nun orientieren wir uns bei der Hütte und dem Schild „Finstertal" (850 m) links. Es geht kurz steil hinauf, danach folgen wir einem schmalen Kamm bis zum Waldrand und gehen zwischen Steilabfall und Wiesen weiter. Die Schilder weisen uns in den Wald zum Kübelhausfelsen, dann biegen wir links ab und erreichen einen Rastplatz. Beim Schild „Beim Kübelhausfelsen" (880 m) wandern wir auf einem breiten, geschotterten Weg weiter. Danach halten wir uns mit dem Zeichen nach links und wandern aufwärts.

Wir gehen erst auf einem breiten Schotterweg, dann folgen wir dem Wanderzeichen nach links hinauf. Wo der Wald links abknickt, biegen wir links ab. Wir wandern weiter durch den Wald. Der Weg beschreibt eine Rechtskurve und etwas später können wir nach links hinab zum Parkplatz gehen.

Rose Pfersich war 15 Jahre Vorsitzende der Hossinger Ortsgruppe des SAV, welche die Burganlage der Hossinger Burg liebevoll pflegt. Sie empfiehlt einen Besuch der Burg, warnt aber zugleich augenzwinkernd:

„Wer auf dieser Wanderung unterwegs ist, sollte auf keinen Fall die Burganlage verpassen. Die eingeschossige Burg, auch Schlössle genannt, hielt fast vier Jahrhunderte lang einen Dornröschenschlaf, bevor sie im Jahre 2010 von der Ortsgruppe wieder ins Gedächtnis gerufen wurde. Vermutlich wurde sie Mitte des 13. Jahrhunderts von den Herren von Tierberg erbaut und verfiel über die Jahre. 1916 wurde erstmals mit Ausgrabungen von Mauerresten begonnen, aber dies nicht weiterverfolgt. Heute ist die Burganlage mit drei Informationstafeln, einer Brücke und einer Schutzhütte ausgestattet und gut zu besichtigen. Aber Achtung: Wer hier eine Pause macht, dem könnte der Burgtales mit dem Kopf unter dem Arm begegnen."

Zu den Kühstellenhöhlen 23

Lehrstunde in Geologie

1½ Std
5,1 km
40 Hm

Winterlingen/Wanderparkplatz – Doline – Höhlen – Rückweg durch den Wald – Wanderparkplatz

Die Wanderung verläuft fast ständig auf festen Wegen, um die Höhlen herum auf einem gut zu gehenden Pfad.

Wald, Höhlen

Mit „Geologie der Schwäbischen Alb" könnte man das Thema dieser Wanderung im Norden des Naturparks Obere Donau umschreiben. Wir kommen an einer Doline, danach an drei Karsthöhlen vorbei. All das ist typisch für das wasserdurchlässige Kalkgestein der Schwäbischen Alb und man findet solche Natursehenswürdigkeiten immer wieder. Ansonsten verläuft diese kurze Tour durch einen schönen und teilweise recht unberührt wirkenden Wald.

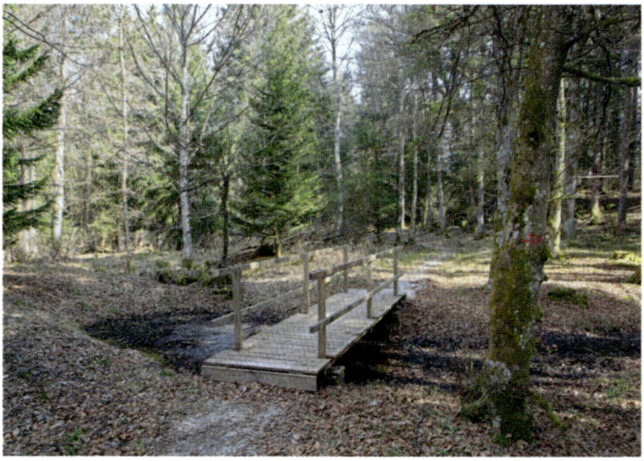

Wir folgen beim Wanderschild **„Wanderparkplatz Storzwang"** (812 m) 1 am Parkplatz dem in den Wald hineinführenden Weg. An der nächsten Verzweigung beim Schild **„Brandwäldle"** (839 m) 2 nehmen wir den nach rechts abgehenden und etwas abfallenden Unt. Brand Weg. Am nächsten querenden Weg beim Schild „Auchten" (815 m) halten wir uns links. Gleich an der nächsten Kreuzung gehen wir auf dem nach rechts führenden Schelmenberg-Weg weiter. Nun steigt es wieder etwas an.

Wo wir links eine **Informationstafel** zum Thema „Hülbe" sehen, biegen wir links in den mit einer Schranke gesperrten Weg in Richtung „Schelmenburg" ab 3. Kurz danach

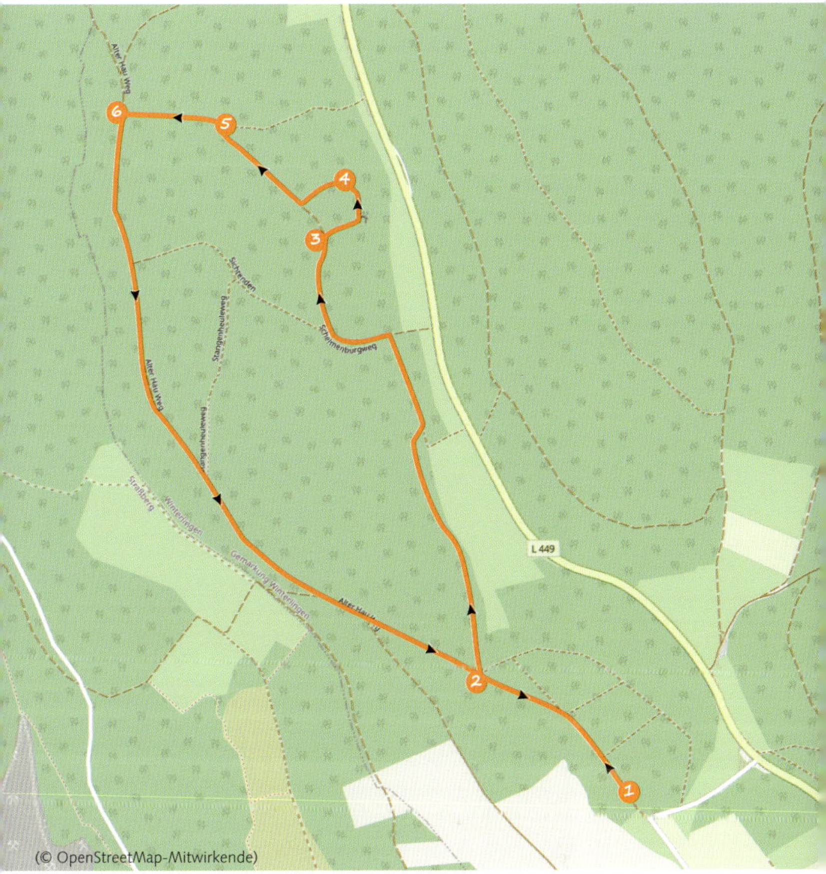

erreichen wir einen Rastplatz mit Grillstelle, Tisch und Bänken und einer Schutzhütte. Hier biegen wir links ab.

Nach 100 Metern und einer Linkskurve kommen wir zu den drei **Kühstellenhöhlen** 4, wobei die hintere wegen Steinschlaggefahr und weil sie Fledermausquartier ist nicht betreten werden darf.

Danach überqueren wir ein kleines Wasserloch auf einer **Brücke** und treffen beim Schild „Kühstelle Nord" (845 m) auf einen querenden Weg. Er bringt uns nach rechts zum querenden Lehmgruben-Weg, auf dem wir nach links weitergehen 5. Kurz darauf erreichen wir am Schild „Alter Hau" (853 m) den querenden **Alten Hauweg** 6.

Nun orientieren wir uns links und wandern immer geradeaus bis zum Ausgangspunkt. Wir ignorieren dabei die links und rechts abgehenden Wege und passieren das Wanderschild „Stangenhäule" (842 m) sowie das bekannte Schild **„Brandwäldle"** 2. Kurz danach sind wir wieder am Parkplatz.

INFOS

Wanderkarte W251 Albstadt, 1:25 000, Hrsg.: Schwäbischer Albverein e.V., Kartographie: Landesamt für Geoinformation und Landentwicklung Baden-Württemberg (LGL); Wanderkarte mit Radwegen Albstadt Gammertingen Blatt 51-534, 1:25 000, NaturNavi

winterlingen.de

keine empfehlenswerte Verbindung

Winterlingen, Wanderparkplatz Kühstellenhöhlen (bzw. Storzwang), GPS 48.200077, 9.108028

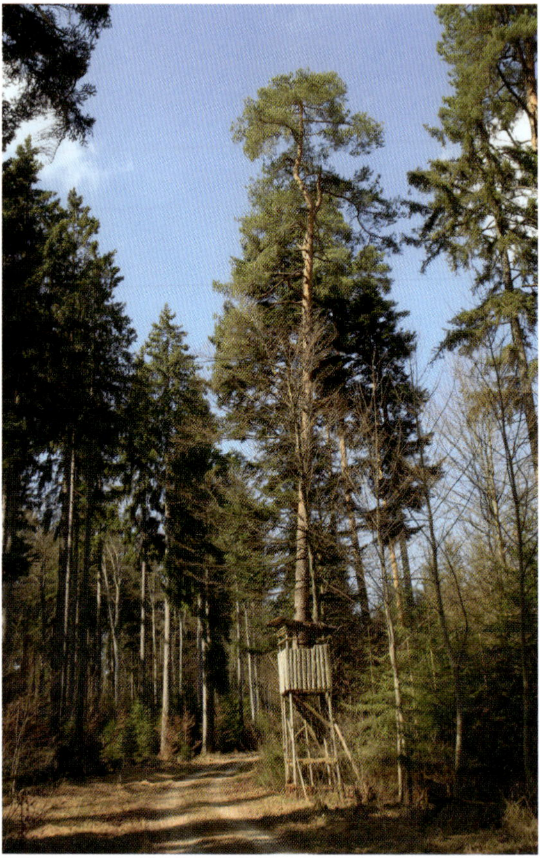

Die Tour führt durch einen schönen Wald.

Kühstellenhöhlen

Die drei **Kühstellenhöhlen** haben ihren Namen daher, weil sie als Einstellmöglichkeit für die Kühe dienten, die auf der Waldweide gehalten wurden. Die große Höhle wurde 1892 erstmals untersucht, wobei man Tonscherben und Werkzeuge aus Feuerstein fand. Auch Tierknochen von

Riesenhirsch, Wildpferd, Reh, Ren, Höhlenbär, Mammut und Wollnashorn wurden gefunden. Für eine frühe und kontinuierliche Nutzung der Höhlen spricht, dass man Tonscherben von der Bronze-, der Hallstatt- und der Latènezeit bis ins Jahr 0 fand. Wahrscheinlich hielten sich aber schon in der Steinzeit hier Menschen auf, was man aus den Feuersteinfunden schließt. Die Große Höhle ist 37 Meter lang, sechs Meter breit und bis zu vier Meter hoch.

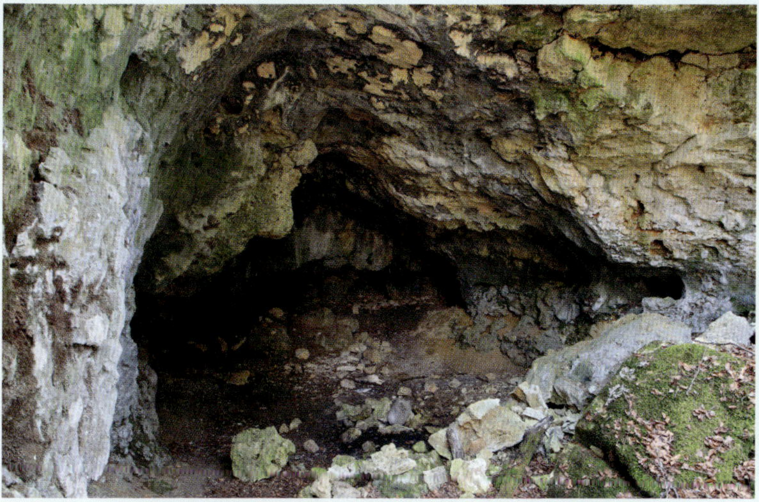

Monika und Walter Single vom SAV, Ortsgruppe Winterlingen, lieben den Rundwanderweg Kühstellenhöhlen:

„Wir brauchen jedes Mal schon etwas Fantasie, um uns vorzustellen, dass dort, wo heute mitten im Wald die Kühstellenhöhlen sind, vor Millionen von Jahren die Küste eines tropischen Meeres war und viel später ein Wollnashorn hier vorbeistreifte. Die Tafeln am Beginn des Weges, an der Hülbe und an den Höhlen vermitteln interessante Informationen. Die Grillstelle Schelmenburg unweit der Höhlen lädt zum Verweilen ein, während Kinder die Umgebung entdecken.

Der Rundwanderweg ist vom Wanderparkplatz Storzwang ab gut begehbar, kinderwagentauglich und eignet sich toll für Familien. Für Wasserratten lohnt sich ein anschließender Besuch des Naturfreibades in Winterlingen."

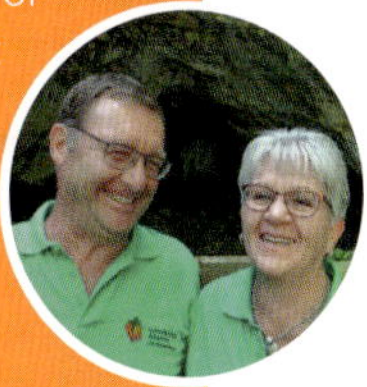

Aussichtspunkt Heimbuch und Fohlenweg

24

Teilweise rollstuhlgeeignet, aber immer mit Aussicht

Rundweg Heimbuch

2 Std
6,3 km
110 Hm

Rundweg Fohlenweg

1 Std
3,7 km
40 Hm

Obernheim/Sportplatz – Heimbuch – Sportplatz – Hinter Fohlen – Sportplatz

Der erste Teil der Wanderung verläuft auf festen Wegen und ist auch für Fahrer von Elektrorollstühlen geeignet. Der zweite Teil ist nicht barrierefrei.

Wald, Aussicht

Obernheim

Bei diesem Wandervorschlag wird eine Kombination zweier Touren empfohlen. Bei der Tour Heimbuch wandern wir durch weite Wiesenflächen mit schöner Aussicht, danach in einem recht naturnahen Wald und vorbei am Aussichtspunkt Heimbuch. Von hier aus bietet sich ein Blick bis zum Schwarzwald. Bei dieser Wanderung kratzen wir fast an der Tausendermarke – der höchste Punkt des Ortes ist 998 Meter hoch und liegt hinter dem Sportplatz. Unseren höchsten Punkt erreichen wir beim 970 Meter hoch gelegenen Wasserbehälter.
Der zweite Teil des Ausflugs verläuft auf dem Fohlenweg zum Schneckengarten. Hierbei wandern wir zuerst mit freier Sicht über die Hochfläche, danach im Wald. Anschließend geht es erst im Wald, dann wieder mit schöner Aussicht zurück zum Ausgangspunkt. Immer wieder haben wir die St. Wolfgangs-Kapelle auf dem Scheibenbühl, auch Scheibenbühlkapelle genannt, im Blickpunkt.
Wem es hier besonders gut gefällt und wer ein Wohnmobil besitzt: Der Parkplatz ist auch ein Wohnmobilstellplatz. Auf den beiden kurzen Teilstrecken kann man gut Kinder mitnehmen. Sie werden aber eher ihre besondere Freude an dem großen Spielplatz am Ausgangspunkt haben.

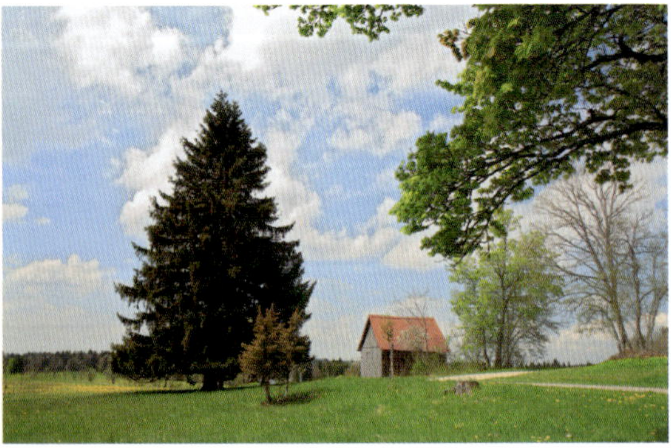

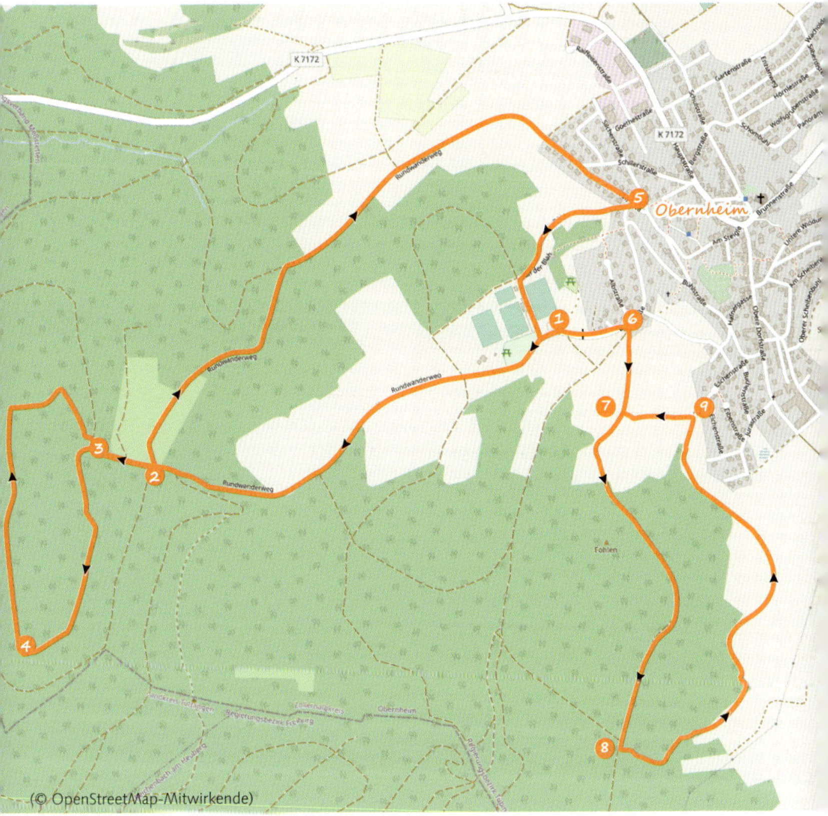

Wir wandern bei der Tour zum Aussichtspunkt Heimbuch von dem großen **Parkplatz beim Sportgelände** 1 aus links am Spielplatz vorbei. Es bietet sich eine schöne Aussicht über die Wiesen, für Naturinteressierte sind die Bäume mit ihren Namen gekennzeichnet. Vorbei an ein paar markanten Bäumen und Wacholderbüschen kommen wir abwärtsgehend in den Wald. Danach geht es durch eine Freifläche zu einer Kreuzung, wo wir das Wanderschild **„Kehle“** (931 m) 2 sehen. Hier geht es später nach rechts weiter, vorerst gehen wir aber geradeaus weiter, wieder in den Wald.

Nun wandern wir auf einem Weg mit Feinschotter. An der nächsten Kreuzung beim Schild **„Heimbuch Nord“** 3 behalten wir unsere Richtung bei – hier kommen wir später

INFOS

Wanderkarte W250 Spaichingen, 1:25 000, Hrsg.: Schwäbischer Albverein e.V., Kartographie: Landesamt für Geoinformation und Landentwicklung Baden-Württemberg (LGL); Wanderkarte mit Radwegen Spaichingen Tuttlingen Blatt 49-532, 1:25 000, NaturNavi

obernheim.de

Bus bis Obernheim Haltestelle Kirche

Obernheim, Sportplatzparkplatz Bühlstraße, GPS 48.159827, 8.854204

von rechts zurück. Jetzt wandern wir aber geradeaus weiter. Der Weg zieht erst nach links und steigt etwas an. Bei einer scharfen Rechtskurve liegt links der prächtige **Aussichtspunkt Heimbuch** 4.

Wir folgen dem Weg weiter. Er zieht später nach rechts, und wir kommen hinab zum Schild **„Heimbuch Nord"** 3. Dort biegen wir links ab, danach beim Schild **„Kehle"** 2 noch einmal. Nun wandern wir durch Waldstücke und zwischen aussichtsreichen Wiesen weiter. Nach einem Aussichtspunkt, bei dem wir nach links zum Burgbühl sehen können, und einer Rechtskurve erreichen wir die ersten Häuser von **Obernheim**.

Wir gehen geradeaus weiter, bis wir bei Haus Nr. 22 und dem Wanderschild **„Am Bühl"** (935 m) 5 nach rechts zum „Sportplatz" verwiesen werden. An der Verzweigung gleich danach folgen wir nicht dem Wegweiser nach links, sondern gehen ohne Wegweiser geradeaus weiter. Vorbei an ein paar markanten Bäumen und dem links liegenden Wasserbehälter erreichen wir bald wieder das **Sportgelände**.

Für die zweite Tour wandern wir vom **Parkplatz** 1 aus in Richtung Ort, wobei wir einen Blick in die kleine Bubenkapelle werfen sollten. Ihre Geschichte ist auf einer Tafel

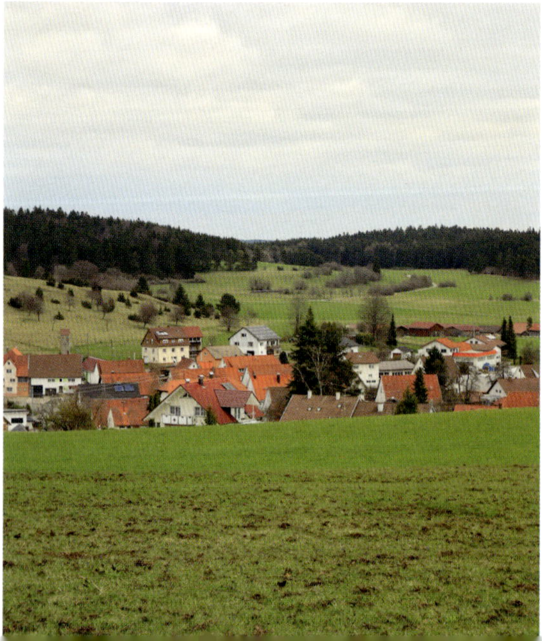

Blick auf Obernheim.

erklärt. Danach kommen wir zum Wanderschild **„Obernheim Bühlstraße"** (961 m) 6. Hier biegen wir rechts ab in Richtung „Schneckengarten", dabei nehmen wir den linken der beiden abgehenden Wege.

Nun wandern wir mit weitem Blick über die Hochfläche. Am Schild **„Fohlen Nord"** (965 m) 7 gehen wir rechts vorbei. Danach zieht der Weg nach links und bringt uns in den Wald. Nun fällt es immer etwas ab. Wir passieren ein Kruzifix und kommen etwas später zu einer Kreuzung mit dem Schild **„Hinter Fohlen"** (965 m) 8.

Hier biegen wir links ab. Wir wandern erst auf einem Schotterweg durch ein Waldstück, das recht wilde Züge aufweist. Danach geht es auf einem unbefestigten Wiesenweg am Waldrand weiter. Rechts sehen wir bald ein Wohngebiet von Obernheim. Links liegt eine kleine, albtypische Wacholderheide. Wo der Weg nach rechts zu den Häusern zieht, gehen wir geradeaus, entlang des links verlaufenden Waldrands, weiter.

Später quert ein von dem Wohngebiet kommender Weg 9. Auf ihm gehen wir nach links hinauf zum Schild **„Fohlen Nord"** 7. Hier wandern wir nach rechts auf bekanntem Weg zurück zum Ausgangspunkt.

Für Werner Moser, Vertrauensmann der SAV Ortsgruppe Obernheim, könnte die Überschrift zu diesem Wanderweg auch lauten: Wo wandern zum Erlebnis wird!

„Dieses beginnt bereits am Ausgangspunkt, dem Wanderparkplatz beim Sportgelände. Gleich nebenan steht eine schmucke Feldkapelle, die der Volksmund ‚Bubenkapelle' nennt. Sie wurde im Jahr 1847 auf Anregung des damaligen Pfarrers Josef Gaul von den ledigen jungen Männern, also den Buben, in freiwilliger Leistung an der Straße Richtung Harras/Wehingen errichtet. Obernheim hatte, wie so viele Orte auf der hohen Alb, schon immer mit Hungersnöten zu kämpfen. Dieses kleine Gotteshaus wurde im Glauben und in der Hoffnung an eine baldige Beendigung der schweren Zeit erbaut. Die Kapelle lädt auch heute die Wanderer zu einer kurzen besinnlichen Einkehr ein. Bei günstiger Witterung sind von hier aus weit hinten am Horizont sogar Teile der Alpenkette zu sehen."

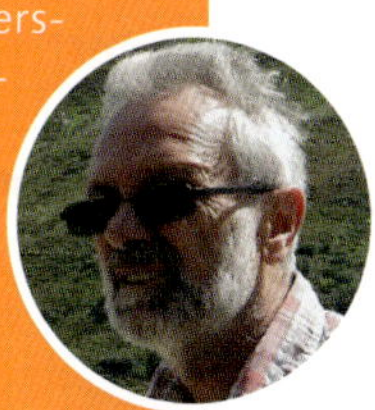

Hummelbühl-Rundweg

25

Wandern mit alpinem Touch

3 Std
8 km
240 Hm

Nusplingen – Friedhof – Heckentalquelle – Wald – Roßberg – Uhufels – Nusplingen

Die Wanderung verläuft zu großen Teilen auf festen Wegen, beim Auf- und Abstieg aber auf schmalen und steilen Pfaden.

Wald, Heckentalquelle

Nusplingen

Obwohl Auf- und Abstieg dieser Wanderung auf recht steilen Pfaden im Wald verlaufen und teilweise eine alpine Anmutung haben, verspricht sie doch einen schönen Ausflug. Der Wald ist recht wild, mit urigen, alten Bäumen und viel Totholz; dazu kommt man am Anfang an einer schönen Quelle vorbei und kann im Ort noch eine Kirche mit sehenswerten Kunstschätzen besichtigen.

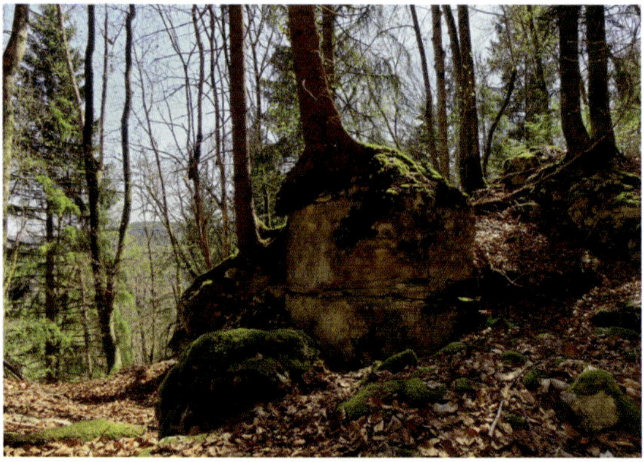

Auf der Wanderung kommen wir an mächtigen Felsbrocken vorbei.

Wir gehen von den Parkplätzen beim Marktplatz und **Rathaus** 1 zur Durchgangsstraße (Talstraße), wo wir das Wanderschild „Rathaus" (773 m) sehen. Hier überqueren wir die Straße und spazieren in der Vorstadtstraße bis zu der modernen Kirche. Hier biegen wir am Schild „Vorstadt" (717 m) links ab in die Grabenstraße. Geradeaus würde es noch 200 Meter weitergehen zur Alten Friedhofskirche, die eine Besichtigung lohnt; das macht man aber am besten nach der Wanderung.

Die Straße geht in die Uhlandstraße über, der wir bis zur querenden Kapellentorstraße folgen. Sie bringt uns nach rechts aus dem Ort hinaus. Schließlich kommen wir zum rechts liegenden Friedhof, dem alternativen Ausgangs-

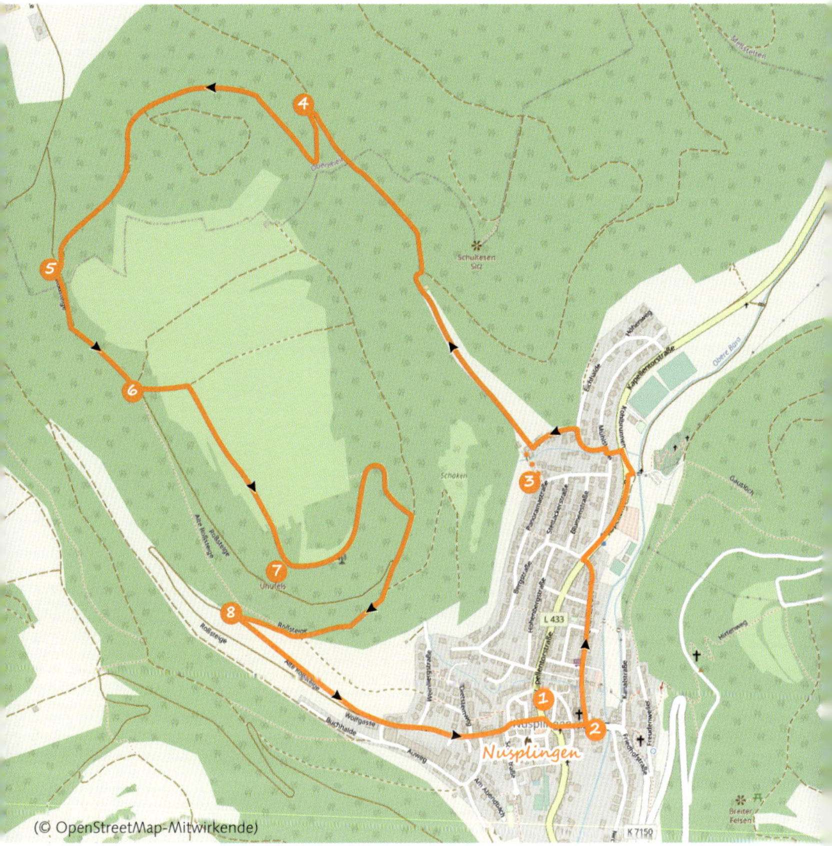

punkt. Hier sehen wir am Bach (Obere Bära) ein Kruzifix, gehen aber zum Wanderschild **„Friedhofbrücke“** (723 m) 2 vor der Straße.

Nun spazieren wir kurz nach rechts und überqueren dann die Straße. Dahinter wandern wir geradeaus in der Straße Eichhalde weiter. Nach Haus Nr. 6 und vor einem Kruzifix biegen wir links ab in die Straße Im Heckental. Bei den letzten Häusern wandern wir nach rechts weiter, zuerst lohnt es sich jedoch, zwischen den beiden Häusern durchzugehen, denn dahinter finden wir die mächtig schüttende **Heckentalquelle** 3.

Danach folgen wir dem Feldweg in das Tal hinein. Wo er nach den Hütten eine scharfe Rechtskurve beschreibt, ge-

INFOS

Wanderkarte W250 Spaichingen, 1:25 000, Hrsg.: Schwäbischer Albverein e. V., Kartographie: Landesamt für Geoinformation und Landentwicklung Baden-Württemberg (LGL); Wanderkarte mit Radwegen Spaichingen Tuttlingen Blatt 49-532, 1:25 000, NaturNavi

nusplingen.de

Bus bis Nusplingen Haltestelle Marktplatz

Nusplingen, Rathaus, GPS 48.131937072912, 8.88955950737 Ausweichparkplatz: Am Friedhof nördlich des Ortes

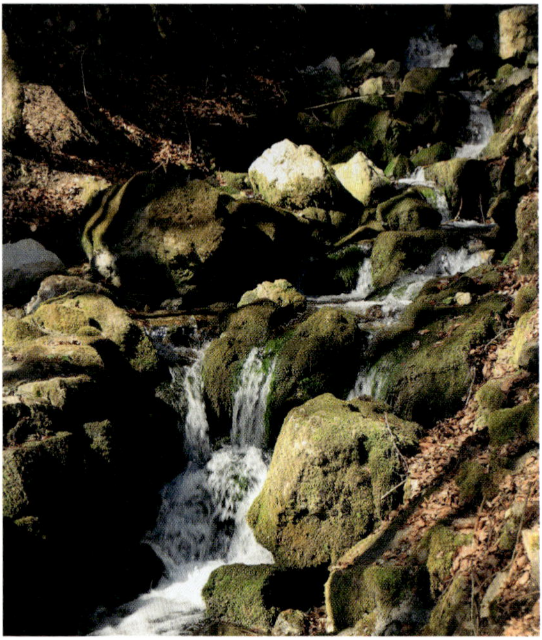

An der Heckentalquelle sprudelt das Wasser recht mächtig.

hen wir mit dem Zeichen gelber Ring für Rundweg geradeaus auf einem unbefestigten Weg weiter. Nun steigt es steil an, wir kommen an ein paar mächtigen Felsen vorbei und links und rechts des Weges sehen wir einen ausgesprochen wilden Wald mit Totholz. Schließlich wird es ebener und wir kommen zum Schild **„Oberes Heckental"** (896 m) 4. Wer will, kann hier einen (einfach) 200 Meter langen Abstecher nach rechts zur Doline machen, einer typischen Sehenswürdigkeit der Schwäbischen Alb.

Ansonsten biegen wir links ab. Nun führt uns der Forstweg nur noch mäßig steigend bis zum Schild „Roßberg" (954 m), an dem wir geradeaus weiterwandern. Beim Schild **„Roßberg West"** (924 m) 5 treffen wir auf die asphaltierte Roßsteige. Ihr folgen wir nach links bis zu einer Verzweigung bei einem Flurkreuz mit dem Schild **„Beim Bartlekreuz"** (944 m) 6. Hier zweigen wir in den zweiten Weg von links ein und verlassen den Wald.

Es geht nun eine Weile über eine Wiesenfläche. Bei erster Gelegenheit biegen wir rechts ab und kommen etwas später wieder in den Wald. Wo der Weg nach links zieht, sehen wir ein paar mächtige Felsklötze, darunter den **Uhufels** 7. Wer mutig und trittsicher ist, kann ihn auf ein paar Stufen besteigen.

Danach wandern wir auf dem Weg weiter. Fast am Ende der Lichtung passieren wir den Sendemast, gehen links des Waldes weiter und kommen kurz danach wieder in ihn. Nun geht es wieder auf einem Pfad steil bergab bis zu einem querenden, breiten Forstweg. Auf ihm wandern wir, nun eben, weiter bis zur asphaltierten Roßsteige. Ihr folgen wir geradeaus und leicht bergab.

Wir passieren das Schild „Hummelbühl-Weinberg“ (826 m), etwas später werden wir von der Straße weg auf die **Alte Roßstaige** 8 verwiesen. Dieser wilde, schmale und fast alpin anmutende Steig zweigt in spitzem Winkel nach links ab und führt durch einen mit Wacholder bewachsenen Hang bergab. Fast unten weist uns das Zeichen oberhalb eines Gewerbeanwesens nach rechts, gleich danach halten wir uns auf der Straße links.

Am Schild „Auweg“ (746 m) gehen wir geradeaus weiter, kommen am Schild „Oberes Tor“ (730 m) vorbei und erreichen kurz darauf unseren Ausgangspunkt, den Marktplatz und das Rathaus.

Roland Steidle, 1. Vorsitzender des Fördervereins, kennt die Geschichte der Alten Friedhofskirche St. Peter und Paul in Nusplingen sehr gut:

„Erstmalig erwähnt wird diese 650 nach Christus. Der heutige Bau entstand um 1000, die Westerweiterung und der dreistöckige Chorturm sind auf das Jahr 1250 zu datieren und somit noch der Romanik zuzuordnen. Um 1300 wurden der Chor und das Kirchenschiff umgebaut, Stilelemente der Gotik hielten Einzug. Aus dieser Zeit stammen die wertvollen Kalkmalereien, die 1972–1975 freigelegt wurden. Der Turm wurde etwa um 1480 durch ein Fachwerkgeschoss aufgestockt und erhielt seine heutige Form mit Krüppelwalmdach. Als 1633 Nusplingen von den Schweden und Württembergern beinahe komplett niedergebrannt wurde, blieben lediglich die Kirche und die Herrschaftsmühle an der Bära übrig. 1997 bis 2003 sorgte der Förderverein für eine umfangreiche Restaurierung des Kulturdenkmals, in dem nun wieder sakrale und kulturelle Veranstaltungen stattfinden.“

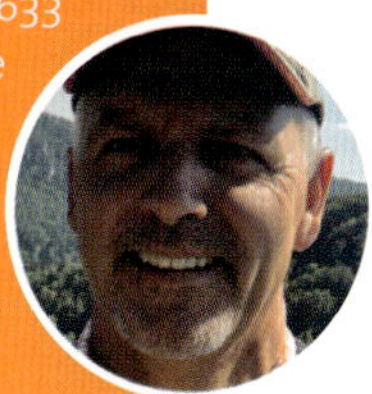

Impressum / Bildnachweis

Titel:	WANDERN AUF DER ZOLLERNALB
Untertitel:	25 abwechslungsreiche Touren im Albvorland, am Trauf und auf der Hochfläche
Autor:	Dieter Buck
Titelbild:	© Roland Beck
Porträtfoto S. 2:	© Melanie Buck
Fotos:	Dieter Buck Porträtfotos in den Infokästen privat S. 8 Landratsamt Zollernalbkreis S. 81 Stadt Hechingen
Kartengrundlagen:	OpenStreetMap
Kartengestaltung:	Daniela Waßmer (vr)
Herstellung:	verlag regionalkultur
Satz:	Charmaine Wagenblaß (vr)
Umschlaggestaltung:	Charmaine Wagenblaß (vr)

Alle Angaben ohne Gewähr.

ISBN 978-3-95505-380-2

Die Deutsche Nationalbibliothek verzeichnet diese Publikation in der Deutschen Nationalbibliografie; detaillierte bibliografische Daten sind im Internet über http://dnb.dnb.de abrufbar.

Dieses Buch ist auf alterungsbeständigem und säurefreiem Papier (TCF nach ISO 9706) gedruckt entsprechend den Frankfurter Forderungen.

verlag regionalkultur
Ubstadt-Weiher · Heidelberg · Speyer · Stuttgart · Basel
Verlag Regionalkultur GmbH & Co. KG
Bahnhofstraße 2 · D-76698 Ubstadt-Weiher
Tel 07251 36703-0 · Fax 07251 36703-29
E-Mail kontakt@verlag-regionalkultur.de · www.verlag-regionalkultur.de